Vorstellung Europa – Performing Europe

Vorstellung Europa – Performing Europe
Interdisziplinäre Perspektiven auf Europa im Theater der Gegenwart
Herausgegeben von Natalie Bloch, Dieter Heimböckel und Elisabeth Tropper

Recherchen 131

© 2017 by Theater der Zeit

Texte und Abbildungen sind urheberrechtlich geschützt. Jede Verwertung, die nicht ausdrücklich im Urheberrechts-Gesetz zugelassen ist, bedarf der vorherigen Zustimmung des Verlages. Das gilt insbesondere für Vervielfältigungen, Bearbeitungen, Übersetzungen, Mikroverfilmung und die Einspeisung und Verarbeitung in elektronischen Medien.

Verlag Theater der Zeit
Verlagsleiter Harald Müller
Winsstraße 72 | 10405 Berlin | Germany

www.theaterderzeit.de

Lektorat: Jan Wenke
Coverbild: The Unilever Series: Doris Salcedo, Shibboleth, October 2007–April 2008, Turbine Hall, Tate Modern
Grafik: Sibyll Wahrig

Printed in Germany

ISBN 978-3-95749-101-5

Vorstellung Europa
Performing Europe

Interdisziplinäre Perspektiven auf Europa
im Theater der Gegenwart

Herausgegeben von Natalie Bloch, Dieter Heimböckel und Elisabeth Tropper

Theater der Zeit
Recherchen 131

Vorwort 7
Natalie Bloch, Dieter Heimböckel, Elisabeth Tropper

Elisabeth Tropper
Tanz um den weißen Stier: 10
Europa und das Theater der Gegenwart
Zur Einführung in ein weites Feld

Matthias Warstat
Postmigrantisches Theater? 26
Das Theater und die Situation von Flüchtlingen
auf dem Weg nach Europa

Silke Felber
Wer wenn nicht *wir*? 43
Zur Kontingenz europäischer Zugehörigkeit
bei Aischylos und Elfriede Jelinek

Natalie Bloch
Tendenzen und Entwicklungen der Theaterlandschaft in Europa 55
Zwischen ökonomischen Zwängen und europäischem Anspruch

Michael Bachmann
Europa in Bewegung 68
Romeo Castelluccis *Tragedia Endogonidia*
als europäische Produktion

Lorenz Aggermann
Kleist im Dienste Europas 78
Zu Hans Neuenfels' Aufführung *Der tollwütige Mund*
im Rahmen von *Berlin – Kulturstadt Europas* (1988)

Ian De Toffoli
Kulturhauptstadt Luxemburg 94
Theater als Ort des kulturellen Missverständnisses

Bart Philipsen
Trauerspiel Europa oder Das zukünftige Nachleben der EU   111
Zu Thomas Bellincks ‚exposition performance':
Domo de Europa historio in ekzilio

Gabriele Michalitsch
Die griechische Tragödie des ‚anderen' Europa   124
Gegenwärtige Politik als historisches Theater

Koku G. Nonoa
Transgression im europäischen Theaterverständnis?   141
Hermann Nitschs *Orgien Mysterien Theater* und
Christoph Schlingensiefs *Aktion 18, „tötet Politik"*

Katja Hagedorn
Wie viel Europa steckt in einem Menschen?   156
Zur Entstehung und Konzeption von *Hausbesuch Europa*
von Rimini Protokoll

André Studt
Europa als Egotrip   169
Oder: Wie eine Interrail-Reise mit der Inszenierung
eines Brecht-Textes zusammenhängt

Yvonne Griesel
Babel auf der Bühne   184
Translation zwischen Ästhetik und Pragmatik

Dieter Heimböckel
Von der Verwandlung Europas   199
und dem Theater der Verwandlung
Mit Faust als Metamorphotiker

Autorinnen und Autoren   213

VORWORT
Natalie Bloch, Dieter Heimböckel, Elisabeth Tropper

Der vorliegende Sammelband ist das Ergebnis einer Tagung, die im Januar 2016 im Rahmen des Forschungsprojekts *Prozesse der Internationalisierung im Theater der Gegenwart* an der Universität Luxemburg durchgeführt wurde. Unter dem Titel *Vorstellung Europa – Performing Europe* wurde aus theatertheoretischer und theaterpraktischer, aus kulturwissenschaftlicher, philologischer und politikwissenschaftlicher Perspektive Europa als eine Konstruktion in den Blick genommen, die gleichermaßen imaginär wie realpolitisch wirksam ist und sich in einem Spannungsfeld zwischen Nationalität und Transnationalität, zwischen multiplen Zugehörigkeiten und differierenden Selbstbeschreibungen entfaltet. Welche semantischen Dimensionen mit dem Begriff Europa aufgerufen und wie geographisch und ideell seine Grenzen legitimiert werden, bildet seit der Antike den Gegenstand unausgesetzter Verhandlungen und Auseinandersetzungen. Deren Aktualität ist bis heute ungebrochen: Bereits ein flüchtiger Blick auf die inneren Konfliktherde des Kontinents, auf seine Außengrenzen oder in Richtung Türkei und Russland macht deutlich, dass Zugehörigkeiten und Ausschlüsse nach wie vor umstritten und in eine wechselhafte „Geschichte kultureller Abgrenzungen"[1] eingebettet sind.

Das Titelsujet greift die Relevanz von bewussten wie unbewussten Brüchen und Demarkationslinien für Konzeptionen von Europa auf: Es handelt sich um eine Detailaufnahme der Rauminstallation *Shibboleth* (2007) der kolumbianischen Künstlerin Doris Salcedo, die diese im Rahmen der Unilever Series für die Londoner Tate Modern Gallery entwickelte. Salcedo ließ in den Boden der Turbinenhalle einen Riss brechen, der über die gesamte Länge des Raumes mäanderte und sich von einer kleinen Fissur zu einem breiten Spalt hin erweiterte. Mit diesem radikalen Eingriff in die bestehende Bausubstanz verwies die Künstlerin zum einen auf die Gewalttätigkeit von Grenzziehungen, zum anderen auf die Brüchigkeit historischer Konzepte (wie der Moderne oder des Westens); zugleich figuriert das Kunstwerk selbst als eine Leerstelle und lädt zur Kontemplation des Abwesenden in der Gegenwart ein: „The work ‚happens' in the present, whenever viewers contemplate the empty space where an artwork, a sculpture, was expected."[2]

Die Verbindungen zum Gegenstand des vorliegenden Bandes liegen auf der Hand: Auch bei Europa haben wir es mit einem (historischen)

Vorwort

Konzept zu tun, das auf die in seinem Selbstverständnis eingeschlossenen Brüche und blinden Flecken hin zu untersuchen ist; ferner produziert es Demarkationslinien und Ausschlüsse, die nicht nur Gegenidentitäten schaffen und festschreiben, sondern in ihrer rechtlichen Konsequenz auch gewaltsam auf das Leben von Menschen einwirken können (wie nicht zuletzt anhand der Flüchtlingskatastrophen an den europäischen Außengrenzen deutlich wird). Und schließlich scheinen sich auch im Inneren des europäischen Kontinents unter dem wachsenden Einfluss nationalistischer Tendenzen neue Bruchlinien aufzutun oder bestehende weiter zu vertiefen.

Angesichts der Diversität der Staaten Europas ist ein wie auch immer geartetes kollektives Selbstverständnis wohl kaum denkbar ohne die ‚Macht der Vorstellung', also die Bindung staatsbürgerlicher Interessen und Maßnahmen an etwas, das den nationalen (und nationalsprachlichen) Identifikationsrahmen übersteigt. „Natürlich ist die Geographie nicht so wichtig wie das Vorstellungsvermögen"[3], heißt es in einem Essay des polnischen Schriftstellers Andrzej Stasiuk. Einer kartographisch festgeschriebenen europäischen Landschaft stellt Stasiuk hier mit dem „Vorstellungsvermögen" eine kognitive Fähigkeit gegenüber, die einerseits geographische Grenzen aufzulösen und alternative Topographien zu entwerfen imstande ist, andererseits aber auch neue Demarkationslinien ziehen oder bestehende Machtverhältnisse befestigen kann.

Vorstellung wird im Kontext der vorliegenden Beiträge im mehrfachen Sinne verstanden: Neben abstrakten Bewusstseinsinhalten – im Sinne eines, nach Le Goff, „Europa der Vorstellungen"[4] – bezieht sich der Begriff auch auf konkrete Theaterprojekte, Aufführungen und Performances, die in ihrer Auseinandersetzung mit Europa wiederum bestimmte Vorstellungen, Diskurse, Narrative und Mythen produzieren oder reproduzieren, affirmieren, reflektieren oder dekonstruieren. Dem Theater wird hierbei das Potential zugedacht, je nach Perspektive als künstlerisch-ästhetischer Möglichkeitsraum, als Ort der gesellschaftlichen und kulturellen (Selbst-)Reflexion oder als Aktionsraum für politische Einmischung zu fungieren.

Wenn mit Klaus von Beyme davon auszugehen ist, dass sich (west-)europäische Staaten nicht zuletzt durch aktive Kulturpolitik zu einer Nation entwickelt haben[5], so stellt sich ferner die Frage, inwiefern kulturpolitische Maßnahmen gezielt für die Konstruktion einer gemeinsamen ‚europäischen Identität' eingesetzt werden und welche Rolle dem Theater (d. h. seinen Macherinnen und Machern) in diesem Kontext zugedacht wird. Auf institutionell-struktureller Ebene spiegeln sich die politischen Direktiven und Anforderungen der europäischen Einigung wohl am deutlichsten in der Praxis internationaler Theaterfestivals, in grenzüberschreitenden Kooperationen auf der Produktionsebene und in europaweiten Theaterzusammenschlüssen wider, die ihrerseits die Frage nach Zugehörigkeiten, Machtverhältnissen und möglichen Eurozentrismen relevant werden lassen, wobei zuweilen auch die Grenzen eines engen kontinentalen Selbstverständnisses überschritten werden: So zählt beispielsweise die UTE *(Union des Théâtres de l'Europe)* zu ihren aktuellen Mitgliedern auch Theater aus Russland und Israel.

Vor dem Hintergrund der skizzierten Überlegungen gilt der Fokus des vorliegenden Buches unterschiedlichen Vorstellungen von Europa im Theater der Gegenwart – in seiner formalästhetischen Bandbreite vom klassischen Repräsentationstheater über postdramatische Formen bis hin zu performativen und installativen Formaten. Gefragt wird nach Öffnungen und Grenzüberschreitungen, nach neuen, Zusammenhalt stiftenden Narrationen und alternativen Modellen demokratischer Teilhabe, aber auch nach blinden Flecken und Repräsentationen des sogenannten ‚Anderen'. Neben inhaltlichen und formalästhetischen Fragestellungen gilt der Fokus ferner den veränderten institutionellen Voraussetzungen von Theater im Kontext einer sich wandelnden europäischen Öffentlichkeit, nicht zuletzt auch im Hinblick auf aktuelle Migrationserfahrungen, sowie der Rückbindung theaterspezifischer Begrifflichkeiten an die Sphäre des Politischen. In der Kreuzung interdisziplinärer Perspektiven, wie sie durch die Beiträge gezielt vorgenommen wird, tritt Europa als ein polysemantisches Konstrukt zutage, das zwischen Nationalität und Transnationalität, zwischen Imagination und realpolitischer Wirklichkeit oszilliert und immer wieder neu zu verhandeln ist – insbesondere auch durch die Mittel und Möglichkeiten des Theaters.

---

[1] Quenzel, Gudrun: *Konstruktionen von Europa. Die europäische Identität und die Kulturpolitik der Europäischen Union*, Bielefeld 2005, S. 98.

[2] Bal, Mieke: *Of What One Cannot Speak: Doris Salcedo's Political Art*, Chicago 2010, S. 3.

[3] Stasiuk, Andrzej: „Logbuch", in: Andruchowytsch, Juri/ders.: *Mein Europa: Zwei Essays über das sogenannte Mitteleuropa*, Frankfurt a. M. 2004, S. 75–145, hier S. 79.

[4] Le Goff, Jacques: „Grundlagen europäischer Identität", in: Alfred Herrhausen Gesellschaft für internationalen Dialog (Hrsg.): *Europa leidenschaftlich gesucht*, München/Zürich 2003, S. 169–79, hier S. 178.

[5] Beyme, Klaus von: *Kulturpolitik und nationale Identität. Studien zur Kulturpolitik zwischen staatlicher Steuerung und gesellschaftlicher Autonomie*, Opladen/Wiesbaden 1998, S. 37.

Elisabeth Tropper

TANZ UM DEN WEISSEN STIER: EUROPA UND DAS THEATER DER GEGENWART

Zur Einführung in ein weites Feld

1. Einleitung

Im Oktober 2015 wurde Arnold Schönbergs unvollendet gebliebene Oper *Moses und Aron* an der Opéra national de Paris aufgeführt, in der Regie von Romeo Castellucci. Am Ende des ersten Aktes – während Moses abwesend ist, um auf dem Tafelberg die zehn Gebote zu empfangen – gehen die Israeliten ihrem Bedürfnis nach, ein Götzenbild zu schaffen: ein stellvertretendes Zeichen für einen Gott, den sie weder mit ihren Augen noch mit ihren Händen begreifen können, weil er allein in ihrem Glauben aufgehoben sein soll. Moses Bruder Aron stiftet durch Zauber ein goldenes Kalb – und siehe da: Bei Castellucci ist es ein imposanter (lebender!) weißer Stier, der in das rauschhafte Ritual miteinbezogen und zum Gemeinschaft generierenden Symbol, zur vorübergehenden Projektionsfläche und Bezugsgröße für eine Gruppe wird, die sich allein durch ihren Glauben an den von Moses verkündeten Gott als zusammengehörig begreifen und die Herausforderungen eines Exils in der Wüste meistern soll. Am Ende des zweiten und letzten Akts, während der schwarze Gazevorhang sich bereits auf ihn herabsenkt, stammelt der Darsteller des Moses in den sich verdunkelnden Bühnenraum, begleitet von einem langgezogenen Einzelton: „O Wort! Du Wort, das mir fehlt!" Damit endet die Oper, deren dritten Akt Schönberg nicht mehr vertont hat.

Moses' Mission, den Israeliten „die Allmacht des Gedankens über die Worte und Bilder"[1] – also das Primat der Idee vor dem Abbild – zu vermitteln, ist fehlgeschlagen: Sie haben sich in ihrer Not ein Götzenbild geschaffen. Wenngleich die Analogie zwischen dem weißen Stier als Stellvertreter für das goldene Kalb bei Castellucci und jenem weißen Stier, den wir aus der mythologischen Erzählung von der Entführung Europas kennen, nur eine zufällige sein dürfte (Tiere werden bei Castellucci vor allem als Zeichen einer rituell-sakralen Ordnung eingesetzt sowie als Symbole eines vorsprachlichen und prätragischen Theaters, eines, in Castelluccis Diktum, „infantilen Theaters"[2]), so bietet sich der Vergleich dennoch an, um über das Theater und sein Verhältnis zu

Europa nachzudenken. Der weiße Stier als Surrogat für ein kollektives Selbstverständnis – eine, wenn man so will, ‚europäische Identität' – macht auf eine Leerstelle aufmerksam, die indessen durch eine Vielzahl unterschiedlicher und zuweilen konkurrierender Vorstellungen und Glaubenssätze dahingehend, was mit dem Kollektivbegriff Europa gemeint ist, kompensiert wird. Mit Manfred Pfister ließe sich in diesem Zusammenhang auch von *Mythen* sprechen, im Sinne all jener „sites, events and plots, through which Europe has tried to fashion a sense of unity and identity as well as of difference from its Other(s)"[3].

Der vorliegende Beitrag soll einen ersten Zugang in ein weites, noch wenig begangenes Forschungsfeld eröffnen, indem er nach theatralen Auseinandersetzungen mit den unterschiedlichen, in der Leerstelle Europa figurierenden Vorstellungen, Mythen, Symbolen und Selbstbeschreibungen fragt: als Teil eines, im übertragenen Sinne, vielfältigen ‚Tanzes' um den weißen Stier. Dabei wird beispielhaft auf einzelne Theaterarbeiten aus dem europäischen Raum Bezug genommen – selbstverständlich, ohne Anspruch auf Vollständigkeit zu erheben. Bei den genannten Texten und Performances handelt es sich ferner zum größten Teil um Arbeiten, die durch Übersetzungen und Gastspiele über ihren nationalsprachlichen Einflussbereich hinaus zur Aufführung gebracht worden und also für ein erweitertes Theaterpublikum zugänglich (gewesen) sind. In diesem Zusammenhang spielen zweifellos auch die Strategien und Praktiken europäischer Kulturpolitik eine wichtige Rolle, auf die aus Gründen des Umfangs und der Schwerpunktsetzung im Rahmen des vorliegenden Beitrags jedoch nicht eingegangen werden kann.[4]

2. Europa: Name, Territorium und andere Mythen

Der Raub der Europa – (k)ein Gründungsmythos

Der Raub der Europa durch den Göttervater Zeus/Jupiter ist eine der frühesten Erzählungen des Abendlandes, erstmals überliefert in Homers *Ilias* aus dem 7. Jahrhundert v. Chr. (XIV. Gesang, V. 321-322). In der wirkmächtigen Darstellung der *Metamorphosen* Ovids wird der Hergang wie folgt geschildert: Zeus entflammt in Leidenschaft für Europa, die Tochter des phönizischen Königs Agenor. Um das Mädchen für sich zu gewinnen, nimmt der Göttervater die Gestalt eines imposanten weißen Stiers an und mischt sich unter die königliche Rinderherde in der Nähe jenes Strandes, an dem Europa mit ihren Gefährtinnen zu spielen pflegt.[5] Als Europa auf den Rücken des zutraulichen Stiers steigt, trägt er sie auf das offene Meer hinaus, bis zur Insel Kreta, wo er sich der Verschreckten als Göttervater zu erkennen gibt. Europa bringt, nach einer Reihe von Liebesakten oder Vergewaltigungen (hier variiert die Lesart je nach Interpretin oder Interpret), drei Söhne zur Welt: Minos, Sarpedon und Rhadamanthys. Später heiratet Europa Asterios, den König von Kreta. Ihr ältester Sohn Minos wird zum Erben eingesetzt und gründet im Laufe seiner Herrschaft Knossos und weitere Städte; sein Bruder Sarpedon wandert nach Kleinasien aus und wird König der Lykier. Auch Europas Brüder, die vom Vater auf die ergebnislose Suche nach ihrer Schwester geschickt werden, aber nicht zurückkehren dürfen, ehe sie Europa gefunden haben, erschließen auf ihrer Reise weite Teile des heutigen Kontinents (und darüber hinaus) und werden gleichfalls zu Städtegründern: Der Bekannteste von ihnen, Kadmos, gründet auf Geheiß des Orakels von Delphi die Stadt Theben.

Wie Almut-Barbara Renger festhält, ist der Aspekt der Migration und Städtegründung konstitutiv für die Geschichte der Europa, die als Protagonistin in einem umfassenden Familienepos auf die ursprüngliche Zusammengehörigkeit unterschiedlicher Völker im Mittelmeerraum verweist.[6] Evoziert wird damit die Vorstellung einer erweiterten europäischen (Groß-)Familie: Immerhin stammen Europa und ihre Brüder aus Phönizien, d. h. aus dem vorderasiatischen Raum. Die Erkenntnis, dass es sich bei der mythologischen Europa um eine asiatische Königstochter handelt, hat bereits den antiken Geschichtsschreiber Herodot beschäftigt und zu der Feststellung veranlasst, dass sie als Namensgeberin für den Kontinent nicht in Frage komme – zumal sie von Zeus auch noch auf die Insel Kreta entführt worden sei, die Herodot (in Übereinstimmung mit seinen Zeitgenossen) nicht zu Europa zählte.[7]

Das versöhnliche, gemeinschaftsstiftende Programm einer (erweiterten) europäischen Großfamilie ist indes auch kritisch in den Blick zu nehmen. So kann das mythologische Narrativ als eine Geschichte der Annexion und Kolonisation gelesen werden – und zwar sowohl des weiblichen Körpers (der Europa) als auch des Territoriums, denn die Städtegründungen der Brüder und Söhne finden natürlich keineswegs auf unbesiedeltem Gebiet statt. Parallel zum Raumgewinn der Brüder und Söhne in der familiengeschichtlichen Fortschreibung des Mythos tritt die Figur der Europa zusehends zurück, bis sie schließlich als Handlungsträgerin gänzlich daraus verschwunden ist. Übrig bleibt vom Europamythos am Ende vor allem die Allegorie: der weibliche weiße Körper als Personifikation des Kontinents, wie er seit der Frühen Neuzeit Eingang in eine mannigfaltige Imagologie gefunden hat.[8]

Zugleich erinnert die mythologische Erzählung an eine historische Gegebenheit: Die Entführungsgeschichte der Europa versinnbildlicht, dass wesentliche Ideen und Wissensinhalte einen Transfer von Osten nach Westen erfahren haben – u. a. die für die Aufklärung so zentrale Idee der Trennung von Glaube und Vernunft.[9] Das im mythologischen Narrativ als vergleichsweise „junger" Kontinent[10] inszenierte Europa verdankt seine zivilisatorische Gestalt wesentlich Einflüssen aus jenen Räumen, von denen es sich in seiner historischen Genese und territorialen Ausbreitung geographisch wie kulturell umso schärfer abzugrenzen sucht. So ist bereits in der mythologischen Europafigur eine Hybridität angelegt, die Vorstellungen von Homogenität und klaren Grenzlinien maßgeblich zuwiderläuft.

Europa als *terra constructa*
Im Europabegriff fallen zahlreiche Uneindeutigkeiten zusammen. Neben dem fraglichen Zusammenhang zwischen der Benennung des Kontinents und der geraubten Phönizierprinzessin ist auch die etymologische Herkunft des Namens Europa – ob von assyrisch *ereb*, „dunkel, Sonnenuntergang", oder griechisch *eurýs*, „weit", und *óps*, „Sicht", also „die Weitsichtige" – bis heute nicht abschließend geklärt.

Die Unbestimmtheit des Namens wiederum korrespondiert mit einer Unabgeschlossenheit des Territoriums: Zum einen wurden die geographischen Säume Europas immer wieder neu gezogen; zum anderen zeigt bereits ein flüchtiger Blick auf die Landkarte, dass die Individualisierung des europäischen Kontinents mitnichten einem „Zwang der Geographie"[11] geschuldet ist: Geomorphologisch betrachtet, handelt es sich bei Europa nicht einmal um einen eigenständigen Kontinent (von *terra continens,* „zusammenhängendes Land"), sondern um einen *Sub*kontinent – oder, in den Worten Paul Valérys, „une sorte de cap du vieux continent, un appendice occidental de l'Asie"[12], also um ein Kap bzw. einen Appendix des asiatischen Kontinents. Besonders schwierig gestaltet sich folglich die Grenzziehung nach Osten hin, die im Hinblick auf die Türkei und Russland zudem von territorialen Überlappungen geprägt ist.

Wir haben es bei Europa dementsprechend nicht mit einer klar umrissenen geographischen, politischen oder kulturellen Entität zu tun, sondern mit einer oszillierenden *terra constructa,* die sich über divergierende Selbstverständigungs- und Grenzziehungsprozesse immer wieder neu zu definieren sucht. Mit Blick auf das gegenwärtige, durch die Europäische Union und ihre Institutionen strukturierte (Teil-)Europa ist hierbei eine paradoxe Gleichzeitigkeit von Grenzschließungs- und Grenzöffnungsprozessen festzustellen: Mit dem Amsterdamer Vertrag von 1997 wurde das über zehn Jahre zuvor geschlossene Schengener

Abkommen zur Abschaffung der europäischen Binnengrenzen um eine Europäisierung der Außengrenzen erweitert und die nichtrestringierte Mobilität im Inneren an eine Verstärkung der Außengrenzen gekoppelt.[13] Das verkürzte Schlagwort für diese Prozesse ist hinlänglich bekannt: Es lautet „Festung Europa" und ist wesentlicher Träger einer Vorstellung von innerer Einheit bei äußerer Abschottung – gegen das vermeintlich nicht-europäische ‚Andere'.

Zugleich tun sich im Inneren Europas alte und neue Bruchlinien auf, die den Konflikt zwischen dem transnationalen Imperativ und nationalen Ansprüchen akut halten und mithin die Vorstellung von einem – wie auch immer gearteten – kollektiven europäischen Selbstverständnis von innen heraus als problematisch und brüchig markieren.

In diesem Spannungsfeld zwischen innerer Öffnung und äußerer Abschottung, zwischen Nationalität und Transnationalität, zwischen Konstruktionen des ‚Eigenen' und des ‚Fremden' sind die verschiedenen europäischen Theaterprojekte anzusiedeln, um die es im Folgenden gehen wird. Im Hinblick auf die Frage, in welchen Symbolen, Sinnbildern und Narrativen unterschiedliche Europa-Konzepte im europäischen Gegenwartstheater figurieren, wird es dabei kursorisch um vier Themenkomplexe gehen: erstens um Personifizierungen von Europa, die auf den vielschichtigen antiken Mythos und seine Fortschreibungen verweisen; zweitens um Auseinandersetzungen mit dem Schengenraum und den veränderten innereuropäischen Grenzregimes im Kontext des sogenannten ‚neuen Europa'; drittens um Performances über und an den europäischen Außengrenzen; sowie viertens um das Durchspielen eines europäischen Demos als möglicher Bezugspunkt für ein gemeinschaftsstiftendes Selbstverständnis.

3. Europa und das Theater der Gegenwart

Europa als Körper und Figur

An dieser Stelle sei zu der phönizischen Königstochter zurückgekehrt, die auf dem Rücken des weißen Stiers – oder auch ohne ihn – durch Jahrhunderte theatraler Repräsentation getragen wurde. Ab der Frühen Neuzeit tritt die mythologische Europafigur zunehmend als Personifikation des europäischen Kontinents auf – sei es in Gestalt einer Weltteilallegorie, sei es als kartographierter weiblicher Körper. Die Aufrufung körperlich-figurativer Eigenschaften, so meine These, trägt dazu bei, die ubiquitäre und unabgeschlossene Verfasstheit des Europabegriffs und des mit ihm bezeichneten Territoriums in ein klar umgrenztes und allgemein verständliches Vorstellungsbild zu gießen: Europa als einen Körper zu denken, suggeriert eine systemische Abgeschlossenheit bei innerer Vielfalt und wechselseitiger Abhängigkeit. Zudem greift die Körpermetaphorik auf eine über innereuropäische Sprachgrenzen hinweg geteilte Kollektivsymbolik zurück. Wenn Europa aufgrund von „Herzinsuffizienz"[14] auf dem Sterbebett liegt, wie es in Juri Andruchowytschs 2005 von Anna Badora am Düsseldorfer Schauspielhaus uraufgeführtem Theatertext *Orpheus, illegal* heißt, oder von Tumoren zerfressen ist wie in *Europa. Ein Monolog für Mutter Europa und ihre Kinder* von Ivana Sajko[15] (UA 2007 am Zagrebačko kazalište mladih; Regie: Franka Perković), so sind die damit verbundenen Bedeutungsfelder allgemein verständlich, auch über die theatrale Sphäre hinaus: Aufgrund ihres interdiskursiven Potentials erfreuen sich Körpermetaphern im politischen, medialen und alltäglichen Sprechen über Europa und die Europäische Union großer Beliebtheit – und dies keineswegs nur im deutschsprachigen Raum.[16]

Zwischen Konzepten von Europa als einem körperlichen Gebilde und Personifikationen des Kontinents besteht demnach ein wesentlicher Zusammenhang: In beiden Fällen werden Uneindeutigkeiten, fließende Grenzen und hybride Konstellationen zugunsten einer abgeschlossenen, im Raum skizzier- und fassbaren Gestalt aufgehoben. Durch den Bezug zur mythologischen Erzählung, welcher Personifikationen von Europa per se als semantisches Moment innewohnt, wird überdies an ein umfassendes konnotatives Reservoir angeschlossen. In der europäischen Theatergeschichte ist die personalisierte Figur der Europa mithin zur Spielfläche für differierende ästhetische Strategien und politische Stoßrichtungen geworden: Man denke beispielsweise an die durch den Ersten Staatsminister Richelieu in Auftrag gegebene „Comédie héroïque" *Europa* von Jean Desmarets de Saint-Sorlin (1643), in der der Dreißigjährige Krieg aus französischer Sicht allegorisch zur Darstellung kommt; an Georg Kaisers *Europa*, 1914 im Taumel der weite Teile der intellektuellen Welt erfassenden Kriegseuphorie verfasst; oder an das gegen die nationalsozialistische Besetzung Frankreichs opponierende Stück *Der Raub der Europa oder Man kann immer etwas tun* von Max Aub aus dem Jahre 1943. Mit Blick auf das Theater der Gegenwart seien an dieser Stelle zwei Arbeiten genannt, stellvertretend für so viele andere: Ivana Sajkos bereits erwähntes Stück *Europa. Monolog za majku Courage i njezinu djecu* (2007; in der deutschen Übersetzung unter Verzicht auf den Brecht-Bezug: *Ein Monolog für Mutter Europa und ihre Kinder*) sowie *Die Schutzbefohlenen* von Elfriede Jelinek (2013/14; 2015 durch einen *Appendix* und eine *Coda* fortgeschrieben).

Ivana Sajko unterzieht in ihrem postdramatischen Szenario das Selbstverständnis der Gründungsländer der Europäischen Union, den Kontinent friedvoll und fürsorglich unter die Fittiche eines kollektiven Integrationsprojektes genommen zu haben, einem kritischen Blick. Die blinden Flecken und verdrängten Konfliktlinien in dieser (west-)europäischen Selbstbeschreibung werden von ihr in ein negatives Körperbild überführt: Ihre Mutter Europa ist ein gealtertes, von Krieg und Konsum gezeichnetes und von Tumoren zerfressenes Geschöpf, ihre Kinderschar besteht aus Kriegswaisen. Nachdem sie als junges Mädchen den weißen Stier gezähmt hat, indem sie ihm bei einem leidenschaftlichen Kuss die Zunge abgebissen hat, ist Sajkos Europa nun bestrebt, sich ihrer kriegerischen Vergangenheit endgültig zu entledigen, um für das Projekt der Europäischen Union bereit zu sein. Der weiße Stier, der auf jenes Gespenst des Westens verweist, das Maria Todorova einst als das zu exorzierende ‚Andere' im europäischen Diskurs charakterisiert hat – den Balkan[17] –, wird dabei vom Entführer zum Erfüllungsgehilfen einer an Macht, Reichtum und Körperumfang gewinnenden Europa.

Die ausufernde Körperlichkeit der Europafigur korrespondiert mit der sprachlichen Qualität des Textes, der als schäumender Monolog ohne jede Regieanweisung konzipiert ist, durchsetzt von kollektiven Repliken der Kinder Europas, die zwar den Chor der antiken Tragödie zitieren, im Unterschied zu diesem jedoch keine kommentierende Funktion oder Gegenstimme innehaben, sondern der Protagonistin gänzlich hörig sind.

Auch in Elfriede Jelineks gleichfalls postdramatischem Theatertext *Die Schutzbefohlenen* begegnet uns der Mythos der Europa. Die Autorin fächert das Narrativ in seine semantischen Dimensionen auf und verflicht diese mit zahlreichen weiteren Bedeutungsebenen. Die lose Konnotationskette führt sie vom Stier zur Kuh (die wiederum auf eine andere Geliebte von Zeus verweist, nämlich Io, sowie auf jene Kuh, der Europas Bruder Kadmos folgt, um an der Stelle ihres erschöpften Zusammenbruchs die Stadt Theben zu gründen), von der Entführung zur Flucht, von den richtigen Töchtern zu den falschen: Während der österreichische Staat die einen, wie etwa die Sopranistin Anna Netrebko, im Schnellverfahren einbürgert, sind jene, die als Flüchtlinge über das Meer kommen, unerwünscht. „[I]ch bin doch keine Kuh, ich bin nicht Europa, bin nicht Io, nichts hemmt mich, manch einer fickt mich oder nicht, er hat die Wahl"[18], heißt es aus der angeeigneten Flüchtlingsperspektive im Text. Dann wieder erscheint Europa im Bild der weißen Kuh als das Hoffnung spendende Vorstellungsbild, das die Verzweifelten über das Meer auf den europäischen Kontinent zuträgt. In ihrer

Alternativlosigkeit fallen bei Jelinek Entführung und Flucht in eins: „Zusammengeschweißte, wir aber, hangend der seufzenden Kuh im schneeigen Nacken"[19].

In seiner umstrittenen Uraufführung von *Die Schutzbefohlenen* 2014 am Thalia Theater in Hamburg[20] spitzt der Regisseur Nicolas Stemann die vielsinnigen Andeutungen auf die mythologische Europafigur bei Jelinek auf satirische Weise zu, indem er einen Schauspieler in wilder Gebärde auf einem Plüsch-Stier über die Bühne toben lässt – weiß geschminkt, eine lange, weißblonde Perücke und eine Toga im Blau des Europabanners tragend, den Sternenkranz der EU gleich einer Gloriole über dem Kopf. Stemann schließt mit diesem kurzen Auftritt an spezifische Aspekte des semantischen Reservoirs der Europafigur an (Antike, Christentum, Weißsein, Herrschaftsanspruch) und zieht sie ins Absurd-Lächerliche.

Wie der weiße Stier bei Castellucci, so fungiert auch die Europa auf der Bühne als stellvertretendes Symbol bzw. als kollektiver Referenzpunkt, durch den sich das ‚Unfassbare', ob sich dahinter nun eine Gottheit oder ein komplexes raumsemantisches, politisches und ideelles Konstrukt verbirgt, in verdichteter Weise zur Anschauung bringen lässt. Dabei kann die spezifische Ausgestaltung und Bewertung der Figur höchst unterschiedlich ausfallen – bezeichnenderweise wenden sie jedoch sowohl Ivana Sajko als auch Elfriede Jelinek und Nicolas Stemann ins Negative.

Die „Waisen von Schengen".
Europäische Individuen an europäischen Nicht-Orten?
Die Inszenierung einer personifizierten Europa lässt sich auch als komplexitätsreduzierender Vorgang der Subjektivierung interpretieren: Überindividuelle Sachverhalte und gesellschaftliche Zusammenhänge werden auf Figuren und dramatische Konflikte heruntergebrochen und auf diese Weise greifbar und in verkleinertem (d. h. menschlichem) Maßstab nachvollziehbar gemacht. Mehr noch als auf die Europa trifft dies indes auf eine andere Gruppe von Figuren zu, die im Theater der Gegenwart auffallend häufig dort anzutreffen ist, wo es um die Inszenierung raumsemantischer Verschiebungen eines sogenannten ‚neuen Europa' geht – d. h. um „the imagination of an entity that might become, replace, or perhaps parasitically inhabit the older Europe"[21]: Grenzschützer und Grenzverletzer, Passagiere, Schlepper, Schmuggler, Migranten, Flüchtlinge – Figuren der Schwelle und des Übergangs. Mit ihnen korrespondieren wiederum ganz bestimmte Handlungsorte: Grenzübergänge, Bahnhöfe, Zugabteile, Flughäfen; „Nicht-Orte" im Sinne des französi-

Elisabeth Tropper

schen Ethnologen Marc Augé, d. h. Durchgangs- und Transiträume ohne relationale Anbindung, zugehörig einer „Welt, die solcherart der einsamen Individualität, der Durchreise, dem Provisorischen und Ephemeren überantwortet ist"[22].

Drei Arbeiten, die (der zeitlichen und räumlichen Distanz ihrer Entstehungskontexte zum Trotz) vielfältige strukturelle wie inhaltliche Parallelen aufweisen[23], seien an dieser Stelle beispielhaft genannt: *Europe* von David Greig (UA 1994 am Traverse Theatre, Edinburgh; Regie: Philip Howard), *Trànsits* von Carles Batlle (UA 2007 in der Sala Beckett de Barcelona; Regie: Magda Puyo) und *Czekając na Turka (Warten auf den Türken)* von Andrzej Stasiuk (UA 2009 am Stary Teatr, Krakau; Regie: Mikołaj Grabowski). *Europe* und *Czekając na Turka* haben Bahnhof und Grenzübergang zum Handlungsort, Batlles Text wiederum ist am Ort der grenzüberschreitenden Bewegung selbst angesiedelt, nämlich im Abteil eines Fernzugs – jenem „Raum des Reisenden", der für Augé den „Archetypus des *Nicht-Ortes*"[24] darstellt.

Im Zentrum dieser (unter formalästhetischen Gesichtspunkten stark differierenden) Texte steht das Spannungsfeld zwischen Nationalität und Transnationalität und mithin die Inszenierung der Instabilität vermeintlich festgefügter Identitätskonzepte: Sei es, dass im Rahmen des theatralen Szenarios durch die Aufhebung der an den Grenzübertritt gekoppelten performativen Akte nationalstaatliche Identitätskonzepte brüchig werden; sei es, dass eine Gemeinschaft inszeniert wird, die von der innereuropäischen Grenze wirtschaftlich abhängig ist und durch die Grenzöffnung in eine prekäre Lage versetzt wird (Andrzej Stasiuk hat dafür den Begriff der „Waisen von Schengen"[25] geprägt); sei es, dass durch die Begegnung mit dem inner- wie außereuropäischen ‚Anderen' kulturelle Zugehörigkeiten, festgefügte Weltbilder und mithin die eigene Position reflexionsbedürftig werden.

Dass in allen drei Texten die raumsemantischen Veränderungen eines ‚neuen Europa' subjektiviert und in vergleichbarer Weise auf ihre Konsequenzen für individuelle Biographien hin durchgespielt werden, legt nahe, dass es sich hierbei nicht um spezifisch nationale oder regionale, sondern um geteilte (und mithin womöglich als ‚binneneuropäisch' zu bezeichnende) Erfahrungen handelt, mögen sie im Detail auch unterschiedlich ausgestaltet sein. Diesem Befund entspricht ferner die Tatsache, dass die Handlungsorte von *Europe* und *Trànsits* ausdrücklich offengehalten und somit als übertragbar konzipiert sind: Ort der Handlung in Greigs Szenario ist „[a] small decaying provincial town in Europe"[26], bei Batlle lautet er „Europa. Un futur no gaire llunyà"[27].

Performances über und an Außengrenzen

Seit einigen Jahren ist im Zusammenhang mit europapolitischen Fragestellungen eine thematische Verschiebung zu bemerken: So rückt der künstlerische Fokus zunehmend von binneneuropäischen Fragestellungen und Konstellationen weg und hin zu den europäischen Außengrenzen, insbesondere zur Seegrenze des Mittelmeers, deren Überquerung bereits Tausende von Flüchtlingen das Leben gekostet hat.[28] Im Zuge dieser Entwicklungen ist eine Fülle an Theaterarbeiten entstanden, die sich der fließenden Außengrenze der Europäischen Union in ihrer humanitären wie rechtlichen Problematik annehmen und mithin nach dem europäischen Selbstverständnis fragen, das in diesen Abschottungsmaßnahmen zum Ausdruck kommt. Neben Jelineks bereits erwähnten *Schutzbefohlenen* sind unter dem Eindruck der sich verschärfenden EU-Grenzregimes auch zahlreiche dokumentarische Theaterarbeiten entstanden – so beispielsweise *FRONTex SECURITY* von Hans Werner Kroesinger (UA 2013 am HAU Berlin) über die Praktiken der Grenzschutzagentur Frontex auf dem Mittelmeer oder das Rechercheprojekt Υπόθεση Φαρμακονήσι ή Το δίκαιο του νερού *(Case Farmakonisi or The right of water)* von Anestis Azas (UA 2014 am Nationaltheater Athen), in dem ein Bootsunglück nahe der griechischen Insel Farmakonisi im Januar 2014 in den Blick genommen wird. Daneben entstehen in ganz Europa dramatische und postdramatische Theatertexte, die sich – ungeachtet der teils gewaltigen Unterschiede in ihren formalästhetischen Mitteln, Wirkungsabsichten und inhaltlichen Stoßrichtungen – durch eine gemeinsame inhaltliche Klammer zusammenführen lassen: Sie befassen sich (mal empathisch, mal medien- oder gesellschaftskritisch) mit jenen Menschen, die sich auf die gefährliche Überfahrt über das Mittelmeer begeben, und mit der europäischen Angst vor einer vermeintlich über den Kontinent hereinbrechenden Flüchtlingswelle. Zu nennen wären in diesem Zusammenhang beispielsweise *Lampedusa* von Anders Lustgarten (UA 2015 am Soho Theatre London), Lina Prosas *Trilogia del Naufragio* (UA 2015, 2016 und 2017 am Piccolo Teatro di Milano), Christian Lollikes *Living Dead* (UA 2016 bei den Ruhrfestspielen Recklinghausen) oder, bereits einige Jahre früher, Kevin Rittbergers *Kassandra oder Die Welt als Vorstellung* (UA 2010 am Schauspielhaus Wien). In diesen theatralen Szenarien figuriert Europa vor allem als Grenz- und Exklusionsbegriff, als die eingangs genannte Festung, die Transgressionen zu unterbinden oder zumindest stark zu regulieren sucht.

Darüber hinaus existiert eine Reihe von performativen Arbeiten, in denen territoriale Grenzen nicht nur aufgerufen, sondern tatsächlich physisch aufgesucht werden: so geschehen 2016 beim Festival *Steirischer Herbst*, im Rahmen dessen das Publikum an die (binneneuropäische) Grenze zwischen Österreich und Slowenien geführt wurde (*Willkommen in der Europaschutzzone. Eine Grenzwanderung* von Hans Werner Kroesinger und Regine Dura), oder medienwirksam durch das Zentrum für Politische Schönheit unter der Leitung des deutsch-schweizerischen Aktionskünstlers Philipp Ruch. Sein umstrittenes Projekt *Erster europäischer Mauerfall* (2014), das mit der Entwendung der weißen Kreuze begann, die zum Gedenken an die Todesopfer der Berliner Mauer vor dem Bundestag in Berlin aufgestellt worden waren, und mit einer Busreise an die bulgarische Außengrenze endete, löste eine weitreichende politische und mediale Debatte aus und hatte zudem für die beteiligten Künstler ein strafrechtliches Nachspiel. Die Grenzen zwischen künstlerischer Aktion, sozialer Praxis und gesellschaftlicher Intervention – im Sinne der „gezielte[n] Unterbrechung und Veränderung gesellschaftlicher Prozesse"[29] – werden von der Gruppe in ihren Projekten bewusst unterlaufen, Erwartungshaltungen und theatrale Übereinkünfte in Frage gestellt. Neben dem physischen Aufsuchen der Grenze finden hierbei auch im ästhetischen Sinne Grenzüberschreitungen und Grenzverwischungen statt.

Pre- und *Re-enactments* eines europäischen Demos

Andere Theatermacherinnen und -macher nähern sich der Frage nach Europa von einer gänzlich anderen Seite, indem sie theatrale Versuchsanordnungen entwerfen, in deren Rahmen demokratische Prozesse sowie die Möglichkeiten (aber auch die Grenzen) kollektiver Verantwortung und Entscheidungsfindung durchgespielt werden. In *Preenacting Europe* der Gruppe Interrobang (2014/15) können die Zuschauerinnen und Zuschauer per Abstimmung wesentlich über den Verlauf mitentscheiden, indem sie Themen auswählen, über Maßnahmen entscheiden und einzelne Performerinnen und Performer, die mit unterschiedlichen Konzepten zu Europa antreten, auf einer einem Brettspiel nachempfundenen Spielfläche vorrücken lassen. Die klassische Grenze zwischen Bühne und Publikum ist weitgehend aufgehoben: Ohne die Teilnahme des Publikums kann das theatrale Ereignis nicht vollzogen werden. Dies trifft in noch stärkerer Weise auf das Projekt *Hausbesuch Europa* von Rimini Protokoll zu, das seit 2015 durch Privathaushalte in Europa tourt und 2016 auch in Kairo und Moskau Halt gemacht hat. *Hausbesuch Europa* vollzieht sich ausschließlich durch das Publikum selbst, das mit- und gegeneinander Aktionen durchführt und dabei demokratische Entscheidungsprozesse im verkleinerten Maßstab durchspielt.[30]

In beiden Fällen werden die Zuschauerinnen und Zuschauer – unter der Führung eines Spielleiters bzw. einer Spielleiterin – zu wesentlichen Akteuren und Handlungsträgern. Demokratische Teilnahme, wie sie einem zeitgenössischen europäischen Selbstverständnis als verbindendes Element zugrunde liegen könnte, wird hier performativ durchgespielt. Auf diese Weise wird versucht, ein politisches Grundmoment des Theaters zu (re-)aktivieren; denn, wie der Dramaturg Florian Malzacher festhält, lassen sich

> an der Rolle des Publikums immer auch gesellschaftliche Verhältnisse oder Utopien ablesen. Egal, ob die Polis sich im Athener Theater traf, ob der barocke König zum Fluchtpunkt der Inszenierung wurde oder ob sich das erwachende Bürgertum Nationaltheater baute: Immer war die Theatersituation auch Spiegel gesellschaftlicher Modelle.[31]

Rimini Protokoll und Interrobang machen das theatrale Ereignis zur Versuchsanordnung für demokratische Prozesse und spielen auf diese Weise die u. a. von Jürgen Habermas prominent vertretene Forderung nach einem kollektiven europäischen Selbstverständnis, das sich über den Vollzug demokratischer Teilnahme- und Kommunikationsrechte in der staatsbürgerlichen Praxis verwirklicht[32], im verkleinerten Maßstab und für die Dauer einer Vorstellung durch.

In *Take It or Make It* (2016) der Performerin und Theatertheoretikerin Ana Vujanović wird dieser Prozess in die performative Praxis auf der Bühne und damit in die Sphäre künstlerischer Entscheidungsprozesse rücküberführt. Die Zuschauerinnen und Zuschauer werden zwar (etwa mittels Abstimmungen) in das Geschehen miteinbezogen, die Trennung zwischen ihnen und den Performerinnen und Performern wird jedoch aufrechterhalten. Im Zentrum des Projekts, das von Vujanović über Workshops in immer wieder neuen Konstellationen erarbeitet wird, steht die Frage, unter welchen Bedingungen demokratische Verfahren dazu geeignet (oder auch nicht geeignet) sein können, sinnvolle Handlungen auf der Bühne herzustellen – insbesondere dann, wenn künstlerische Eigeninteressen miteinander kollidieren.[33] Damit berührt Vujanović eine Frage, die sich auch im Kontext der Bildung eines europäischen Demos zwangsläufig stellt: Sind wir überhaupt dazu in der Lage und willens, unser Zusammenleben nach demokratischen Prinzipien zu organisieren, zumal im Angesicht divergierender persönlicher und nationalstaatlicher Interessen?

Wie auch immer die Antwort ausfallen mag: Im Spannungsfeld zwischen sozialpolitischer und theatraler Realität und in der Auseinandersetzung mit der Rolle und Verantwortung des Publikums scheinen sich jedenfalls Situationen generieren zu lassen, in deren Rahmen konsolidierte Identitätskonzepte (ob als Zuschauerin und Zuschauer, als Staatsbürgerin und Staatsbürger oder als Europäerin und Europäer) in Bewegung geraten. Im besten Fall gehen hierbei Selbstbeteiligung und Selbstbefragung ineinander über.

4. Fazit: O Wort! Du Wort, das mir fehlt!

1961, noch im Nachhall des Zweiten Weltkriegs, schreibt der Schweizer Philosoph Denis de Rougement: Kadmos und seine Brüder, die im Zuge ihrer ergebnislos verbleibenden Suche nach der geraubten Schwester zu Städtegründern werden und einen großen geographischen Raum erschließen, lehren uns, dass sich Europa letzten Endes allenfalls in der unausgesetzten Suchbewegung realisiere: „C'est la poursuite de son image mythique qui fait découvrir aux cinq frères sa réalité géographique [...]. *Rechercher l'Europe c'est la faire!* En d'autres termes: c'est la recherche qui la crée."[34] Europa erscheint in dieser Perspektive nie als abschließendes Resultat, sondern als ein immer nur vorläufiges Konstrukt, das hinsichtlich seiner Selbstbeschreibungen, seiner Widersprüche und blinden Flecken und seiner Ein- und Ausschlüsse stets befragungswürdig bleibt.

Die Frage nach Vorstellungen von Europa im Theater der Gegenwart lässt sich folglich auch als eine kreative Suchbewegung verstehen. Insbesondere durch die Kreuzung von Perspektiven unterschiedlicher topographischer Provenienz kann meines Erachtens sichtbar werden, dass europäische Identität, um mit Jacques Derrida zu sprechen, zwar eine *„Erfahrung des Unmöglichen* [...] im Sinne ihres eigenen maßlosen ‚Mit-sich-Differierens'"[35] darstellt, dass es sich – bei aller Differenz – indes um eine *geteilte* Erfahrung handelt, deren Bezugspunkte, Implikationen und Aussparungen ebenso wie die jeweils eingenommene Perspektive immer wieder aufs Neue ausgelotet werden müssen.

„O Wort! Du Wort, das mir fehlt!" – diese letzten in den Bühnenraum geseufzten Worte Moses' in Castelluccis bildgewaltiger Inszenierung, das resignative Eingeständnis seines Versagens, den Israeliten einen Glauben über das Identifikation stiftende Symbol hinaus zu vermitteln (wiewohl wir natürlich wissen, wie die Geschichte ausgeht – so gesehen ist es für den vorliegenden Beitrag ein Glücksfall, dass Schönbergs Oper unvollendet geblieben ist), lassen sich im Hinblick auf Europa ins Positive wenden. Eben weil dieses Europa auf symbolische

Surrogate angewiesen ist – auf Vorstellungen, Bilder, Mythen, Narrative, Performances –, bildet es keine geschlossene Größe, muss offen, wandel- und befragbar bleiben. Das Konstrukt Europa lässt sich in dieser Perspektive nie zu einem allgemein verbindlichen Ende bringen – und soll es auch gar nicht. Das Theater hat an diesen Prozessen im besten Fall produktiv teil: als künstlerisch-ästhetischer Möglichkeitsraum, als Ort der gesellschaftlichen (Selbst-)Reflexion und nicht zuletzt als Ort einer unausgesetzten „Aushandlung des Verschiedenen"[36].

[1] Schönberg, Arnold: *Moses und Aron*, London 1984, S. 465 (2. Akt, 5. Szene).

[2] Vgl. Castellucci, Romeo: „The Animal Being on Stage", in: *Performance Research 5* (2014), H. 2, S. 23–28, hier S. 24; vgl. auch den Beitrag von Michael Bachmann in diesem Band.

[3] Pfister, Manfred: „Europa/Europe. Myths and Muddles", in: Littlejohns, Richard/ Soncini, Sara (Hrsg.): *Myths of Europe*, Amsterdam 2007, S. 21–33, hier S. 23.

[4] Verwiesen sei an dieser Stelle auf den Beitrag von Natalie Bloch in diesem Band.

[5] Dass es sich bei dem Stier um ein weißes bzw. sogar ein schneeweißes Tier handelt – „quippe color nivis est" (Ovid: *Metamorphosen*, zweisprachige Ausgabe, übers. u. hrsg. v. Michael von Albrecht, Stuttgart 1994 [II. Buch, V. 852]) –, erfahren wir bei Ovid übrigens zum ersten Mal; in einer früheren Verschriftlichung durch den Dichter Moschos ist das Fell des Stiers noch hellbraun; in anderen findet die Farbe überhaupt keine Erwähnung. Zum ‚Farbwechsel' im Mythos der Europa vgl. Greve, Anna: *Farbe – Macht – Körper. Kritische Weißseinsforschung in der europäischen Kunstgeschichte*, Karlsruhe 2013, S. 217ff.

[6] Vgl. Renger, Almut-Barbara: „Vorwort", in: dies. (Hrsg.): *Mythos Europa. Texte von Ovid bis Heiner Müller*, Leipzig 2003, S. 12–16, hier S. 14.

[7] Herodot: *Historien*, deutsche Gesamtausgabe, übers. v. A. Horneffer, Stuttgart 1971, IV, 45.

[8] Vgl. hierzu Benthien, Claudia: „Europeia: Mythos und Allegorie in der Frühen Neuzeit", in: *Akten des XI. Internationalen Germanistenkongresses. Paris 2005*, Bd. 12, Bern u. a. 2007, S. 21–31, hier S. 21; Werner, Elke Anna: „Einführung", in: Bußmann, Klaus/dies. (Hrsg.): *Europa im 17. Jahrhundert. Ein politischer Mythos und seine Bilder*, Stuttgart 2004, S. 9–23, hier S. 17. Zur Darstellung des weiblichen Körpers in der Kartographie vgl. auch Lewes, Darby: „The Site/Sight of Europa: Representations of Women in European Cartography", in: Passerini, Luisa (Hrsg.): *Figures D'Europe. Images and Myths of Europe*, Brüssel 2003, S. 107–123.

[9] Vgl. Meyer, Thomas: *Die Identität Europas: Der EU eine Seele?*, Frankfurt a. M. 2004, S. 34.

[10] Im Gegensatz zu Asien, dessen Stellvertreter Agenor durch den Verlust seiner Tochter und die Entsendung seiner Söhne mit der Auflage, nicht ohne die geraubte Schwester zurückzukehren, kinderlos wird, erscheint Europa im mythologischen Narrativ als „ein ‚junger' Kontinent, ein Erdteil der Kinder und Kindeskinder" (Benthien: „Europeia: Mythos und Allegorie in der Frühen Neuzeit", S. 22.)

[11] Le Goff, Jacques: „Grundlagen europäischer Identität", in: Alfred Herrhausen Gesellschaft für internationalen Dialog (Hrsg.): Europa leidenschaftlich gesucht, München u. a. 2003, S. 169–179, hier S. 169.

[12] Valéry, Paul: „La Crise de l ésprit", in: ders.: *Œuvres I*, hrsg. v. Jean Hytier, Paris 1957, S. 988–1040, hier S. 1004. Indes darf nicht unerwähnt bleiben, dass Valéry die geographi-

sche Sonderstellung Europas mit der Vorstellung von einer geistigen Vorherrschaft in Verbindung gebracht, das geographische marginale Kap also im Sinne eines Hauptes oder einer intellektuellen Spitze verstanden hat (vgl. ebd., S. 995f.). Vgl. hierzu auch Derrida, Jacques: „Das andere Kap", in: ders.: *Das andere Kap. Die vertagte Demokratie. Zwei Essays zu Europa,* Frankfurt a. M. 1991, S. 7–80, hier S. 20f.

[13] Vgl. Buckel, Sonja/Georgi, Fabian/Kannankulam, John/Wissel, Jens: „Kämpfe um Migrationspolitik: Theorie, Methode und Analysen kritischer Europaforschung", in: Forschungsgruppe Staatsprojekt Europa (Hrsg.): *Kämpfe um Migrationspolitik. Theorie, Methode und Analysen kritischer Europaforschung,* Bielefeld 2014, S. 15–19, hier S. 17.

[14] Andruchowytsch, Juri: „Orpheus, illegal", übers. v. Olaf Kühl, in: *Theater heute 11* (2005), Stückabdruck, S. 56.

[15] Vgl. Sajko, Ivana: „Europa", in: dies.: *Archetyp: Medea. Bombenfrau. Europa,* übers. v. Alida Bremer, Frankfurt a. M. 2008, S. 57–104, hier S. 92.

[16] Vgl. hier v. a. die Arbeiten von Andreas Musolff: *Metaphor and Political Discourse. Analogical Reasoning in Debates about Europe,* Basingstoke 2004, S. 4ff.; ders.: „Political metaphor and bodies politic", in: Okulska, Urszula/Cap, Piotr (Hrsg.), Perspectives in politics and discourse, Amsterdam u. a. 2010, S. 23–41.

[17] Vgl. Todorova, Maria: *Imagining the Balkans,* New York u. a. 1997, S. 3.

[18] Jelinek, Elfriede: *Die Schutzbefohlenen,* o. S.; online unter: http://www.elfriedejelinek.com (zuletzt abgerufen am 3. November 2016).

[19] Ebd.

[20] Vgl. hierzu den Beitrag von Silke Felber in diesem Band.

[21] Reinelt, Janelle G.: „Performing European Identity Formation for a ‚New' Europe", in: *Theatre Journal 53* (2001), H. 3, S. 365–387, hier S. 365, auch unter http://www.jstor.org/stable/25068949 (zuletzt abgerufen am 3. November 2016).

[22] Augé, Marc: *Nicht-Orte,* übers. v. Michael Bischoff, München 2011, S. 83.

[23] Weiterführend vgl. hierzu Tropper, Elisabeth: „Das neue Europa und seine Nicht(s)-Orte. Gekreuzte Perspektiven in Theatertexten von David Greig, Andrzej Stasiuk und Carles Batlle i Jordà", in: *Germanica 56* (2015), S. 95–110.

[24] Augé, *Nicht-Orte,* S. 90 (Hervorh. i. O.).

[25] In *Warten auf den Türken* bringt der Chor der alten Schmuggler das Grundgefühl der Gemeinschaft an der nicht länger *in actu* wirksamen Grenze in einem Klagelied satirisch zum Ausdruck: „Wir sind die Waisen von Schengen. Wir sind ohne Leben. Man hört unsere Stimmen, jedoch Taten vollbringen wir nicht, denn es gibt keine Grenzen mehr. Wir sind ohne Leben, man hört nur unseren Gesang, unser Schengener Klagelied, unseren Waisenchor." (Stasiuk, Andrzej: „Warten auf den Türken", in: *Theater heute 8* (2009), H. 9, Stückabdruck, übers. v. Olaf Kühl, S. 10.)

[26] Greig, David: „Europe", in: *Plays: 1,* London 2002, S. 1–90, hier S. 4.

[27] Batlle, Carles: „Trànsits", unveröff. Theatermanuskript des Autors, S. 1; in dt. Übersetzung: „EUROPA. Eine nicht sehr ferne Zukunft" (Batlle i Jordà, Carles: „Transit", in: ders., *Transit,* übers. v. Thomas Sauerteig u. Hans Richter, Gifkendorf 2007, S. 17–108, hier S. 19).

[28] Im Jahr 2016 (Stand Oktober) sind erneut 3740 Menschen im Mittelmeer ertrunken. Vgl. UNHCR (Hrsg.): Presseinformation, 24. Oktober 2016; online unter: http://www.unhcr.org/news/latest/2016/10/580f3e684/mediterranean-death-toll-soars-2016-deadliest-year.html (zuletzt abgerufen am 3. November 2016).

[29] Warstat, Matthias/Heinicke, Julius/Kalu, Joy Kristin/Möbius, Janina/Siouzouli, Natascha: *Theater als Intervention. Politiken ästhetischer Praxis* (= Recherchen 121), Berlin 2015, S. 8.

[30] Vgl. hierzu ausführlicher den Beitrag von Katja Hagedorn im vorliegenden Band.

31 Malzacher, Florian: „There is a word for people like you: Audience", in: Deck, Jan/ Sieburg, Angelika (Hrsg.): *Paradoxien des Zuschauens. Die Rolle des Publikums im zeitgenössischen Theater*, Bielefeld 2008, S. 41–53, hier S. 42.

32 Vgl. Habermas, Jürgen: „Staatsbürgerschaft und nationale Identität. Überlegungen zur europäischen Zukunft", in: Dewandre, Nicole/Lenoble, Jacques (Hrsg.): *Projekt Europa. Postnationale Identität: Grundlage für eine europäische Demokratie?*, Berlin 1994, S. 5–34, hier S. 9.

33 Grundlage für den vorliegenden Beitrag ist die Aufzeichnung der Aufführung am Teatr Polski in Bydgoszcz im April 2016.

34 Rougement, Denis de: *Vingt-huit siècles d'Europe. La conscience européenne à travers les textes d'Hésiode à nos jours*, Paris 1990, S. 27 (Hervorh. i. O.).

35 Derrida: „Das andere Kap", S. 36 (Hervorh. i. O.).

36 Terkessidis, Mark: „Eine neue Version von Wir", Stadttheaterdebatte XXV; online unter: http://www.nachtkritik.de/index.php?option=com_content&view=article&id=11956.sta dttheaterdebatte-xxv-mark-terkessidis-plaediert&catid=101:debatte&Itemid=84 (zuletzt abgerufen am 4. November 2016).

Matthias Warstat

POSTMIGRANTISCHES THEATER?

Das Theater und die Situation von Flüchtlingen
auf dem Weg nach Europa

Den Theatern in Deutschland und insbesondere den Schauspielsparten der Stadt- und Staatstheater wird seit Langem vorgeworfen, sich kulturell und sprachlich nicht hinreichend zu öffnen. Hingewiesen wird auf die historische Verankerung dieser Theater in der Tradition der Nationaltheateridee, die seit dem 18. Jahrhundert auf eine Bindung der Schauspielpraxis an die deutsche Sprache und einen Kanon von deutschsprachigen Theaterstücken abzielte. Weil sich die Theaterinstitutionen von einem national-bürgerlichen Bildungsprogramm, das ihre Gründung bestimmte, nach wie vor nicht emanzipiert hätten, so der kritische Befund, seien sie der kulturellen Diversität der Gegenwartsgesellschaft nicht gewachsen.[1] Tatsächlich erscheinen die Schauspielensembles in Deutschland hinsichtlich ihrer ethnischen Zusammensetzung homogener strukturiert als die Gesellschaft als Ganzes. Auch fällt auf, dass in den Schauspielsparten der großen Häuser weit weniger Künstlerinnen und Künstler nichtdeutscher Herkunft tätig sind als in Tanzcompagnien oder Opernensembles. Schauspielerinnen und Schauspielern mit Migrationshintergrund bleibt der Zugang zu festen Ensemblepositionen oft verwehrt – eine Exklusion, die offenbar bereits bei der Rekrutierung des Nachwuchses durch die Schauspielschulen einsetzt.[2]

Seit etwa einem Jahrzehnt wird diese Situation im kulturpolitischen Diskurs vermehrt als Problem wahrgenommen. Wichtige Anstöße für eine breitere gesellschaftliche Diskussion lieferte die von der Intendantin Karin Beier angeregte sogenannte ‚Migrantenquote' am Schauspiel Köln.[3] Weit nachhaltiger wirkte allerdings die Arbeit des Theaters Ballhaus Naunynstraße in Berlin-Kreuzberg, das sich unter der künstlerischen Leitung von Shermin Langhoff seit 2008 auf die Fahnen schrieb, ein neues, „postmigrantisches Theater" für eine diversifizierte Gesellschaft zu gestalten.[4] Langhoff darf auch als Erfinderin des im deutschsprachigen Raum – allerdings nur dort – inzwischen weithin bekannten Begriffs postmigrantisches Theater gelten. Postmigrantisches Theater lässt sich definieren als ein Theater, das maßgeblich von Menschen mit Migrationshintergrund der zweiten oder dritten Generation gestaltet wird, die jedoch nicht einseitig mit diesem Migrationshintergrund identifiziert werden möchten, sondern sich zu einer Pluralität von Identitätskonstruktionen bekennen („Patchwork'-, oder ‚Bindestrich'-Identitäten). Langhoff hat dieses dramaturgische und zugleich institutionenpolitische Konzept während ihrer Intendanz am Ballhaus zwischen 2008 und 2013 entwickelt und mit vielbeachteten Produktionen durchgesetzt. In einem Interview mit der Bundeszentrale für politische Bildung beschreibt sie es folgendermaßen: Es gehe um

> Geschichten und Perspektiven derer, die selbst nicht mehr migriert sind, diesen Migrationshintergrund aber als persönliches Wissen und kollektive Erinnerung mitbringen. Darüber hinaus steht ‚postmigrantisch' in unserem globalisierten, vor allem urbanen Leben für den gesamten gemeinsamen Raum der Diversität jenseits von Herkunft.[5]

Viele Produktionen beziehen sich ironisch, dekonstruierend, kritisierend auf klischeehafte Bilder, die von Migrantinnen und Migranten im Umlauf sind: der gewaltbereite junge Deutschtürke im Jogginganzug, das verschüchterte marokkanische Kopftuchmädchen, chauvinistische Attitüden in türkischen Männercafés, all diese Zerrbilder des öffentlichen Diskurses werden häufig mit Verfahren der Satire und der Farce aufgegriffen und ins Komische gewendet. Auffallend ist eine große formale Vielfalt mit einer Neigung zum Boulevardesken, Parodistischen, geprägt von Anleihen bei Fernsehen, Popmusik, Rap, *Spoken-Word*-Performance und anderen Bereichen der Populärkultur. Bezüge auf die Theatertraditionen einzelner ‚Herkunftsländer', etwa auf den reichhaltigen Fundus türkischer Theaterformen, kommen in diesem Theater eher selten und wenn, dann meist als ironisch gebrochene Zitate vor.

Nachdem Theatermacher aus dem Umfeld des Ballhaus auch an anderen, größeren Häusern tätig wurden[6] und Langhoff selbst 2013 mit dem Maxim Gorki Theater die Intendanz eines zentralen Berliner Hauses übernahm, schien sich die Entwicklung des postmigrantischen Theaters zu verbreitern und zu verstetigen. Allmählich nahmen weitere Stadt- und Staatstheater in Deutschland zumindest punktuell die neuen Impulse auf. Zugleich erlahmte allerdings die öffentliche Aufmerksamkeit für das Phänomen. Dies hatte nicht nur mit der üblichen Kurzlebigkeit des publizistischen Interesses für neue Theatertrends zu tun. Wichtiger war, dass sich die gesellschaftliche Debatte über Migration mit der verstärkten Zuwanderung von Flüchtlingen aus Syrien sowie anderen arabischen und afrikanischen Staaten seit 2014 vollkommen veränderte. Das nahezu tägliche Sterben von Flüchtlingen im Mittelmeer, die verzweifelte Situation von Menschen auf der ‚Balkanroute', die skandalö-

Matthias Warstat

sen Zustände in den Flüchtlingscamps an den Grenzen der EU und schließlich die Frage der Aufnahme von Flüchtlingen in Deutschland bestimmten das politische Tagesgeschehen bald so sehr, dass andere Migrationserfahrungen in den Hintergrund traten. Viele Theater versuchten nun (auf mal mehr, mal weniger überzeugende Weise), das Leiden der Flüchtlinge und die Ressentiments in der ‚Aufnahmegesellschaft' thematisch aufzugreifen.

Was bedeutet diese Verschiebung der Aufmerksamkeit für das postmigrantische Theater, das sich ursprünglich mehr auf die Erfahrungen jener zweiten und dritten Generation von Migrantinnen und Migranten kapriziert hatte, die schon seit langer Zeit, wenn nicht gar seit der Geburt in Deutschland leben? Welcher Zusammenhang besteht zwischen der Veränderung von Migrationserfahrungen in der Gesellschaft und dem Wandel der Theaterlandschaft? Und wie entwickelt sich das Europabild einer Theaterszene, die sich nach Jahrzehnten einer – freilich immer wieder auch aufgebrochenen – nationalen Selbstgenügsamkeit für die Lebenswelten einer diversifizierten Gesellschaft öffnet? Im Folgenden sollen zu diesen Fragen, die für die Theaterwissenschaft noch viele Forschungsdesiderate bergen, drei Thesen entwickelt werden. Die erste betrifft die Geschichte migrantischen Theaters in Deutschland. Die zweite versucht, die veränderte Wahrnehmung Europas in einem von der Debatte um die Flüchtlingspolitik geprägten Theater zu skizzieren. Die dritte bezieht sich auf aktuelle Probleme eines Theaters, das Flüchtlinge zu repräsentieren versucht.

1. Traditionen

Die Geschichte migrantischen Theaters in Deutschland geht weit zurück. In der Debatte um postmigrantisches Theater wird das häufig übersehen. Postmigrantisches Theater wird von seinen Praktikerinnen und Praktikern meist deutlich von älteren migrantischen Theaterprojekten abgehoben – eine Differenzierung, die ihre Berechtigung hat, denn zuvor war migrantisches Theater in Deutschland überwiegend ein Amateurtheater in der jeweiligen Muttersprache der Beteiligten. Zwischen Amateurtheater und professionellem Theater besteht in Deutschland aber traditionell eine scharfe Trennung. Insofern ist tatsächlich etwas Neues erreicht, wenn Menschen mit Migrationshintergrund nun mehr als nur vereinzelt im Schauspiel- oder Regiefach an professionellen, öffentlich subventionierten Theatern tätig werden. Daneben gibt es jedoch auch, besonders in den Metropolen, ein professionelles, künstlerisch avanciertes Theater auf Türkisch, Polnisch, Russisch oder Englisch. Spielstätten wie das Kreuzberger Tiyatrom- oder das Kölner

Arkadas-Theater präsentieren seit Jahrzehnten darstellende Kunst, Comedy und Musikdarbietungen in türkischer Sprache. Auch zu diesem Segment, das dem professionellen Bereich zuzurechnen ist, hält das postmigrantische Theater Distanz. Entscheidend für diese Distanzierung ist die Vorsilbe ‚post-': Sie signalisiert eine Bewegung der Ablösung von den migrantischen Herkunftsmilieus und den mit diesen verbundenen Identitätszuschreibungen. Weder thematisch noch ästhetisch soll das Theater an eine einzelne Community oder Bindestrich-Identität gebunden werden. Dazu sind die Ensembles etwa des Ballhaus Naunynstraße oder des Gorki Theaters tatsächlich viel zu heterogen zusammengesetzt.

Die Verdienste der fremdsprachlichen Amateurtheatergruppen um eine Diversifizierung des Theaterangebots in deutschen Großstädten werden nicht immer hinreichend gewürdigt. Seit den späten fünfziger Jahren besteht in Westdeutschland ein Theater von Migrantinnen und Migranten, die im Rahmen von Traditionsvereinen die Theaterformen ihrer Herkunftskultur pflegen und sich mit ihren Produktionen an Angehörige einer bestimmten, etwa deutsch-russischen, deutsch-polnischen oder deutsch-türkischen Community richten, häufig dann in russischer, polnischer oder türkischer Sprache. Dieses Theater ist bislang wenig erforscht.[7] Der Grund dafür liegt nicht zuletzt darin, dass sich die deutschsprachige Theaterwissenschaft insgesamt wenig für nichtprofessionelles Theater interessiert. Die Theaterunternehmungen von Menschen, die früher als ‚Gastarbeiter' tituliert wurden, bilden in dieser Hinsicht keine Ausnahme. Gerade angesichts des aktuellen Interesses für Formen der Partizipation im Theater würde es sich lohnen, einen genaueren Blick auf die Amateurtheater zu werfen. Es ist zu vermuten, dass sie ihren Mitwirkenden kulturell wie politisch wichtige Möglichkeiten der Teilnahme am öffentlichen Leben ermöglichen und womöglich doch auch aktuelle gesellschaftliche Themen mit der je eigenen Theatersprache in Beziehung setzen.

Eine andere vielversprechende Forschungsperspektive auf Theater und Migration eröffnet der internationale Vergleich. So ist es keineswegs trivial, dass die Bezeichnung postmigrantisches Theater außerhalb Deutschlands kaum Verwendung findet. Im Englischen ist in der Regel weder von *post-migrant theatre* noch von *migrant theatre* die Rede. Theaterformen, die man mit dem postmigrantischen Theater in Deutschland vergleichen könnte, sind in Großbritannien selbstverständlich vorhanden, aber sie firmieren unter anderen Bezeichnungen. So sind etwa das *Black British Theatre* oder das *British Asian Theatre* selbstverständliche Bestandteile des Londoner Theaterlebens.[8] Welche Differenzen stecken hinter der auffälligen Inkommensurabilität zwischen diesen britischen Bezeichnungen und dem Begriff des postmigrantischen Theaters? Eine überzeugende Antwort müsste verschiedene migrations- und theatergeschichtliche Entwicklungen zueinander in Beziehung setzen. An dieser Stelle können nur drei erste Überlegungen hierzu angedeutet werden:

1. Die Bezeichnung *Black British Theatre* macht klar, dass afrobritisches Theater, wie es etwa die Talawa Theatre Company seit den sechziger Jahren in London macht, ein fester Bestandteil des britischen Theaterkosmos ist. Das Attribut des Britischen wird ohne Umschweife mit dieser Theaterform verbunden, zugleich ist allerdings ein Hinweis auf eine bestimmte Bevölkerungsgruppe eingebaut. Der Begriff ist demnach anders konstruiert als die Bezeichnung postmigrantisches Theater. Letztere markiert trotz des ‚post-‘ noch immer den Vorgang der Zuwanderung. *Black British* steht dagegen eher für das Angekommensein, die Teilhabe einer Bevölkerungsgruppe an der Nation – wobei diese Gruppe als in sich geschlossene Entität neben anderen gesellschaftlichen Teilkulturen markiert wird. Deutlich wird, und dieser Zusammenhang müsste weiter untersucht werden, dass im Hintergrund der divergierenden Begriffe unterschiedliche Konzepte von Zuwanderungsgesellschaft stehen.[9] Anders als in Deutschland gibt es in Großbritannien ein seit Langem eingespieltes, postkolonial geprägtes Selbstverständnis als Zuwanderungsgesellschaft. Jedoch koexistieren die verschiedenen migrantischen Bevölkerungsgruppen in einer gewissen Distanz zueinander, ohne in einem emphatischeren Sinne ‚integriert‘ zu werden.

2. Der etablierte Status des *Black British* wie auch des *British Asian Theatre* macht darauf aufmerksam, wie vergleichsweise wenig etwa afrodeutsche Theaterprojekte bisher von einer breiteren Öffentlichkeit wahrgenommen werden. Die postkolonialen Anklänge der Bezeichnungen *Black British* und *British Asian* sind ein Hinweis darauf, in welchem Maße in Großbritannien Debatten um Kolonialismus und Postkolonialismus bereits geführt wurden, die in Deutschland erst noch geführt werden müssen. Die Berliner *Blackfacing*-Debatte der letzten Jahre, die hier nur kurz erwähnt werden kann, hat vor allem gezeigt, wie wenig die deutschen Theater und ihr Publikum bislang mit postkolonialer Theorie und Politik vertraut sind. In dieser Hinsicht hat der Begriff des Postmigrantischen einen bitteren Beigeschmack, denn bevor der Migrationsbegriff durch die Vorsilbe ‚post-‘ schon halb wieder verabschiedet wird, müsste die Migrationsgeschichte Deutschlands erst einmal aufgearbeitet werden. Sie begann nicht erst in den fünfziger Jahren, sondern führt wie in anderen europäischen Ländern weit zurück in die Kolonialzeit.

3. Die Vorsilbe ‚post-' im postmigrantischen Theater ist aber auch nicht als endgültiger Abschied aus der migrantischen Vergangenheit gemeint, sondern steht für ein Spannungsverhältnis. Im postmigrantischen Theater – und das gilt nicht nur für den Begriff, sondern auch für die mit ihm verbundene Praxis – steckt eine auf produktive Weise widersprüchliche Geste. Auf der einen Seite wird die Präsenz von Menschen mit Migrationshintergrund im deutschen Theater betont. Auf der anderen Seite reflektiert der Begriff den programmatischen Entschluss, sich nicht auf einen bestimmten Migrationshintergrund reduzieren zu lassen. Das Team um Langhoff hat schon in den ersten Jahren am Ballhaus stets betont, dass man sich nicht als deutsch-türkisches, sondern einfach als „neues deutsches Theater" verstanden wissen wolle. Bis heute definiert sich das Ballhaus als ein Theater für Menschen mit gemischten, komplex konstruierten Identitäten – und gerade darin ist es sicher auch ein europäisches Theater.

2. Vorstellungen von Europa
Im Jahr 2009 endete an der Freien Universität Berlin ein vom Bundesministerium für Bildung und Forschung finanzierter Forschungsverbund unter dem Titel *Theater und Fest in Europa*. Er hatte sich mit der Frage beschäftigt, in welchem Maße die europäische Theatergeschichte seit der Antike von einer besonderen Liaison zwischen Theater und Fest geprägt war. Von den antiken Dionysien ausgehend sollten Feste in den Blick genommen werden, die die spezifische Öffentlichkeit und den sozialen Rahmen für einflussreiche Formen europäischen Theaters gebildet hatten. Für die Gegenwart bedeutete dies eine Beschäftigung mit großen internationalen Theaterfestivals, die wie reich gefüllte Schaufenster die Vielfalt europäischer Theaterkulturen zu repräsentieren schienen. Die Prognose war, dass der wachsende Einfluss solcher Festivals mehr und mehr zu einer tatsächlich europäischen Theaterpraxis führen würde. Immerhin zeichneten sich ästhetische Konventionen ab, die den Rahmen nationaler Theatertraditionen eindeutig überschritten. Zu diesen neuen Konventionen zählten u. a. Mehrsprachigkeit, d. h. die Verwendung unterschiedlicher Sprachen in ein und derselben Inszenierung; die Betonung der visuellen Ausdrucksmittel von Theater, etwa im Sinne eines ‚Bildertheaters', dessen Motive auch ohne das gesprochene Wort verständlich werden konnten; sowie die Thematisierung von scheinbar universellen Konflikten, deren Nachvollziehbarkeit in ganz Europa gesichert schien.[10]

Die Mitglieder des Forschungsverbundes glaubten, so etwas wie eine gemeinsame europäische Theaterkultur in ihren Grundzügen vor sich zu sehen. In institutioneller Hinsicht hatte diese neue, länderübergreifende Szene neben transkulturellen Festivals wie dem *Kunstenfestival des Arts* oder *Theater der Welt* noch ein weiteres Lieblingskind: das sogenannte Produktionshaus. Mit Bewunderung und Sympathie schaute man in diesen Jahren auf junge, staatlich subventionierte Häuser in Belgien und den Niederlanden, die kein festes Schauspielensemble mehr unterhielten, wohl aber einen festangestellten Stamm von Kuratorinnen und Kuratoren. Das System der Produktionshäuser sah vor, Künstlerinnen und Künstler für einen gewissen Zeitraum mit Vollzeitstipendien auszustatten, damit sie in räumlich und technisch gut ausgestatteter Umgebung mit selbst zusammengestellten temporären Ensembles Inszenierungen entwickeln konnten. Der Erfolg eines Hauses wie des Hebbel am Ufer in Berlin schien auch für Deutschland anzukündigen, dass das traditionelle Modell des Stadt- und Staatstheaters eine neue, europäische Alternative erhalten hatte.

Wie figurierte Europa in diesen Theaterdiskursen des ersten Jahrzehnts nach 2000? Es dominierte ein anderes Europabild als heute. In Deutschland stand Europa für die lange angestrebte Öffnung der deutschsprachigen Theaterlandschaft zu neuen ästhetischen, aber auch institutionellen Formen. Europa war die größere, multilinguale, diversifizierte kulturelle Einheit, auf die hin sich das nach wie vor in nationalen Grenzen verhaftete Theater öffnen sollte. Ein zugkräftiges Vehikel für diese Öffnung schienen die internationalen Festivals zu sein, von denen einige eine nicht unerhebliche finanzielle Förderung durch die Europäische Union erhielten.

Auch das postmigrantische Theater verhieß eine Öffnung nach Europa. Denn im Zentrum dieses Theaters standen die seit Langem in Deutschland etablierten Einwanderergruppen. Deren wichtigste Herkunftsländer waren europäische Länder, darunter Italien, Spanien, Portugal, Griechenland, (Ex-)Jugoslawien, Polen, Rumänien, Russland, Bulgarien und – für Deutschland von herausragender Bedeutung – die Türkei. Das Europa, das im postmigrantischen Theater präsent war, kann demnach als eine Art Binneneuropa bezeichnet werden: Europa wurde als eine kulturell und sprachlich diversifizierte Größe beschrieben, die durch Überschreitung nationaler Grenzen erreichbar schien. Der Kontinent wurde aus einer Innenperspektive in den Blick genommen; er schien sich einerseits durch eine Internationalisierung des Festivalwesens, andererseits durch eine Hinwendung zu migrantischen Theaterformen im eigenen Land zu erschließen. Die wichtigste Diskursfigur, die zwischen Theater und Europa vermittelte, war die der Öffnung und der Überschreitung: Wie konnte man den Blick des Publikums öffnen für die Vielfalt europäischer Theaterpraktiken, die gleichsam vor der eigenen Haustür präsent war? Würde es gelingen, die Enge nationalsprachlicher Theaterkulturen durch internationale Festivals zu überwinden, die Theatergruppen aus verschiedenen Regionen Europas an wechselnden Orten zusammenführten? Fragen wie diese zielten auf eine Vorstellung von Europa als offene Gemeinschaft und als Kooperationsprojekt.

Diese positiven Assoziationen haben im Zuge der rigiden Flüchtlingspolitik der letzten zwei Jahre erheblich Schaden genommen. Auch im Theaterdiskurs ist das spürbar. Zugespitzt könnte man sagen, dass sich Europa in der theatralen Repräsentation binnen weniger Jahre von einem (stets vagen) Integrationsmodell zum Negativbild eines Ausschlussmechanismus entwickelt hat. Im Übrigen bleibt abzuwarten, wie sich die aktuelle Diskussion über den Umgang mit Flüchtlingen auf das postmigrantische Theater auswirkt. Einerseits haben die einschlägigen Häuser den Protest gegen die ‚Festung Europa' und gegen die skandalöse Behandlung der Flüchtlinge schnell aufgegriffen, wobei ihnen ihre Erfahrung im dramaturgischen Umgang mit Themen wie Diskriminierung, Rassismus und Kolonialismus zugute kam. Andererseits dürfte es nicht ohne Folgen für das postmigrantische Theater bleiben, dass sich die öffentliche Aufmerksamkeit derzeit deutlich verlagert: von Menschen mit einem Migrationshintergrund der zweiten und dritten Generation hin zu Flüchtlingen der ersten Generation, die in öffentlichen Diskursen wieder unverhohlen als das ‚fremde Andere' konzeptualisiert werden. Die kulturpolitische Frage, wie eine postnationale Identität aussehen könnte, die migrantische Erfahrungen, Patchwork-Konstellationen, doppelte Staatsangehörigkeiten und vielfältige affektive Loyalitäten berücksichtigt, tritt in den Hintergrund gegenüber der drängenden Aufgabe, den in Deutschland ankommenden Flüchtlingen trotz xenophober und rassistischer Anfeindungen ein sicheres und menschenwürdiges neues Lebensumfeld zu bieten. Die besten Produktionen postmigrantischen Theaters weisen allerdings darauf hin, dass zwischen diesen beiden Fragen bzw. Aufgaben ein enger Zusammenhang besteht.

3. An den Grenzen Europas: Theater mit Flüchtlingen
Längst haben die Theater Fragen von Flucht und Asyl aufgegriffen und in ihren Spielplänen bedacht. Auch das Gorki Theater hat in der Spielzeit 2015/16 mehrere Produktionen im Programm, die den gesellschaftlichen Umgang mit Flüchtlingen thematisieren. Zum Auftakt gab es die zweite Ausgabe eines Festivals, mit dem Shermin Langhoff 2013 ihre Intendanz am Gorki begonnen hatte. Das Festival *Berliner Herbstsalon*

versammelt Inszenierungen, Performances, Installationen und Filme zu Fragen, die dem Theater in der betreffenden Spielzeit besonders am Herzen liegen. 2013, beim ersten *Herbstsalon,* kreisten die Produktionen um die Frage, ob und wie man das noch im Ballhaus Naunynstraße etablierte Konzept postmigrantischen Theaters zu einer allgemeineren Beschäftigung mit Identitätsfragen in einem Stadttheater im Zentrum der Hauptstadt transformieren könnte. Demgegenüber ging es im *Herbstsalon* 2015 um Möglichkeiten einer theatralen Beschäftigung mit Flüchtlingen und deren Anliegen: Kann sich Theater sinnvoll in die laufende Flüchtlingsdebatte einbringen, die hochemotional geführt wird und immer wieder xenophobe und rassistische Stereotype ans Tageslicht fördert? Wie können Flüchtlinge auf der Bühne repräsentiert werden, angesichts der Tatsache, dass ihnen eine echte politische Repräsentanz in Europa weitgehend verwehrt wird? Kann man ein Theater nicht nur *über* Flüchtlinge, sondern auch *mit* und *für* Flüchtlinge machen? Die Aktionsgruppe Zentrum für Politische Schönheit (ZPS) zeigte unter dem Titel *Die Toten kommen* eine Videodokumentation über ihre gleichnamige Aktion aus dem Sommer desselben Jahres, die in eine öffentliche Beerdigung von an den EU-Außengrenzen gestorbenen Flüchtlingen auf dem Friedhof von Berlin-Gatow mündete (dazu später mehr). Die Gruppe Refugee Club Impulse bot mit *Letters Home* eine Collage aus fiktiven Briefen von Flüchtlingen, die ihre Erfahrungen in Berlin in Worte fassten. Ersan Mondtag zeigte sein *Requiem deutscher Gerichtssprachen,* ein Dokumentarstück, das die Inkommensurabilität juristischer Diskurse gegenüber dem Schicksal von Flüchtlingen im Kampf um Aufenthaltsgenehmigungen vorführte.

Im Zentrum des Festivals stand eine von Sebastian Nübling inszenierte Eigenproduktion des Gorki mit dem Titel *In unserem Namen* nach Texten von Aischylos *(Die Schutzflehenden),* Elfriede Jelinek *(Die Schutzbefohlenen)* und Bundestagsprotokollen aus einer Sitzung des Innenausschusses zum Aufenthaltsrecht.[11] Für diesen Abend wurde der große Saal des Gorki mit seiner an sich strengen Trennung von Zuschauerreihen und Bühne komplett leergeräumt, so dass ein hallenartiger Raum entstand, in dem sich Publikum und Akteure frei bewegen konnten. Auf Arabisch, Türkisch, Farsi, Russisch und Deutsch erzählten die Schauspielerinnen und Schauspieler Fragmente von Lebensgeschichten, die nicht in eine klar identifizierbare, übergeordnete Narration eingebettet wurden. In wechselnden Konstellationen wurden die Zuschauerinnen und Zuschauer entweder mit kurzen Spielszenen konfrontiert oder in direkter Ansprache Forderungen und Beschwerden ausgesetzt. Durch den dynamischen Wechsel der Schauplätze und Laufwege wurden sie gezwungen, immer wieder neue Plätze für sich zu suchen und einmal gewonnenes Terrain wieder aufzugeben. Peter Laudenbach, der Rezensent der *Süddeutschen Zeitung*, verglich den Abend mit anderen Inszenierungen des Jelinek-Textes durch Nicolas Stemann, Michael Thalheimer und Enrico Lübbe und gelangte zu dem Urteil:

> Im vergnügungssüchtigen Berlin macht Nübling aus dem Stoff ein naives Erlebnisangebot. Seine Aufführung ist eine bunte Mischung aus Party, Agitprop-Kabarett und Körpereinsatz. […] Aber nach den Anschlägen in Paris wirkt Nüblings Kindergeburtstags-Versuchsanordnung plötzlich wunderbar optimistisch und menschenfreundlich. Weil es hier, im Theater, eng und die Atmosphäre trotzdem freundlich ist, arrangiert man sich zu so etwas wie einer provisorischen sozialen Ordnung, auch wenn sie im Augenblick nur darin besteht, darauf zu achten, dem Vordermann nicht den Ellbogen ins Genick zu rammen, und zu versuchen, sich in der Kakofonie zu orientieren.[12]

Was Nüblings Inszenierung gerade aufgrund ihrer Auflösung der Trennung von Bühne und Zuschauerraum und des ständigen Wechsels der Spielkonstellationen nicht ins Zentrum rücken konnte, war in Stemanns Hamburger Produktion (Thalia Theater 2014) Dreh- und Angelpunkt des Konzepts: das Thema der Außengrenzen Europas, räumlich markant repräsentiert durch einen horizontal die Bühne durchtrennenden, kunstvoll verwobenen Stacheldrahtzaun.[13] Schon beim Betreten des Saals sah man auf der Bühne 28 größtenteils afrikanische Flüchtlinge. Im Hintergrund wurden kurze Videosequenzen projiziert, in denen sie ihre Schicksale schilderten. Dann traten drei Schauspieler des Thalia-Ensembles vor, die fortan den Flüchtlingen ‚ihre Stimme liehen' – so muss man es wohl formulieren: ein auf offener Bühne verhandelter Repräsentationsvorgang, der zugleich die Grundstruktur des Jelinek-Textes aufgriff. Schauspieler aus dem Ensemble übernahmen die Rollen der Flüchtlinge, die sich auf derselben Bühne, aber zunächst weiter hinten als Chor formierten. Bis kurz vor der Premiere war unklar geblieben, ob die Mitglieder der Hamburger Lampedusa-Gruppe als Darsteller ihrer selbst überhaupt auftreten durften, denn nur vier aus der Gruppe hatten eine Aufenthalts- und damit auch eine Arbeitserlaubnis.

Jelineks Text evoziert einen mehrstimmigen Chor, der sich mit Klagen und eindringlichen Appellen an das Publikum und die politisch Verantwortlichen richtet. Sie sollen überzeugt werden, für die „Schutzbefohlenen" Partei zu ergreifen. Eine weitere Konfliktlinie spielt sich aber auf der Bühne selbst ab, indem die Flüchtlinge verschiedentlich in Frage stellen, ob die Schauspielerinnen und Schauspieler überhaupt befugt sind, stellvertretend für sie das Wort zu ergreifen. Eben diese Frage prägte auch viele der sich an die Aufführung anschließenden Publikumsgespräche und Podiumsdiskussionen. Woher nehmen Schauspieler das Recht, stellvertretend für Flüchtlinge zu sprechen, noch dazu mit einem Text, der nicht von den Flüchtlingen verfasst wurde? Welchen Status haben die auf der Bühne gezeigten Flüchtlinge tatsächlich? Werden sie als Schauspieler und damit in gewisser Weise als Teil des Kunstsystems anerkannt, oder dienen sie als Beobachtungsobjekte, die es einem bildungsbürgerlichen Publikum ermöglichen, einen scheinbar direkten Eindruck des exotisierten Anderen zu erhalten? Die Stärke der Produktion lag darin, diese Fragen allesamt auch selbst zu stellen und in der Inszenierung zur Geltung zu bringen. Überdies folgte Stemann einer markanten Tendenz, Europa *von seinen Außengrenzen her* zu thematisieren. Im Zentrum vieler aktueller Inszenierungen steht die Kritik an der ‚Festung Europa‘, und es wird versucht, diese für das Publikum gleichsam von außen, nämlich aus der Perspektive der Flüchtlinge, erfahrbar zu machen. Auf diese Weise steht Europa im Theater heute anders da als noch in den frühen Inszenierungen postmigrantischen Theaters: Letztere machten erfahrbar, in welchem Maße unsere Lebenswelt längst von den vielfältigen Codes und Ausdrucksformen Europas geprägt ist. Ähnlich wie die internationalen Festivals war das postmigrantische Theater von einer Geste der Öffnung geprägt: für die Vielfalt der Theatersprachen Europas und der Welt.

Je mehr die Flüchtlingspolitik zum wesentlichen Thema des Gegenwartstheaters wird, desto mehr rückt dagegen die Auseinandersetzung mit Gesten der Schließung ins Zentrum – und Europa wird als ‚Festung‘ zum Schlüsselsymbol dieser Schließung. Die im Theater evozierte Vorstellung Europas hat sich damit grundlegend verändert. Während postmigrantisches Theater Europa von innen beleuchtete und die Selbstverständlichkeit von Migration unterstrich, führt das Flüchtlingsthema die Theater dazu, Europa gerade auch dezidiert von außen zu betrachten: Was von Europa sichtbar wird, sind die Außengrenzen der EU in ihrer politischen, kulturellen und humanitären Monstrosität.

Für Deutschland verbindet sich mit den aktuellen Flüchtlingsbewegungen auch ein Wechsel der am meisten beachteten Herkunftsländer. Waren es zuvor Zuwanderer aus der Türkei, den postjugoslawischen Staaten, Polen und Russland, die das Bild von Migration auf der Bühne prägten, so rücken jetzt Syrien, Afghanistan, der Irak oder die Länder des ‚arabischen Frühlings‘ in den Fokus. Ein Großteil der Flüchtlinge kommt nicht aus Europa, sondern hat einen gefährlichen Versuch der Überwindung von dessen Außengrenzen hinter sich. Es ist kein Wunder, dass sich das Motiv der Grenze in aktuellen Inszenierungen stark in den Vordergrund drängt. Europa zeigt sich Flüchtlingen heute weniger als eine in geteilten Idealen verbundene Wertegemeinschaft denn als ein restriktives Regime, das der Welt seine Außenseite entgegenhält und auch nach der Einreise keinen sicheren Hafen bietet. Die Flüchtlingsunterkünfte, die den Zuwanderern oft für mehrere Jahre zum Lebensmittelpunkt werden, könnten mit einem in Agambens *Homo-sacer*-Projekt prominenten Begriff als Manifestationen einer „einschließenden Ausschließung" beschrieben werden:[14] Es sind von dem ersehnten Zufluchtsland zwar umschlossene, aber doch weiterhin ausgeschlossene, exterritoriale Gebiete, in denen die Sicherheiten des Ziellandes nicht wirklich gelten.

Die derzeit wohl radikalste Thematisierung der Außengrenzen der EU bietet die bereits erwähnte Berliner Aktionskunstgruppe Zentrum für Politische Schönheit (ZPS). Kaum eine andere Gruppe hat innerhalb der Kunstsphäre in letzter Zeit so viel öffentliche Aufmerksamkeit für sich und das eigene Anliegen mobilisieren können wie das ZPS. Die drei bekanntesten Aktionen des Kollektivs wurden in den Medien so breit diskutiert, dass an dieser Stelle kurze Zusammenfassungen genügen mögen.

Erster Europäischer Mauerfall: Die Aktion begann Anfang November 2014 mit der illegalen Entwendung von 14 Gedenkkreuzen aus der Installation *Weiße Kreuze* neben dem Reichstagsgebäude, die an die Opfer der Berliner Mauer erinnern. Philipp Ruch, der künstlerische Leiter des Zentrums, erklärte vor der Presse, die Kreuze seien vor den bevorstehenden Gedenkfeiern zum 25. Jahrestag des Mauerbaus „geflohen" und hätten sich in einem Akt der Solidarität zu den Flüchtlingen jenseits der EU-Außengrenzen als den „zukünftigen Mauertoten" begeben. Zwei Reisebusse würden nun mit „friedlichen Revolutionären" an Bord vom Gorki Theater aus zur bulgarisch-türkischen Grenze fahren, damit dort am 9. November in einer gemeinsamen Aktion die Grenzanlagen zu Fall gebracht werden könnten. Tatsächlich fanden sich 120 Zuschauerinnen und Zuschauer, darunter viele Aktivisten und Journalisten, zur Teilnahme an der Busreise bereit. Diese endete im bulgarischen Grenzgebiet, wo Polizisten das Vordringen der Reisenden zu den eigentlichen Grenzanlagen unterbanden. Auf dem letzten Fußweg zur Grenze erschallte der Ruf: „Die Mauer muss weg!" Nachdem Ruch die Aktion für abgebrochen erklärt hatte, kehrten die Teilnehmerinnen und Teilnehmer auf unterschiedlichen Wegen nach Berlin zurück.[15]

Matthias Warstat

Die Toten kommen: Angekündigt wurde die Aktion, die am Nachmittag des 16. Juni 2015 auf dem Landschaftsfriedhof Berlin-Gatow stattfand, als muslimisches Begräbnis einer Mutter und eines zweijährigen Mädchens, die auf der Flucht aus Syrien im Mittelmeer als Opfer der militärischen Abriegelung Europas gestorben seien. Das ZPS behauptete weiter, es habe die Leiche der Mutter aus einer anonymen Grabstelle in Italien exhumieren lassen. Die Leiche des Mädchens sei verschollen, so dass neben der Mutter nur ein leerer Sarg bestattet werden könne. Das auf dem muslimischen Teil des Friedhofs versammelte Publikum sah hinter dem ausgehobenen Grab eine Ehrentribüne, hinter der die Fahnen sämtlicher EU-Mitgliedsstaaten angebracht waren. Leere Stühle repräsentierten angeblich eingeladene, aber nicht erschienene Spitzenpolitiker wie Angela Merkel oder Thomas de Maizière. Ein Imam leitete die Begräbniszeremonie, die von politischen Statements des ZPS begleitet wurde. Diskussionen im Publikum und unter den Journalistinnen und Journalisten waren von der Frage bestimmt, ob sich in dem Sarg tatsächlich eine Leiche befinde. Am darauffolgenden Sonntag wurden weitere Särge in einem öffentlichen Trauerzug auf die Wiese vor dem Reichstagsgebäude getragen, wo Teilnehmer der Aktion Gräber aushoben und sich zahlreiche politische Gruppierungen zur Flüchtlingspolitik äußerten.

Flüchtlinge fressen – Not und Spiele: Die Aktion fand im Juni 2016 auf dem Platz vor dem Gorki Theater statt. Das ZPS ließ dort ein Gehege errichten, das für die Dauer der Aktion von vier echten libyschen Tigern bewohnt wurde. Am 16. Juni erfuhr die Öffentlichkeit in einer Pressemitteilung des ZPS von folgendem Ultimatum: Wenn es nicht gelänge, einhundert in der Türkei gestrandete Flüchtlinge mit einem gecharterten Flugzeug der Air Berlin nach Deutschland zu bringen, werde man den Tigern am 28. Juni einen Flüchtling, der sich freiwillig zur Verfügung gestellt habe, zum Fraß vorwerfen. Protestiert wurde damit gegen einen Paragraphen im Ausländerrecht, der es Fluggesellschaften bei hohen Geldstrafen untersagt, Menschen ohne gültiges Visum in die EU zu befördern. Der Paragraph führt dazu, dass den allermeisten Flüchtlingen der Weg mit dem Flugzeug in die EU versperrt ist. Nachdem Air Berlin Informationen zu den Hintergründen der Buchung erhalten hatte, sagte die Gesellschaft den vom ZPS per Crowdfunding finanzierten Charterflug von Antalya nach Berlin ab. Eingaben beim Bundespräsidenten und beim Vatikan brachten kein Ergebnis, so dass sich am 28. Juni eine gespannte Menschenmenge vor dem Tigergehege einfand, um der Auflösung der Aktion beizuwohnen. Erst kurz vor Ablauf eines Countdowns verlas eine Schauspielerin eine Erklärung, in der das annoncierte Menschenopfer abgesagt wurde.

Auffallend – und wohl auch ursächlich für die große Medienaufmerksamkeit, die dem ZPS zuteil wird – ist die besondere Radikalität in der Aneignung des Flüchtlingsthemas. Um die Öffentlichkeitswirksamkeit der Produktionen zu erklären, muss man das Zusammenspiel von drei Faktoren betrachten. Alle Produktionen der Gruppe haben zunächst ein starkes partizipatorisches Element. Das Publikum kann und soll sich aktiv beteiligen, indem es etwa, per Crowdfunding, eine Spende zur Finanzierung eines Charterflugs für Flüchtlinge leistet, an einer wirklichkeitsgetreu ausstaffierten Begräbniszeremonie teilnimmt oder sich sogar für mehrere Tage in einen Bus nach Bulgarien setzt. Zweitens sind nahezu alle Arbeiten des ZPS mit einem offensiven Tabubruch verbunden. Im Falle des *Ersten Europäischen Mauerfalls* war dies die illegale Entwendung der Gedenkkreuze aus einem Mahnmal im Berliner Regierungsviertel. Auch die Zurschaustellung einer Bestattung im Rahmen eines Kunstprojektes muss als Tabubruch aufgefasst werden. Und schon die Ankündigung eines grausamen Menschenopfers nach Art der römischen Gladiatorenspiele bedeutet einen Affront gegen die Regeln des öffentlich Sag- oder Denkbaren. Drittens zeichnet sich die Rhetorik des ZPS durch eine besondere Drastik der Schuldzuweisung aus. In der dramaturgischen Anlage der drei oben skizzierten Aktionen artikulieren sich Vorwürfe, die ausformuliert wohl etwa folgendermaßen lauten müssten: „Ihr installiert an den Rändern der EU ein tödliches Grenzregime wie ehedem die DDR! Ihr lasst Flüchtlinge im Mittelmeer verrecken, um sie dann in anonymen Massengräbern zu verscharren! Ihr geht über Leichen, wenn ihr Flüchtlingen die Einreise per Flugzeug verweigert!" Dass das „Ihr" in diesen Sätzen, also die Adressierung der Vorwürfe, weitgehend unbestimmt bleibt, ist für die Rezeption der Inszenierungen vermutlich entscheidend. Natürlich könnten die anwesenden Zuschauerinnen und Zuschauer die Vorwürfe auf sich beziehen, aber sie sind dazu nicht unbedingt gezwungen. Es gibt immer auch die Möglichkeit, sich mit den Performern *und* den Flüchtlingen in einer Art Solidargemeinschaft zu wähnen, was dann das angenehme Gefühl nach sich zieht, an einem wichtigen Zeichen gegen die inhumane EU-Flüchtlingspolitik mitgewirkt zu haben. (Hier liegt aus meiner Sicht auch ein wichtiger Unterschied zu einer Aktion wie *Ausländer raus! Schlingensiefs Container* (*Wiener Festwochen* 2000), mit der Arbeiten des ZPS gelegentlich verglichen werden: Die von Schlingensief gesetzten politischen Signale waren uneindeutiger, unberechenbarer und erlaubten kaum je einfache Solidarisierungsgesten.) Das Drastische, Brachiale,

Matthias Warstat

Sensationalistische im ästhetischen Zugriff des ZPS stößt allerdings immer wieder auch bei solchen Beobachterinnen und Beobachtern auf Kritik, die die politischen Ziele der Gruppe durchaus teilen. Beanstandet wird in diesen Fällen nicht die Radikalität der politischen Aussage. Das Problem resultiert vielmehr aus der Aufrechterhaltung des ästhetischen Zugriffs. Früher oder später bringt das ZPS in seinen Projekten den Kunstcharakter zur Geltung, und diese Rahmung kann dann – angesichts der vorher rhetorisch beschworenen Radikalität – als eine Art Rückzieher empfunden werden: Die Tiger fressen am Ende natürlich doch keine Menschen. Die Prügelei mit der bulgarischen Grenzpolizei findet nicht statt. Die Särge, die vor das Reichstagsgebäude getragen werden, sind leer. Das ist an sich alles nur begrüßenswert, aber, einmal zu oft wiederholt, führt es zu einer Ästhetik der leeren Ankündigung, die politisch wie künstlerisch verpufft.[16]

Für das Thema dieses Beitrags sind die Wirkungsmechanismen der ZPS-Inszenierungen weniger wichtig als das in ihnen gestaltete Bild Europas. Hier kann das ZPS geradezu paradigmatisch für die Tendenz stehen, nach langen Jahren einer positiven Europavision vor allem deren Grenzen in den Blick zu nehmen. Diese Fokussierung der Ränder und Grenzen setzt das ZPS besonders konsequent und spektakulär um. Ein zeitgemäßes politisches Theater müsse sich „ver-rändern", schrieb Hans-Thies Lehmann schon 2002 im einleitenden Essay seine Bandes *Das Politische Schreiben*.[17] Das ZPS macht ein Theater, das buchstäblich zu den Rändern der *res publica* geht, zu den Grenzen Europas, um mit gezielten Gesten über diese Grenzen hinauszuweisen. Die Grenze wird in den Aktionen nicht repräsentiert, sondern real aufgesucht – z. B. per Reisebus. Der Vorteil dieser Vorgehensweise liegt darin, dass Europa in der Aufführung nicht nur als (statische) Vision oder als Schreckbild vor Augen steht, sondern selbst performativ wird: Die Außengrenzen treten in Aktion, sei es in Gestalt von Grenzpolizisten, die sich zu einer Abwehrfront formieren, oder in der makabren Bewegung von Särgen, die von den Ufern des Mittelmeers ins Zentrum Berlins gelangen. Indem die Starrheit und Undurchlässigkeit der Grenzen ausgestellt wird, erscheinen die Flüchtlinge als deren Opfer und werden – anders als bei Stemann oder Nübling – nur noch sehr indirekt repräsentiert. Damit gewinnt der Begriff des postmigrantischen Theaters einen anderen, bitteren Klang: postmigrantisch als Attribut für ein Theater nach dem gewaltsamen Ende der Migration – ein Theater, das nur noch die geschlossenen Grenzen der ‚Festung Europa' in Szene setzen kann.

Postmigrantisches Theater?

1   Einen Überblick über die Grundlinien der Kritik am Stadt- und Staatstheatersystem bietet der Sammelband von Goebbels, Heiner/Mackert, Josef/Mundel, Barbara (Hrsg.): *Heart of the City. Recherchen zum Stadttheater der Zukunft* (= Arbeitsbuch Theater der Zeit), Berlin 2011.

2   Vgl. dazu demnächst: Voss, Hanna: „Agenten, Vermittler und das deutsche Sprechtheater. Zur (De-)Institutionalisierung von Ethnizität", in: Kreuder, Friedemann/Koban, Ellen/dies. (Hrsg.), „Re/produktionsmaschine Kunst. Kategorisierungen des Körpers in den Darstellenden Künsten", Bielefeld (in Vorbereitung).

3   Vgl. Keim, Stefan: „Migration ist selbstverständlich. Das Schauspiel Köln beleuchtet die multikulturelle Gesellschaft", in: Schneider, Wolfgang (Hrsg.): *Theater und Migration. Herausforderungen für Kulturpolitik und Theaterpraxis,* Bielefeld 2011, S. 91–98. Siehe zur Kölner Situation auch Sharifi, Azadeh: *Theater für alle? Partizipation von Postmigranten am Beispiel der Bühnen der Stadt Köln,* Frankfurt a. M./Bern/New York 2011.

4   Grundlegendes zum Ballhaus Naunynstraße in Sharifi: „Postmigrantisches Theater. Eine neue Agenda für die deutschen Bühnen", in: Schneider (Hrsg.): *Theater,* S. 35–45.

5   Donath, Katharina/Langhoff, Shermin: „Die Herkunft spielt keine Rolle. ,Postmigrantisches' Theater im Ballhaus Naunynstraße. Ein Interview mit Shermin Langhoff", in: Bundeszentrale für politische Bildung (Hrsg.): *Dossier Kulturelle Bildung,* unter: http://www.bpb.de/gesellschaft/kultur/kulturelle-bildung/60135/interview-mit-sherminlanghoff?p=all (zuletzt abgerufen am 27. August 2016).

6   Das gilt etwa für die bundesweit bekannten Regisseure Nurkan Erpulat, Nuran David Calis, Hakan Savaş Mican und Neco Çelik.

7   Eine Ausnahme bildet die im Internet veröffentlichte germanistische Dissertationsschrift von Boran, Erol M.: *Eine Geschichte des türkisch-deutschen Theaters und Kabaretts,* Ohio State University 2004, auch unter http://publikationen.ub.uni-frankfurt.de/frontdoor/index/index/docId/12320 (zuletzt abgerufen am 16. August 2016). Lange Zeit gab es nur die – schon terminologisch antiquiert anmutende – Studie von Brauneck, Manfred: *Ausländertheater in der Bundesrepublik Deutschland und in West-Berlin,* Hamburg 1981.

8   Siehe zu diesen etwa seit den sechziger Jahren in Großbritannien etablierten Richtungen Godiwala, Dimple (Hrsg.): *Alternatives within the Mainstream: British Black and Asian Theatres,* Newcastle 2006; Hingorani, Dominic: *British Asian Theatre. Dramaturgy, Process and Performance,* Basingstoke/New York 2010; Ley, Graham/Dadswell, Sarah (Hrsg.): *Critical Essays on British Asian Theatre,* Exeter 2012.

9   Für Großbritannien wird das überzeugend reflektiert in der kurzen Schrift von Cox, Emma: *Theatre and Migration,* Basingstoke 2014.

10 Die Ergebnisse des Forschungsverbunds finden sich in den Sammelbänden Fischer-Lichte, Erika/Warstat, Matthias (Hrsg.): *Staging Festivity. Theater und Fest in Europa,* Tübingen 2009; sowie Fischer-Lichte/Warstat/Littmann, Anna (Hrsg.): *Theater und Fest in Europa. Perspektiven von Identität und Gemeinschaft,* Tübingen 2012.

11 *Die Schutzbefohlenen* v. Elfriede Jelinek, Regie u. Bühnenbild: Nicolas Stemann, Thalia Theater Hamburg, Premiere am 12. September 2014.

12 Laudenbach, Peter: „Anfall von Heimat. Unerwartete Wandlung eines heiteren Abends. Das Berliner Gorki Theater spielt Elfriede Jelineks ,Schutzbefohlene'", in: *Süddeutsche Zeitung,* 15. November 2015, auch unter http://www.sueddeutsche.de/kultur/theateranfall-von-heimat-1.2737880 (zuletzt abgerufen am 23. August 2016).

13 *In unserem Namen,* Textfassung v. Sebastian Nübling, Ludwig Haugk, Julia Pustet, unter Verwendung v. Aischylos' *Die Schutzflehenden,* Elfriede Jelineks *Die Schutzbefohlenen,* der 42. Sitzung des Innenausschusses des Deutschen Bundestages sowie Originalbeiträgen der Schauspieler und Schauspielerinnen, Regie: Sebastian Nübling, Bühnenbild: Magda Willi, Gorki Theater Berlin, Premiere am 13. November 2015.

14 Zur Denkfigur der einschließenden Ausschließung siehe bes. Agamben, Giorgio: *Homo sacer. Die souveräne Macht und das nackte Leben,* Frankfurt am Main 2002, S. 31–36.

Matthias Warstat

[15] Von der Kritikerin Sophie Diesselhorst, die die gesamte Aktion begleitete, finden sich differenzierte Berichte auf nachtkritik.de, siehe u. a. Diesselhorst, Sophie et al.: „An die Grenzen Europas. Liveblog – für die Aktion ‚Erster Europäischer Mauerfall' vom Zentrum für politische Schönheit fahren zwei Busse von Berlin an die europäische Außengrenze, um dort die Grenzanlagen abzureißen", 7. November – 21. November 2014, unter http://www.nachtkritik.de/index.php?option=com_content&view=article&id= 10194:2014-11-07-13-38-48&catid=315:blog-gemeinundnuetzlich-aktuell&Itemid= 100078 (zuletzt abgerufen am 23. August 2016). Aufschlussreich ist auch der Abschlussbericht, dies.: „Wer schön sein will muss leiden?", 11. November 2014, unter http://www.nachtkritik.de/index.php?option=com_content&view=article&id=10218:201 4-11-11-15-05-49&catid=38:die-nachtkritik&Itemid=40 (zuletzt abgerufen am 23. August 2016).

[16] Eine ähnliche Stoßrichtung der Kritik findet sich bei Siemons, Mark: „Die Tiger drücken ihr Bedauern aus", in: *Frankfurter Allgemeine Zeitung*, 30. Juni 2016, auch unter http://www.faz.net/aktuell/feuilleton/debatten/die-aktion-fluechtlinge-fressen-bleibt-fragwuerdig-14315681.html?printP (zuletzt abgerufen am 23. August 2016).

[17] Lehmann, Hans-Thies: „Wie politisch ist postdramatisches Theater? Warum das Politische im Theater nur die Unterbrechung des Politischen sein kann", in: ders., *Das Politische Schreiben. Essays zu Theatertexten* (= Recherchen 12), Berlin 2002, S. 11 – 21, hier S. 14.

Silke Felber

WER WENN NICHT *WIR*?

Zur Kontingenz europäischer Zugehörigkeit
bei Aischylos und Elfriede Jelinek

Betrachtet man, geleitet vom gegenwärtigen medialen Diskurs, das ein-
und abgrenzende Konstrukt Europa als ein ‚Wertegebäude', so rücken
drei poröse Grundpfeiler in den Blick: der demokratische Grundsatz der
Freiheit, jener der *Gleichheit* und das Prinzip der *Gastfreundschaft* – drei
Säulen, die sich in Zeiten eines zerbröckelnden Europas als Mythen
dekuvrieren lassen, wie Elfriede Jelineks *Hiketiden*-Fortschreibung *Die
Schutzbefohlenen* zeigt. Doch lässt sich das dramaturgische Verfahren
des intertextuellen Andockens an Aischylos' Tragödie, dessen sich die
österreichische Nobelpreisträgerin bedient, nicht auf eine von der Forschung vielfach bemühte Mythendekonstruktion limitieren. Vielmehr
fokussiert Jelinek durch dieses Prozedere, so die These, auf die gesellschaftspolitischen Bedeutungsverschiebungen, die mit dem Prozess der
Mythosübertragung von der epischen Diskursform in jene der Tragödie
einhergegangen sind. Schließlich rührt Jelineks Tragödienfortschreibung
an eine Zeit des Um- und Aufbruchs, in der sich die Idee der Demokratie –
ebenso wie jene des Theaters – auf dem Prüfstand befand. Der Gastfreundschaft kam in diesem Prozess des Austestens, wie man anhand von
Aischylos' *Hiketiden* nachvollziehen kann, eine Schlüsselfunktion zu.

Ausgehend von diesen Überlegungen fragt der vorliegende Beitrag
nach Inklusionen und Exklusionen, die das Konzept Europa mit seinen
vielfach beschworenen Werten generiert, und danach, wie Theater solche Ein- und Ausschlüsse mitgeneriert bzw. reproduziert. Zu diesem
Zweck werden der antike Prätext und Jelineks Tragödienfortschreibung
zunächst einem *close reading* unterzogen, das auf das in beiden Texten
evozierte „wir" abzielt.

Erinnerungen an die Zukunft
Wenngleich es keine Seltenheit darstellt, dass Jelinek ihre großteils
online veröffentlichten Theatertexte Revisionen unterzieht bzw. sie
fort- oder umschreibt, so existiert doch bislang kein anderer Text, an
dem sie sich so intensiv abgearbeitet hat wie an *Die Schutzbefohlenen*.
Den Anlass zum Stück gab eine im Herbst 2012 initiierte Protestbewe-
gung von Asylsuchenden, die zu Fuß von der Erstaufnahmestelle Trais-

kirchen (Niederösterreich) bis zur Wiener Votivkirche pilgerten, um diese als symbolischen Schutzraum zu besetzen. Die Caritas und die Erzdiözese Wien sicherten den Geflüchteten zunächst unter Berufung auf das sakrale Asylrecht den eingeforderten Schutz zu, forderten sie aber dann auf, ein vorgeschlagenes Ausweichquartier in Anspruch zu nehmen, nämlich ein Kloster, das nach rund elf Wochen und mehreren Hungerstreiks schließlich bezogen wurde. Fazit: 27 der sechzig Besetzer erhielten einen negativen Asylbescheid und sieben der acht Refugees, die im Rahmen eines heftig kritisierten Fluchthilfeprozesses der Schlepperei angeklagt worden waren, erklärte das Gericht für schuldig.

Der ersten Version des Textes, die Jelinek im Juni 2013 fertiggestellt hatte, folgte eine zweite, die sie im Herbst desselben Jahres unter dem Eindruck der verheerenden Katastrophe vor Lampedusa verfasste, bei der rund dreihundert Bootsflüchtlinge ums Leben gekommen waren. Dass die Operation Mare Nostrum der italienischen Küstenwache eingestellt und durch das von Frontex konzipierte Programm Triton ersetzt wurde, veranlasste Jelinek dann zu einer weiteren Überarbeitung, die im November 2013 erschien. Zwischen 2015 und 2016 entstanden eine vierte Version sowie vier Zusatztexte, die sich mit den europäischen Antworten auf die vermeintlich unvorhersehbaren, sogenannten ‚Flüchtlingsströme' befassen. Einer davon trägt den Titel *Europas Wehr. Jetzt staut es sich aber sehr!*

In Anbetracht des derzeitigen Umgangs Europas mit Schutzsuchenden wird Jelineks Text gegenwärtig vom Theater als Stück der Stunde gefeiert – allein 2015 wurde *Die Schutzbefohlenen* an zehn verschiedenen Häusern gezeigt, auch für 2017 sind bereits mehrere Premieren angekündigt. Zieht man in Betracht, dass das Stück bereits 2013 entstanden ist, liest es sich gegenwärtig beinahe wie eine Weissagung. So scheint der Text, in dem wörtlich von im Kühlwagen erstickten Menschen die Rede ist, zwei Jahre nach seiner Veröffentlichung, am 27. August 2015, von der Realität eingeholt worden zu sein. An diesem Tag wurden tatsächlich die Leichen von siebzig Flüchtlingen geborgen, die auf ihrer illegalen Einreise irgendwo zwischen Ungarn und Österreich einem qualvollen Erstickungstod erlegen waren – und zwar in einem Kühlwagen. Der Fund und die damit in Zusammenhang stehende plötzliche Betroffenheit der Bevölkerung bewirkten eine Wende in der österreichischen Flüchtlingsdebatte. Die Tatsache, dass Jelineks Theatertext diesem Ereignis bereits vorgriff, ebenso wie ihre 2008 fertiggestellte Wirtschaftskomödie *Die Kontrakte des Kaufmanns* die Auswirkungen der Wirtschaftskrise antizipiert hatte, lässt das Schreiben der Autorin als intuitiven Akt der Prophetie erscheinen. Und doch verwischen diese Tragödienfortschreibungen, möchte hier behauptet werden, temporale Kategorien, indem sie ein lineares, teleologisches Verständnis von Geschichte subvertieren. Um diese These zu untermauern, sei zunächst die Synopsis von Aischylos' *Hiketiden* in Erinnerung gerufen.

Die Kontingenz des „wir"

Die äschyleische Tragödie handelt bekanntlich von der Aufnahme der aus Ägypten geflohenen fünfzig Töchter des Danaos, die König Pelasgos auf sehr vehemente Weise dazu anhalten, ihnen in Argos Schutz und Asyl zu gewähren. Entstanden um 460 v. Chr., also zu jener Zeit, als die Institutionen der attischen Demokratie dabei sind, Gestalt anzunehmen, reproduziert und affirmiert diese Tragödie das Idealbild der demokratischen Redeführung. Indem sie denjenigen freie Meinungsäußerung erlaubt, die im öffentlichen Diskurs nicht zu Wort kommen, lotet sie die Möglichkeiten und Grenzen der Demokratie aus.[1] Mit den Danaiden sind es weibliche Fremde, d. h. doppelt marginalisierte Stimmen, die das demokratische Feingefühl des attischen Publikums auf die Probe stellen. Wenngleich sie in Jelineks Text nicht explizit als Sprechinstanzen emergieren, sind es doch ihre Stimmen, die hier von Beginn an hörbar werden, wie eine Lektüre der ersten Sätze zeigt:

> Wir leben. Wir leben. Hauptsache, wir leben, und viel mehr ist es auch nicht als leben nach Verlassen der heiligen Heimat. Keiner schaut gnädig herab auf unseren Zug, aber auf uns herabschauen tun sie schon. Wir flohen, von keinem Gericht des Volkes verurteilt, von allen verurteilt dort und hier.[2] (SCH, o. S.)

Im Exhalieren und Modifizieren der antiken Zeilen legen die hier ertönenden Stimmen virulente Fragen der europäischen Asylrechtsprechung frei und lassen vor dem Hintergrund des Prätextes temporale Kategorien wie „damals" und „heute" brüchig erscheinen. Befinden sich Aischylos' Schutzflehende, gefangen zwischen Hafen und Stadtkern *(asty)*, in einem liminalen Status, so verweist auch das Sprechen in Jelineks Text auf ein Dazwischen, das den Flüchtling unserer Tage stigmatisiert: Im Warten auf einen Asylbescheid fristet er sein Dasein als „lebender Toter"[3], um mit Giorgio Agamben zu sprechen.

Gleichzeitig alludiert Jelinek in der zitierten Passage den zu Beginn der antiken Tragödie generierten Eindruck der Bewegung bzw. der Migration, indem sie – ebenso wie Aischylos – auf einen Prolog verzichtet und stattdessen unmittelbar ein „wir" einziehen lässt.[4] Die Tatsache, dass Aischylos' Tragödie von einer chorischen Passage eröffnet wird, ist aus theaterhistorischer Sicht beachtenswert und fungierte lange Zeit als epistemischer Indikator: *Die Hiketiden* galten aufgrund der Dominanz des Chors bis 1956 als älteste Tragödie überhaupt.[5] Nicht minder außergewöhnlich aber ist die Tatsache, dass es ebendieser Chor von asylsuchenden Frauen ist, der die elementaren Fragen und Probleme der demokratischen Ordnung aufwirft, um die das Stück kreist. Das ‚Andere' fungiert hier als Auslotung der Stabilität der eigenen politischen Ordnung. Benannt ist damit exakt jene Herausforderung, der sich die gegenwärtige demokratisch legitimierte europäische Politik angesichts der kontrovers diskutierten Asylfrage gegenüber sieht. Das nostrifizierende und gleichzeitig abgrenzende „wir" kann also als Dreh- und Angelpunkt benannt werden, an dem Aischylos' *Hiketiden* und Jelineks *Schutzbefohlene* einander berühren. Aber auf wen verweist dieses „wir"?

Führen wir uns noch einmal den Hergang der antiken Tragödie vor Augen. Pelasgos steht vor der Alternative, den Schutzsuchenden entweder gemäß des Rituals der Hikesie Asyl zu gewähren und dadurch einen Krieg zu riskieren oder aber das Gesuch der Bedürftigen abzuwenden und sich so gegen die heilige Pflicht zu stellen. Einen entscheidenden Schachzug in der Überzeugungsarbeit der Danaiden stellt dabei die Betonung ihrer Abstammung von der Urmutter Io dar. Im Behaupten derselben Wurzeln versuchen sie, für ihre Zugehörigkeit zu Argos zu argumentieren. So heißt es in der Übersetzung Gustav Droysens, auf die Jelinek sich bezieht: „Hör's kurz und klar. Argiverinnen dürfen wir / Uns rühmen, Enkel jener hochbeglückten Kuh"[6]. Das gemeinsame historische Erbe dient den Immigrantinnen zur Rechtfertigung ihres Asylanspruchs. Auf diese Darlegung folgt eine Stichomythie, eine Kreuzverhörszene, in der König Pelasgos ein brennendes Interesse für die Abstammung der Schutzflehenden an den Tag zu legen scheint. Doch haben wir es ausgerechnet bei diesen Zeilen mit ungesichertem Wissen zu tun, wie ein Blick in Martin Wests kritische Gesamtausgabe der äschyleischen Tragödien zeigt. So fehlen in den Versen 291 bis 335 Angaben zu den Sprechenden und ist die Aufteilung zwischen Chor und König in den Versen 298 bis 307 unbelegt.[7] Die Zuordnungen, die in den Übersetzungen vorgenommen worden sind, sind spekulativ. Bedenkt man, dass das Stilelement der Stichomythie in der antiken Tragödie grundsätzlich dem Prozess der Anagnorisis, d. h. der Erkenntnis, dient, so ist es eine äußerst zweifelhafte Wahrheit, die hier durch Philologinnen und Philologen generiert worden ist: Wäre die Sprecheraufteilung nämlich eine umgekehrte, käme den Schutzsuchenden ein anderer Status zu.

Sind es bei Aischylos einzelne Passagen, die für Ratlosigkeit sorgen, so erweisen sich die Frage „Wer spricht?" und die damit verbundenen Inklusions- und Exklusionsphänomene bei Jelinek als grundkonstitutiv. In *Die Schutzbefohlenen* haben wir es durchgängig mit einem undefinierten „wir" zu tun, das irritiert. Die rezeptiven Antworten auf die Verunsicherungen, die beide Texte aufwerfen, sind aber miteinander vergleichbar. Reagierten Philologinnen und Philologen auf die Wissenslücken in der äschyleischen Tragödie, indem sie Zuschreibungen vornahmen, so antworten Regisseurinnen und Regisseure gegenwärtig auf das rätselhafte „wir" des jelinekschen Theatertexts, indem sie dazu tendieren, es auf ein Kollektiv von Flüchtlingen zu reduzieren. Vorgabe dieser Lesart war die Uraufführung von Nicolas Stemann, der das Stück u. a. mit „authentischen" Refugees besetzte, die er im Programmheft in Abgrenzung zu den namentlich genannten Spielerinnen und Spielern als einen „Flüchtlingschor" bezeichnete. Eine Handhabe, die nicht unproblematisch erscheint, schließlich lässt sie die Frage zu, ob nicht durch einen solchen Einbezug von Asylsuchenden auf der Bühne ethnosomatische *(race)* und ethnopolitische *(nation)* Humandifferenzierungen reproduziert werden. Evoziert das Auf-die-Bühne-Stellen von dezidierten Flüchtlingen nicht etwa Hier-/Dort-Distinktionen, die wiederum ein Denken von Grenzen affirmieren, das die Individuen beider Seiten egalisiert?

Es scheint, als spiegelten die Inszenierungstendenzen, die bezüglich Jelineks *Schutzbefohlene* beobachtet werden können, die Zentralität von Wir-/Sie-Unterscheidungen wider, die dem Konstruktionsprozess kollektiver politischer Identitäten inhärent ist. Die Politikwissenschaftlerin Chantal Mouffe begegnet diesem Phänomen in ihren Auseinandersetzungen mit dem, was sie das „demokratische Paradox" nennt, mithilfe eines dekonstruktivistischen Zugangs. Sie macht dafür Derridas Begriff des konstitutiven Außen bzw. die darin angelegte Unentscheidbarkeit fruchtbar, die einen Antagonismus hervorbringt, der nicht auf einen einfachen Prozess dialektischer Umkehrung reduzierbar ist: „Das ‚sie' ist nicht der konstitutive Gegensatz eines konkreten ‚wir', sondern das Symbol dessen, was jedes ‚wir' unmöglich macht."[8] Indem Mouffe der sozialen Ordnung jede Objektivität abspricht, geht sie mit Ernesto Laclau von einer „Unendlichkeit des Sozialen"[9] *(infinitude of the social)* aus. Doch was bedeutet diese Beobachtung für das Theater?

Die von Mouffe am herrschenden Gesellschaftsbegriff beanstandete Dominanz von Objektivismus und Essentialismus korrespondiert, möchte hier behauptet werden, mit der von Ulrike Haß formulierten Kritik an der sich etabliert habenden Vorstellung vom Chor als

Silke Felber

geschlossener Erscheinung. Wie ein aus vielen zusammengesetzter Riese, der nur anhand seiner Umrisse wahrgenommen wird, tendiere diese Erscheinung dazu, mit Fundamentalismen verknüpft zu werden, d. h. mit Begriffen wie Identität, Gemeinschaft, Volk oder Nation.[10] Diese Fehldeutung des Chors, die laut Haß der modernen Schaubühne und ihrem „Blickregime"[11] geschuldet ist, scheint im postdramatischen Theater mitunter fortzuwirken, wie ein Blick auf die mit dem Nestroy-Preis 2015 ausgezeichnete Performance *Schutzbefohlene performen Jelineks Schutzbefohlene* zeigt.

Im Gegensatz dazu eröffnet das „wir" des schriftlichen Texts eine antiessentialistische Perspektive, die es ermöglicht, Identität als grundsätzlich kontingent zu begreifen. Jelineks Theatertext widersagt sowohl Figuren im herkömmlichen Sinne als auch temporalen und örtlichen Indikationen. Sind in jüngeren Arbeiten der Autorin immer wieder zumindest Sprechinstanzen oder kurze regieanweisungsähnliche Anmerkungen zu finden (wie etwa in *Die Kontrakte des Kaufmanns, Kein Licht., FaustIn and out* oder in *Das schweigende Mädchen*), so werfen *Die Schutzbefohlenen* nicht nur die Frage auf, *wer* denn da spricht, sondern auch, von welcher Position aus dies geschieht und welche Ein- und Ausschlüsse dadurch produziert werden.[12] Freilich legt die Textlektüre auf den ersten Blick die Annahme nahe, dass wir es mit einem kohärenten „wir" zu tun haben, das Anklage erhebt. Ein sorgfältiges *close reading* aber bringt bisweilen paradox anmutende Wir-/Ich-Hybridkonstruktionen zum Vorschein, die ein polymorphes Sprechen evozieren: „Entschuldigen Sie bitte, wir wissen natürlich, daß dem Volk weitschweifige Rede wie die meine nicht beliebt ist" (SCH, o. S.). Die Passage demonstriert emblematisch ein Schreibverfahren, das im gesamten Text seine Anwendung findet: Stets haben wir es mit changierenden Sprechinstanzen zu tun, die sich aus dem Nichts konstituieren, sich zu einer scheinbaren Autorität verdichten, dann jedoch erneut zerfallen und sowohl die Unauflöslichkeit von Antagonismen, wie sie Laclau und Mouffe behaupten, aufzeigen als sich auch gleichzeitig einem konkreten „wir" und „sie" entziehen.[13] Der Text exhumiert dadurch ein ab- und ausgrenzendes Sprechen *über* das Andere bzw. die Anderen, das als solches abermals auf ein demokratisches Axiom verweist, das mit dem derridaschen Begriff des konstitutiven Außen gefasst werden kann. So errichten sich, wie Wendy Brown betont, historisch betrachtet alle Demokratien einerseits über ein verschlossenes Innen (d. h. etwa über Frauen, Sklavinnen und Sklaven, bestimmte Ethnien oder heute über illegale Einwohnerinnen und Einwohner) und andererseits über eine konstitutive Außenseite, d. h. etwa über den Kommunismus oder, wie im Falle unserer gegenwärtigen westlichen Demokratien, über den Islam.

Demokratinnen und Demokraten benötigen von Anbeginn eine antagonistische Barbarenfigur, von der sie sich abgrenzen können und die ihnen bestätigt, demokratisch zu sein.[14]

Das konstitutive Andere

Es verwundert nicht, dass Jelineks Text ebendiesen auf Abgrenzung zielenden Begriff des Barbaren mehrmals aufgreift, lässt sich doch anhand von ihm eine Genealogie des europäischen Zugehörigkeitsverständnisses nachzeichnen, das in der äschyleischen Tragödie verwurzelt ist. Ursprünglich war der sowohl adjektivisch als auch substantivisch verwendete Terminus βάρβαρος *(bárbaros)* keineswegs ausschließlich negativ konnotiert, sondern bedeutete übersetzt schlicht „stammelnd" bzw. „unverständlich sprechend". In der Literatur erschien der Begriff erstmals in der *Ilias* des Homer, wo er eine semantische Mutation hin zu „fremdsprachig" erfuhr.[15] Zur ethnozentrisch motivierten, wenngleich nicht durchgängig herabstufenden Bezeichnung aller Nichtgriechinnen und -griechen wurde er erst im 5. Jahrhundert v. Chr. im Zuge des Siegs der (griechischen) Demokratie über die (persische) Tyrannei. Als den Perserinnen und Persern zugeschriebene Eigenschaft erfährt der Begriff eine Bedeutungsverschiebung hin zu „grausam", „ausschweifend" und „unfrei". Dieses Barbarenbild entsteht unter dem Eindruck von Aischylos' *Persern* (472 v. Chr.), die sich in der Tragödie selbst als Barbaren bezeichnen, indem sie ihr Sklavendasein unter der als grausam definierten despotischen Regentschaft des Xerxes beklagen.[16] Die Hellenen-Barbaren-Antithese, die das Selbstverständnis der Europäerinnen und Europäer unnachahmlich geprägt hat, basiert also auf einem wertenden Antagonismus zwischen (griechischer) Freiheit und (barbarischer) Unfreiheit – einem Antagonismus, der vor allem in Krisenzeiten Formen des menschenverachtenden Zynismus hervorzubringen imstande ist, wie Jelinek zeigt:

> Sie können ertrinken, ersticken, erfrieren, verhungern, erschlagen werden, alles schöne Freiheiten, wenn auch nicht Ihre, aber Sie sind vielleicht so großzügig und geben Sie weiter? Danke. Vielen Dank. Sie wissen ja, Sie haben jede Freiheit, meine Meinung nicht zu teilen. Gut. Ich würde sie eh nicht teilen, jedenfalls nicht mit Ihnen! Denn niemand bestimmt über mich, meine Meinung und mein Leben außer mir selbst, und ich bestimme ganz bestimmt nicht, daß Sie über mich bestimmen und meine Meinung teilen, von der kriegen Sie nicht das kleinste Stück ab, ich werde doch wohl bestimmen dürfen, mit wem ich teile! (SCH, o. S.)

Der Text dekuvriert hier eine gegenwärtig zu diagnostizierende Aushöhlung des demokratischen Grundrechts der Freiheit und demonstriert gleichzeitig, dass das Recht auf freie Meinungsäußerung die Demokratie sowohl verkörpert als auch bedroht. Die Gefahr, die heute von ihr ausgeht, besteht, wie Wendy Brown diagnostiziert, in einem „Faschismus durch das Volk"[17].

In den *Hiketiden* untermauert Aischylos die Hellenen-Barbaren-Antithese aber nicht nur mittels des Dualismus von Freiheit und Unfreiheit, sondern vor allem auch anhand von ästhetischen Komponenten. So bestimmt Pelasgos die Fremdheit der von ihm als „Barbarenschwarm" bezeichneten Danaiden an deren Tracht und Verhüllung: „Nicht argolisch ist / Der Weiber Anzug, nicht hellenischem Brauch gemäß"[18]. Die ethnographische Qualität dieser Passage stellt insofern ein wichtiges Indiz dar, als sie auf die Tatsache verweist, dass der Fremde im antiken Griechenland primär über seinen physischen Aspekt bestimmt wird, d. h. anhand seiner Größe, der Farbe seiner Haut, Haare und Augen, aber auch an seiner Kleidung.[19] Die Hellenen-Barbaren-Antithese bei Aischylos lässt folglich bereits Ansätze der deterministischen Klimazonentheorie des Poseidonios erahnen, die – 1748 von Montesquieu (*L'Esprit des Lois*) revitalisiert – im Neuhumanismus ihre Renaissance erleben und die zeitgleich entstehende Rassenkunde prägen sollte.[20] Wenn Jelinek nun besagte Passage der Tragödie aufgreift und mutiert, rührt sie somit an die Ursprünge eines bis heute fortwirkenden ästhetisch geprägten Eurozentrismus, der sich mit Bernhard Waldenfels als „raffinierte Form des Ethnozentrismus"[21] verstehen lässt. So heißt es im Text:

> Wir haben keine Verhüllung, die Ihrem Brauch gemäß oder genehm ist, wir sind halt verhüllt, wie alle verhüllt sind, aber wir wissen, auch wenn wir aussähen wie Sie: Sie würden uns erkennen, Sie würden uns unter Tausenden herauskennen, Sie würden uns überall erkennen. Sie würden wissen, wir gehören nicht hierher. (SCH, o. S.)

Als eng verknüpft mit dem in diesen Zeilen verdichteten ein- und abgrenzenden Denken der eurozentrischen Perspektive erweist sich ein tief in das kollektive europäische Bewusstsein eingebrannter Fortschrittsglaube. Entlarvt wird dieser Konnex in einem der vier Zusatztexte, die Jelinek zum Stück verfasst hat. Unter dem Titel *Coda* greift dieser noch einmal die Grundgedanken des ‚Haupttexts' auf und lässt sich dadurch als musikalisches Formzitat lesen bzw. hören. Auffällig ist dabei der wieder und wieder rekurrierende Begriff des Motors, an dem sich die *Coda* entspinnt. Im Assoziieren des übersetzenden Schlauchboots, dessen Ankunft im sicheren Westen an einen solchen durchgängig funktionierenden Motor gekoppelt ist, rührt die Autorin implizit an den von der Historiographie mit Vorliebe reproduzierten Mythos eines dynamischen Europas. So setzte die technische Entwicklung zu heutigen Motoren nachvollziehbar mit der von Thomas Newcomen und Thomas Savery erfundenen und 1778 von James Watt weiterentwickelten Dampfmaschine ein. Die Dampfmaschine wiederum war es bekanntlich, die die wirtschaftlichen und sozialen Strukturen Europas maßgeblich veränderte. Sie lässt sich als Indikator der industriellen Revolution bestimmen, die eine neue Verschärfung sozialer Missstände zur Folge hatte. Im Aufgreifen des Motorenbildes demaskiert Jelineks Theatertext mithin den erfolgsgesegneten Wirtschaftsraum Europa, der auf dem Glauben an die Unerschöpflichkeit ökologischer und humaner Ressourcen fußt, als brüchige Vorstellung:

> Aber der Treibstoff ist ja eingefüllt, der uns antreibt, der Motor hat sich die Lohen einverleibt, und er faucht, und er läuft jetzt, er läuft allerdings von Anfang an stotternd, er spuckt vor uns aus, da kann was nicht stimmen. Warum sollte er nicht funktionieren, warum nicht, er wurde doch mit diesem guten Diesel hier gefüttert, damit er es warm hat, nein, nicht getränkt, nur gefüttert, warum soll er dann nicht weitergehen als wir, die gar keinen Treibstoff haben, denn was uns antreibt, das ist in uns, da haben wir es wenigstens gleich zur Hand?[22]

Wenn der Treibstoff zur Mangelware wird, wenn Menschen Güter begehren, die vermeintlich nicht geteilt werden können, wenn Grund und Boden rar zu werden scheinen, dann entsteht ein Klima, das Rivalität und Zorn begünstigt. Unter dessen Vorzeichen entpuppt sich der Eurozentrismus als Form eines „Wirtschaftsnationalismus"[23], der ,das Andere' in erster Linie mit Arbeitsplatzraub assoziiert und darüber hinwegsieht, dass der europäische Fortschritt zu einem wesentlichen Teil auf der Ausbeutung dieses sogenannten ,Anderen' fußt. So heißt es bei Jelinek: „Ich möchte den Tag erleben, an dem wir keine Sklaven, nein [...], an dem wir keinen Zorn mehr brauchen." (CO, o. S.)

Folgt man René Girard, so sucht und findet die ungestillte Gewalt, die sowohl in der attischen Tragödie als auch in ihrer Fortschreibung durch Jelinek auf den Plan gerufen wird, stets ein Ersatzopfer, das den Zorn nur deshalb auf sich zieht, weil es greifbar ist und verletzlich.[24] Dieser Sündenbockmechanismus ist seit jeher eng mit dem ,Anderen' verquickt, wie sich anhand des Iphigenie-Mythos und seiner Bearbeitungen durch Euripides nachverfolgen lässt – und wie auch Jelinek zeigt, die Euripides' *Iphigenie in Aulis* als Intertext anführt und in ihre *Coda* einbaut: „Das Opfer muß her, wer meldet sich freiwillig? Dieses Mädchen, na, viel ist das nicht, der Herr dort drüben vielleicht?, die Dame mit dem Kopfschal?, nein?" (CO, o. S.) Indem die Autorin dezidiert auf die Aulische *Iphigenie* des Euripides zurückgreift, fokussiert sie *ex negativo* auf einen wesentlichen Punkt, in dem sich diese Tragödie von der früher entstandenen *Iphigenie bei den Taurern* unterscheidet. Wird das Menschenopfer in *Iphigenie in Aulis* nämlich am Schluss durch ein Tieropfer ersetzt, so wird es in *Iphigenie bei den Taurern* weiterhin gefordert – jedoch nicht bei den Griechen, sondern bei den Taurern, also den ‚Barbaren'. Diese Verschiebung der vormals selbst praktizierten Gewalt[25] hin zu den ‚Barbaren' kommt, wie der Literaturwissenschaftler Hans Dieter Zimmermann unterstreicht, einer entlastenden Projektion gleich: „Das Dunkle wird als Fremdes zurückgewiesen. Nur als barbarisch bei den Barbaren können Menschenopfer noch gedacht werden; so wissen die Europäer von den Menschenopfern der Inkas und Azteken, aber nicht von ihren eigenen."[26] Tatsächlich jedoch ist die Gewalt, die die Griechen den ‚Barbaren' anlasten, um sich von ihnen abzugrenzen, Teil ihres eigenen bzw. des europäischen Erbes, wie sich anhand der Aulischen *Iphigenie* belegen lässt – bereits die titelgebende Lokalmetapher deutet darauf hin. Spuren hinterlässt dieser dunkle Nachlass noch heute: Wenn zu den Modalitäten des antiken Menschenopfers nicht nur Erstickung und Ertränken, sondern auch die „Aufbewahrung und Zurschaustellung der Opferreste"[27] zählten, dann lässt sich der gegenwärtige mediale Flüchtlingsdiskurs, der sich über ein ethisches Bilderverbot schlichtweg hinwegsetzt, als zynische Reinkarnation einer solchen rituellen, affirmativen Praktik lesen.

Motor, Treibstoff, Opfer: Blitzen nun auch noch Begriffe wie „Abgas-Reinigungsflüssigkeit" und „Abgasmessung" (CO, o. S.) auf, dann rücken einmal mehr die Schattenseiten des europäischen Erbes ins Licht. In Anspielung auf den im Sommer 2015 publik gewordenen VW-Skandal eröffnet der Text einen doppelten Boden, der den Blick auf die Verstrickungen des größten europäischen Automobilkonzerns mit dem Nationalsozialismus bzw. dem Holocaust freigibt; bedenkt man, dass die Gesellschaft zur Vorbereitung des Volkswagens doch von der nationalsozialistischen Organisation „Kraft durch Freude" gegründet worden ist. „Fünf Millionen Autos sind betroffen, wir sind es nicht." (CO, o. S.), heißt es lapidar in der *Coda* zu *Die Schutzbefohlenen*. Einmal mehr entlarvt der Theatertext Europa mithin als Konstrukt, dessen Errungenschaften, Einstellungen und Werte durchaus als ambivalent zu betrachten sind.

Ausblick

Es erscheint fraglich, ob der „Kontingenz sozialer Zugehörigkeiten"[28], die Jelineks Text im Nichtdefinieren von Sprechinstanzen und im Aussparen von lokalen Indikationen demonstriert, in den Inszenierungen, die der Text bis dato erfahren hat, Rechnung getragen worden ist. Vielmehr zeigt sich, dass das als kohärent begriffene „wir" des Textes dazu verleitet, Humandifferenzierungen am Theater zu reproduzieren und dadurch ein seit der Antike in die Vorstellung von Europa eingeschriebenes Denken von Grenzen zu affirmieren, das die Mitglieder beider Seiten egalisiert. Bleibt die herausfordernde Frage, wie die Institution Theater der Gefahr der Reproduktion von ethnosomatischen und ethnopolitischen Zuschreibungen entkommen und zugleich der elementaren Aufgabe gerecht werden kann, internationale Performerinnen und Performer produktiv zu integrieren.

---

[1] Zu dieser grundsätzlichen politischen Funktion von Tragödie vgl. Hall, Edith: „The sociology of Athenian tragedy", in: Easterling, Patricia Elizabeth (Hrsg.): *The Cambridge Companion to Greek Tragedy*, Cambridge 1997, S. 93–126, hier S. 125.

[2] Jelinek, Elfriede: *Die Schutzbefohlenen*, unter http://204.200.212.100/ej/fschutzbefohlene.htm, 14. Juni 2013, 8. November 2013, 14. November 2014, 29. September 2015 (zuletzt abgerufen am 7. Juli 2016; o. S., im Folgenden mit der Sigle SCH angegeben).

[3] Agamben, Giorgio: *Homo sacer. Il potere sovrano e la nuda vita*, Turin 1995.

[4] Vgl. Bakewell, Geoffrey W.: *Aeschylus's Suppliant Women. The Tragedy of Immigration*, Madison 2013, S. 20f.

[5] Der 1952 aufgefundene Oxyrhynchuspapyrus 2256 fr. 3 zeigte, dass es sich bei den *Hiketiden* nicht um das älteste überlieferte Stück handeln konnte. Vgl. z. B. Earp, F. R.: „The Date of the Supplices of Aeschylus", in: *Greece and Rome 22* (1953), S. 118–123.

[6] Aischylos: *Die Schutzflehenden*, aus dem Griech. von Johann Gustav Droysen, unter http://gutenberg.spiegel.de/buch/die-schutzflehenden-4497/1 (zuletzt abgerufen am 7. Juli 2016), Vers 271 – 273. Bei Jelinek heißt es: „Schauen Sie, Herr, ja, Sie!, flehend wenden wir uns Ihnen zu, uns hat irgendwer gezeugt und irgendeine geboren, wir verstehen, daß Sie das überprüfen wollen, aber Sie werden es nicht können." (SCH)

[7] Vgl. Aischylus: [*Iketiae*], in: ders.: *Tragoediae cum incerti poetae Prometheo*, hrsg. v. Martin L. West, Stuttgart 1990, S. 123–185, hier S. 142f.

[8] Mouffe, Chantal: *Das demokratische Paradox*, aus dem Engl. von Oliver Marchart, Wien 2015, S. 29.

[9] Laclau, Ernesto: *New Reflections on the Revolution of Our Time*, London/New York 1990, S. 90.

[10] Vgl. Haß, Ulrike: „Die zwei Körper des Theaters. Protagonist und Chor", in: Tatari, Marita (Hrsg.): *Orte des Unermesslichen. Theater nach der Geschichtsteleologie*, Zürich 2014, S. 139–159, hier S. 152.

[11] Ebd., S. 153.

[12] Vgl. Felber, Silke: „Verortungen des Marginalisierten in Elfriede Jelineks ‚Die Schutzbefohlenen'", in: Janke, Pia/Jezierska, Agnieszka/Szczepaniak, Monika (Hrsg.): „Jelineks Räume", Wien [im Druck].

[13] Vgl. dazu auch Felber, Silke/Kovacs, Teresa: „Schwarm und Schwelle. Migrationsbewegungen in Elfriede Jelineks ,Die Schutzbefohlenen'", in: *Transit 10* (2015), H. 1, o. S.

[14] Vgl. Brown, Wendy: „Wir sind jetzt alle Demokraten ...", in: Agamben, Giorgio et al.: *Demokratie. Eine Debatte,* Frankfurt a. M. 2012, S. 55–89, hier S. 63f.

[15] „In der Literatur begegnet das Wort zum erstenmal bei Homer, aber nicht als Simplex, sondern in der Zusammensetzung *barbaróphonos* als Beiwort der Karer (Il. II 867)". Jüthner, Julius: *Hellenen und Barbaren. Aus der Geschichte des Nationalbewusstseins,* Leipzig 1923, S. 2.

[16] Vgl. ebd., S. 18f.

[17] Brown: „Wir sind jetzt", S. 69.

[18] Aischylos: *Die Schutzflehenden,* übersetzt von Johann Gustav Droysen, unter http://gutenberg.spiegel.de/buch/die- schutzflehenden-4497/1 (zuletzt abgerufen am 7. Juli 2016), Vers 271–273.

[19] Noch augenfälliger wird die ethnographische Qualität anhand der Verse 279–290, vgl. dazu auch Bakewell: *Aischylus's Suppliant Women,* S. 22.

[20] Poseidonios: *Über den Okeanos und seine Probleme* (ca. 107 v. Chr., nur durch Zitate anderer überliefert). Vgl. dazu auch Winkler, Markus: *Von Iphigenie zu Medea. Semantik und Dramaturgie des Barbarischen bei Goethe und Grillparzer,* Tübingen 2009, S. 58–63.

[21] Waldenfels, Bernhard: *Topographie des Fremden. Studien zur Phänomenologie des Fremden I,* 6. Aufl., Frankfurt a. M. 2013, S. 135; vgl. dazu auch Winkler: *Von Iphigenie,* S. 46.

[22] Jelinek, Elfriede: *Die Schutzbefohlenen. Coda,* unter http://204.200.212.100/ej/fschutzbefohlene-coda.htm, 29. September 2015, 17. Oktober 2015 (zuletzt abgerufen am 7. Juli 2016; o. S., im Folgenden mit Sigle CO angegeben).

[23] Waldenfels: *Topographie,* S. 159.

[24] Vgl. Girard, René: *Das Heilige und die Gewalt,* aus dem Franz. v. Elisabeth Mainberger-Ruh, Ostfildern 2012, S. 11.

[25] „Here, as so often, the ethnically other meets the mythical and chronologically prior." Hall, Edith: *Inventing the Barbarian. Greek Self-Definition through Tragedy,* Oxford 1991, S. 147.

[26] Zimmermann, Hans Dieter: „Menschenopfer – Gottesopfer: Wodan, Iphigenie, Isaak, Dionysos, Christus", in: Dieckmann, Bernhard (Hrsg.): *Das Opfer – aktuelle Kontroversen. Religions-politischer Diskurs im Kontext der mimetischen Theorie,* Münster 2001, S. 59–80, hier S. 66.

[27] Scheid, John: „Menschenopfer. III", in: *Der Neue Pauly,* Bd. 7, Stuttgart/Weimar 1999, Sp. 1235–1258, hier Sp. 1255.

[28] Vgl. Hirschauer, Stefan: „Un/doing Differences. Die Kontingenz sozialer Zugehörigkeiten", in: *Zeitschrift für Soziologie 3* (2014), S. 170–191.

Natalie Bloch

TENDENZEN UND ENTWICKLUNGEN DER THEATERLANDSCHAFT IN EUROPA
Zwischen ökonomischen Zwängen
und europäischem Anspruch

Die europäische Theaterlandschaft zeichnet sich bekanntlich durch einen immensen Reichtum an künstlerischen Perspektiven und strukturellen Differenzen der Theatersysteme aus. Trotz dieser ästhetischen Vielfalt und strukturellen Diversität lassen sich jedoch seit den neunziger Jahren in europäischen Ländern mit einer ausgeprägten Theatertradition ähnliche Tendenzen und Veränderungen beobachten. Diese stehen im Kontext einer Entwicklung, die allgemein als Europäisierung oder auch Internationalisierung des Theaters bezeichnet und häufig mit den Schlagworten Interkulturalität, Mehrsprachigkeit, Sprachtransfer und postmigrantisches Theater in Verbindung gebracht wird. Grundlegend für diese vermeintlich neuartigen Erscheinungen im Theater sind wiederum ineinandergreifende internationale Entwicklungen, wie die Globalisierung des Kapitals, die umfassende Digitalisierung unserer Lebenswelt und die weltweiten *Migrationsbewegungen,* die in den letzten zwanzig Jahren eine neue Dimension erreicht haben.

Dieser Beitrag versucht in einer kursorisch-essayistischen Bestandsaufnahme die wesentlichen strukturellen und ästhetischen Tendenzen und Entwicklungen der Theaterlandschaft in Europa seit den neunziger Jahren aufzuzeigen und zugleich ihre gesellschaftspolitischen und ökonomischen Ursachen freizulegen.

**Zum Zusammenhang von Ökonomie, Kulturpolitik,
Theaterstrukturen und Ästhetik**
Die Situation, in der sich das Theater in Europa befindet, wird von kulturpolitischen Entwicklungen und ökonomischen Bedingungen bestimmt, die sich auf seine Struktur, Identität und Ästhetik auswirken.[1] Wirft man exemplarisch einen Blick auf das deutsche Stadttheater, lässt sich beobachten, dass sich in den letzten 25 Jahren auch hier zunehmend neoliberale Produktionsprozesse durchgesetzt haben, u. a. dadurch, dass Zuschüsse seitens der Kommunen massiv gekürzt worden sind. Dieser fortwährende Subventionsabbau verstärkt den ökonomischen Druck auf die Theater, diese sollen immer mehr wie Unternehmen funktionieren, d. h.,

Natalie Bloch

sie sollen effizienter werden und mehr Gewinn produzieren. Und in der Tat reagiert das Theater auf diese Kürzungen mit strukturellen Maßnahmen: Zum einen wird am Personal über Abbau des Ensembles oder Haustarifverträge (alle verdienen weniger) gespart, zum anderen hat eine Steigerung der Produktivität stattgefunden, so wird in weniger Zeit mehr produziert, um die Einspielergebnisse, also den selbst erwirtschafteten Teil des Etats, in die Höhe zu treiben.[2] Vergleicht man die Saison 1991/92 und die Saison 2015/16, ist der Premierenoutput bei deutlich geringerem Budget um ca. 35 Prozent gestiegen, während die Ensembles um ein Drittel verkleinert worden und die Schauspielergagen zwischen dreißig und vierzig Prozent gesunken sind.[3] Doch je effizienter das Theater in Zeiten neoliberalen Wirtschaftens auch werden mag – in denen ein sozial-politischer Grundkonsens, warum das Theater als kulturelle, geistige und identitätsstiftende Institution fernab des Marktes weiter bestehen muss, nicht mehr uneingeschränkt zu gelten scheint[4] –, der Abbau der Subventionen geht ihm und den Theaterschaffenden an die Substanz. Nicht nur die Arbeitsbedingungen vieler Schauspielerinnen und Schauspieler führen diese an die Grenzen der Belastbarkeit[5] und häufig in die Prekarität, da sie nicht selten unterbezahlt oder ‚frei' sind, also ohne regelmäßiges Einkommen, und sich von Projekt zu Projekt hangeln müssen, auch die institutionalisierten Theater werden sukzessive abgebaut, wie zahllose Sparten- und auch Theaterschließungen belegen: Seit 1992 haben über zwanzig Theater in Deutschland schließen oder fusionieren müssen.[6] Inzwischen versucht man mit kurzfristigen staatlichen Hilfsaktionen diese Dynamik zu bremsen, so stellte beispielsweise die NRW-Kulturministerin 2013 und 2016 mit dem sogenannten Theaterpakt klammen Stadttheatern und -orchestern Förderungen zur Verfügung, welche von den Kommunen jedoch als zu gering kritisiert wurden.[7] Während bis 2016 insbesondere kleinere Städte mit ihren finanzschwachen Kommunen betroffen waren (erinnert sei hier an Halle, Eisleben, Dessau, Wuppertal, Hagen, Rostock, Stralsund, Greifswald), scheint der Spartrend am Theater nun auch in den Metropolen Einzug zu halten.[8] Der Kulturabbau stößt auf Seiten der Bewohnerinnen und Bewohner der jeweiligen Städte allerdings stets auf großen Widerstand, phantasievolle Protestaktionen von Mahnwachen und Unterschriftensammlungen über Kulturwettläufe per Boot, Rad oder zu Fuß (in einer Gemeinschaftsaktion von Halle, Eisleben und Dessau unter dem Motto „Ohne Kultur läuft nichts") bis zur symbolischen Verankerung des Theaters mit dicken Seilen im ‚Boden' der Stadt (Dessau) bezeugen, wie sehr sich die Menschen mit ihrem regionalen Theater identifizieren und welche enorme soziale Wirkung ein Theater in einer

Stadt haben kann. Das hier zutage tretende Potential des Theaters – nämlich als kulturelle, geistige, Zusammenhalt und Identität stiftende Institution fernab des Marktes zu wirken – könnte auch im Hinblick auf das um gemeinsame Werte und eine gemeinsame Identität ringende EU-Projekt wirksam werden. Das Gegenteil ist jedoch der Fall: Dezidierte Formen von Kulturabbau sind nicht nur im theaterreichen Deutschland zu beobachten, sondern sie stellen einen Trend dar, der sich in fast allen europäischen Ländern im Theater sowie in allen anderen kulturellen Einrichtungen beobachten lässt.[9] Die englische Zeitung *The Guardian* hatte schon 2012 eine interaktive Karte zu den Sparmaßnahmen im kulturellen Bereich in Europa erstellt, allein auf dem Theatersektor lassen sich Mittelkürzungen und Theaterschließungen in Großbritannien über Portugal, Italien, Spanien, Polen bis hin zu Tschechien (um nur ein paar zu nennen) beobachten – unübersehbar handelt es sich um eine europäische Bewegung.[10] Legitimiert wird dieser Abbau mit dem neoliberalen Argument, dass Kultur, insbesondere das Theater, zu viel Geld verschlinge und vornehmlich das Stadttheater mit seinen langfristigen Arbeitsverhältnissen und seiner Ästhetik nicht mehr zeitgemäß sei. Führt man sich jedoch vor Augen, dass in einer Stadt wie Berlin nur knapp 0,5 Prozent vom Gesamthaushalt ins Schauspiel fließen und die Ausgaben für Kultur insgesamt nur zwei Prozent betragen, so ist diese Argumentation kaum haltbar. Plausibel für ihr Greifen scheint vielmehr der von Joachim Lux genannte Umstand zu sein, dass in globalisierten Zeiten „der sozial-politische Grundkonsens unseres Gemeinwesens – nämlich bestimmte Bereiche im Sinne des Allgemeinwohls finanziell zu unterstützen, weil sie sich im Markt nicht behaupten können – zugunsten liberaler oder neoliberaler Politik"[11] abgebaut wird.

Die Mittelkürzungen betreffen nicht nur die strukturelle und institutionelle Ebene des Theaters in Form von Theater-, Spartenschließungen oder Fusionen, auch auf ästhetischer Ebene sind die Auswirkungen vielschichtig: Die Stadttheaterproduktionen, insbesondere jene fernab der Metropolen, sind kleiner und die Bühnenbilder bescheidener. Stücke wie Tschechows *Der Kirschgarten* mit seinem 14-köpfigen Personal, Gorkis *Nachtasyl*, in dem 17 Personen auftreten, oder gar Shakespeares *Ein Sommernachtstraum* mit über zwanzig Rollen können nur noch in Ausnahmefällen oder an den großen Häusern besetzt werden. Mehrfachbesetzungen sind inzwischen die Regel, insbesondere Nebenrollen lässt man gerne von einer einzigen Schauspielerin oder einem einzigen Schauspieler übernehmen – eben auch, weil die Ensembles an den Häusern inzwischen zumeist viel zu klein sind. Begründet werden die Mehrfachbesetzungen allerdings mit inhaltlichen Entscheidungen, wie beispiels-

Natalie Bloch

weise mit der Destruktion, Überforderung und Austauschbarkeit des Subjekts in Zeiten der Globalisierung. Während eine Maria Stuart noch von der Herrschaftsform der Monarchie und der damit einhergehenden Bedeutung des Individuums geprägt war, scheint sich der Mensch heute anders zu erfahren, was sich ästhetisch u. a. auch in der Besetzung niederschlagen kann.[12] Interessanterweise scheinen auch häufig kostspielige *große* Produktionen hier richtungsweisend gewesen zu sein, wie die legendäre *Schlachten*-Inszenierung von Luk Perceval und Tom Lanoye, die in einer zwölfstündigen Marathonaufführung alle shakespeareschen Rosenkriegsdramen verarbeitete und die 225 Figuren auf vier Dutzend Rollen eindampfte, die von nur 14 Schauspielerinnen und Schauspielern übernommen wurden. So sehr die Konzentration auf den *Kern* des Geschehens, auf die zentralen Figuren und Konflikte auch in der überregionalen Presse gelobt wurden: Dass vieles auch an Gegenstimmen und -entwürfen in dieser eingedampften Schurkenwelt verlorenging, wurde u. a. von Sigrid Löffler bemerkt: „In dieser Hauruck-Version bleiben […] Nuancen ebenso auf der Strecke wie Shakespeares liebenswerte Fauna von kleinen Strolchen und dicken Rittern, die ganze Falstaff-Welt, die er dem höfischen Machtspiel menschenfreundlich entgegenstellt."[13]

Kritisiert werden soll hier keinesfalls dieser Theaterstil, sondern es soll lediglich auf das Hand-in-Hand-Gehen von inhaltlicher Setzung und ökonomischen Bedingungen unserer Zeit verwiesen werden, wie den Forderungen nach Stellenabbau im Schauspiel. Der Zusammenhang von Ästhetik und Ökonomie geht allerdings über die Reduktion in der Besetzung noch hinaus: Insbesondere seit der Jahrtausendwende ist nicht nur an den kleinen, sondern auch an den größeren Bühnen u. a. eine sukzessive Abwendung von Verwandlung, Ausstattung und Kunstfertigkeit hin zu einem Trend der neuen Einfachheit zu beobachten, den Joachim Lux als „antiillusionistisch, spielerisch, wahrhaftig"[14] bestimmt. Hier sei auf die kargen, kahlen Bühnen, den Mangel an Ausstattung und die eher auf Performativität ausgerichteten Spielweisen verwiesen, Theaterstile, die von wichtigen zeitgenössischen Theatermachern wie Johan Simons, Luk Perceval, Jürgen Gosch und sogar Regieweltstars wie Peter Brook vertreten werden. Natürlich finden sich seit den neunziger Jahren ebenso aufwendige und ausstattungsreiche Inszenierungen, die der Lust an der Verwandlung frönen, sowie zahlreiche Zwischenformen, doch lässt sich dieser Hang zu Einfachheit, Leere und Illusionsbruch als *ein* prominenter Theaterstil konstatieren, der auch von der Theaterkritik als konzentriert, phantasieanregend und assoziationsfördernd gefeiert wird.[15] So sehr man hierin auch einen Befreiungsschlag vom oft anscheinend als überholt empfundenen Repräsentationstheater sehen kann, von seinen Rollenzwängen, Geschichten und seiner Überladenheit, sind diese „ästhetischen Setzungen" eben auch „Ergebnis ökonomischer Zwänge"[16]. Problematisch an dieser Ästhetik ist also ihre Kopplung mit der Ökonomie – denn die Freiheit, es anders zu machen, haben möglicherweise nur noch einige. Der Zusammenhang von Ästhetik und Ökonomie wird allerdings von vielen Theatermacherinnen und -machern nicht in seiner ganzen Konsequenz realisiert. Erstaunlich ist dies, da ihn bereits Lessing in seiner *Emilia Galotti* erkannt zu haben schien und durch die Figur des Malers Conti die ermahnend-resignierende Bemerkung an den Prinzen und damit an sein bürgerliches Publikum richten ließ: „Prinz, die Kunst geht nach Brot" (erster Aufzug, zweiter Auftritt).

Interkulturelle Öffnungen und transnationale Produktionen
Mit diesen nationalen kulturpolitischen Entwicklungen, die auf den Abbau etablierter Kulturinstitutionen gerichtet sind und eine bestimmte Ästhetik befördern, geht eine EU-Kulturpolitik einher, die zunehmend auf transnationale Theaterprojekte mit drei oder mehr Partnern setzt und somit auf einen kosmopolitischen Imperativ reagiert.[17] Von der europäischen Festivalszene und ihren verschiedenen Spielarten von Koproduktionen erhofft man sich auch von Seiten vieler Theatermacherinnen und -macher eine Loslösung vom nationalen Kulturbegriff und von den „Verkrustungen"[18] des Stadttheaters, wie beispielsweise Matthias Lilienthal angibt. Die in der Regel auf internationalen Theaterfestivals und in Produktionshäusern realisierten Koproduktionen und Theaterprojekte erfordern natürlich Mobilität und Flexibilität, damit die Produktionen auf Reisen gehen können – Forderungen, mit denen sich das Stadttheater naturgemäß schwertut, da es an Spielpläne gebunden ist und einen hohen Verwaltungsaufwand hat. Einen der wenigen künstlerischen Ausnahmefälle in der deutschen Theaterlandschaft bildet das Theater an der Ruhr in Mülheim, was in der öffentlichen Diskussion und von der Theaterwissenschaft allzu oft übersehen wird.[19] Bereits zu Beginn der achtziger Jahre hat sich das Theater an der Ruhr mit seinem internationalen Ensemble dem Prinzip des Reisens verschrieben und interkulturellen Austausch insbesondere mit nichtwestlichen Theaterkulturen zum Programm gemacht, ohne dabei kurzfristige Beschäftigungsverhältnisse und Projektarbeit einzuführen.

In den letzten Jahren ist jedoch auch im ‚schwerfälligen' Stadttheaterbetrieb eine interkulturelle Öffnung zu beobachten: Man beginnt sich zunehmend mit der kulturellen Diversifizierung der Gesellschaft auseinanderzusetzen, die zum einen eine Folge der weltweiten Migrationsbewegungen, aufgrund von Flucht, Vertreibung und diversen Formen der Arbeitsmigration, darstellt, zum anderen durch das Internet bzw. die neuen Kommunikationsmedien und die damit einhergehenden Intensivierungen des Kulturkontaktes vorangetrieben wird. Permanent treten wir – sei es real oder virtuell – mit Menschen aus anderen Kulturkreisen in Kontakt, tauschen uns aus und werden mit anderen Sichtweisen auf unsere Kultur konfrontiert. Viele Theaterleute wollen dementsprechend den Blick in die Welt weiten und streben ein Theater von interkultureller und internationaler Ausrichtung an, auch wenn die nationalen Sprachen in den jeweiligen Stadttheatern noch die Vormachtstellung besitzen; Ausnahmen bilden hier mehrsprachige Länder wie Luxemburg oder die Schweiz. Immer stärker tritt das Bestreben hervor, die Ensembles heterogener gestalten zu wollen. Schauspielerinnen und Schauspieler unterschiedlicher Herkünfte und Hautfarben werden engagiert, auch um ein anderes Publikum als das übliche deutsche Kulturbürgertum zu erreichen. Insbesondere das sogenannte postmigrantische Theater setzt hier an und dokumentiert die Öffnung Europas, indem es die Geschichten und die Lebenswirklichkeit der neu zugereisten, aber auch der seit vielen Generationen in Deutschland lebenden Migrantinnen und Migranten auf formal und inhaltlich höchst unterschiedliche Weise verhandelt und für Partizipation und Gleichberechtigung in Bezug auf die Zusammensetzung von Ensemble und Publikum eintritt.[20]

Die Theaterformen und Inszenierungen, die im Kontext der großen Flüchtlingsbewegungen seit dem Jahre 2014 entstanden sind und die häufig die Flüchtlinge selber von ihrer Flucht berichten lassen, haben indes eine Debatte darüber angestoßen, ob und wie Flüchtlinge im Theater vorkommen sollen und wer für wen das Wort übernehmen darf. Darüber hinaus haben sie jedoch auch einen Perspektivwechsel mit sich gebracht – statt der Öffnung und Grenzüberschreitung geht es hier um die Außengrenzen Europas aus der Außenperspektive der Flüchtlinge.[21]

Die stetig wachsende Theaterfestivalszene mit ihren Koproduktionen und Gastspielen kann die interkulturelle Öffnung in der Regel radikaler realisieren als ein Stadttheater: Hier werden Theaterschaffende aus verschiedenen europäischen Ländern zusammengeführt, zunehmend wird der Blick über den europäischen Raum ausgeweitet, insbesondere die vermehrte Zusammenarbeit mit Asien, aber auch Afrika kündet von der Sehnsucht nach dem ‚Anderen' bzw. ‚Fremden'. Von diesen Begegnungen und Zusammenarbeiten erwarten viele interkulturell arbeitende Festivalleiterinnen und -leiter sowie Theaterschaffende neue ästhetische Impulse und Perspektivwechsel, indem quasi ‚durch die Augen des

Anderen' ein ‚fremder' Blick auf die eigene Kultur bzw. Gesellschaft ermöglicht wird, wie es der Theaterleiter Roberto Ciulli formuliert: „Der Blick des Anderen auf unsere Kultur ist das Wichtigste. Der Blick eines afrikanischen Regisseurs auf Shakespeare kann viel essenzieller sein als unser, also der europäische, Blick auf diesen Autor."[22] Ganz ähnlich äußert sich die Festivalleiterin Frie Leysen:

> Was ich mit meinem internationalen Theaterprogramm versuche, ist zu zeigen, wie junge Leute in Buenos Aires oder Bangkok auf ihre Gesellschaft blicken. Wie analysieren oder kritisieren sie ihre Gesellschaft und welche Visionen destillieren sie daraus? Wie kann diese Vision [...] meinen eigenen Weg, zu denken, ändern, weil ich dann auch ein bisschen durch die Augen dieser Künstler sehe?[23]

Darüber hinaus erhofft man sich durch die interkulturelle Zusammenarbeit einen Fortschritt im Hinblick auf interkulturelle Kommunikation oder Kompetenz. So gibt Heiner Goebbels, Intendant der Ruhrtriennale von 2012 bis 2014, im Programmheft 2014 an, er befrage seine Projekte im Vorfeld daraufhin, ob sie „zu einem aufgeklärten Verständnis von einer interkulturellen Gesellschaft bei[tragen]".[24] Im Idealfall findet in diesen Produktionen also eine interkulturelle Begegnung von Menschen unterschiedlicher kultureller und geografischer Herkünfte auf Augenhöhe statt, die sich auch ästhetisch niederschlagen kann. Zahlreiche Ästhetiken und neue Formate sind so in den letzten Jahren entstanden. Besonders auffällig ist dabei, dass sich bei vielen dieser Produktionen nicht mehr sagen lässt, ob es sich um Theater, Performance, Musiktheater, Videoinstallation oder Tanz handelt, sondern die verschiedenen Kunstgattungen kombiniert werden und sich gegenseitig durchdringen. So bezeichnet sich beispielsweise die auf internationalen Festivals auftretende belgische Theatergruppe Needcompany prototypisch als „an international, multilingual, innovative and multidisciplinary company".[25] Die Forderung vieler Theater- und Kulturschaffender, aber auch Theatergängerinnen und -gänger, dass europäisches Theater in Zeiten der Globalisierung mehrsprachig sein soll, hat mehrsprachige Inszenierungen und Theaterkompanien auf dem internationalen Festivalmarkt sehr präsent werden lassen. Auch in Anbetracht eines sich durch den EU-Einigungsprozess und die anhaltende Migration massiv wandelnden Europas, lässt sich das monokulturelle Selbstverständnis des traditionellen Sprechtheaters – das mit der herrschenden Sprache des Ortes der Aufführung spielt und damit den Schein eines homogenen und in sich geschlossenen Kommunikationsraums erweckt – nicht mehr aufrechterhalten. Ruth Heynen weist darauf hin, dass selbst im EU-Vertrag des europäischen Parlaments festgeschrieben wird, dass das Theater ein „Ort der Wahrung" der europäischen Sprachvielfalt sein solle.[26]

Mehrsprachigkeit ist im Theater wie Interkulturalität kein neues Phänomen, allerdings ist diese, anders als jene, nicht im Kern des theatralen Mediums verankert.[27] Von 1850 bis in die Mitte des Kaiserreichs war die deutsche Literaturgeschichte annähernd monolingual, wie Dirk Weissmann herausstellt, der ethnozentrisch-homogenisierende Druck auf Kultur, Sprache und Literatur war nie größer als damals, trotz der um 1890 einsetzenden sprachlich-kulturellen Öffnung im avancierten literarischen Milieu.[28]

In der internationalen Koproduktions- und Festivalszene in Zeiten der Globalisierung fällt der Umgang mit Mehrsprachigkeit auf der Bühne allerdings höchst unterschiedlich aus: Übertitelungen in die jeweilige Landessprache stehen hier wohl an erster Stelle, etwas seltener finden sich Simultanübersetzungen, darüber hinaus wird mit in die Inszenierungen integrierten Übersetzungen gespielt, wie bei dem Regieteam Gintersdorfer/Klaßen, die seit dem Jahre 2005 mit ivorischen und deutschen Performerinnen und Performern arbeiten. Ebenfalls wird aber auch mit dem Nichtverstehen von Sprachen als Bereicherung und Lust und damit als integraler Bestandteil der Theaterästhetik gespielt, indem die Wahrnehmung auf paralinguistische, körperliche und visuelle Ausdrucksweisen gerichtet wird. Darüber hinaus kann das Nichtverstehen auch eine politische Dimension besitzen, indem die Zuschauerinnen und Zuschauer in Prozesse hineingezogen werden, die sprachliche Grenzen explizit thematisieren und damit den Anspruch auf ein umfassendes interkulturelles Verstehen unterlaufen.

Dass sich rein fremdsprachige Inszenierungen eher schlecht vermarkten lassen, bestätigt der Theatermacher Johan Simons, der seit 2015 Leiter der *Ruhrtriennale* ist, so kämen automatisch dreißig Prozent weniger Zuschauerinnen und Zuschauer, weil ihnen die Übertitelung zu anstrengend sei.[29] De facto muss das Publikum permanent über das Bühnenbild und das Bühnengeschehen hinwegsehen, um mitlesen zu können. In diesem Zusammenhang lässt sich mit Frank und Felix Raddatz fragen, ob eine weitere Folge der Internationalisierung des Theaters darin bestehen könnte, dass in den (Ko-)Produktionen, die im Rahmen der Internationalisierung des Theaters entstehen, die Sprache einen weniger großen Stellenwert erhält und sich das Theater stärker audiovisuell ausrichtet, damit ein der Landessprache unkundiges Publikum es besser goutieren kann.[30]

Abhängigkeiten, Risiken und Chancen

Neben experimentellen Produktionen, die in gleichberechtigten künstlerischen Begegnungen entstehen, finden sich in der globalen, weltweit erstarkenden Festivalszene natürlich auch Anpassungsdruck und Risikovermeidung durch Abhängigkeiten vom zumeist westlichen Geldgeber, denn häufig finanzieren Festivals in Europa weltweit Theaterproduktionen, wie Matthias Pees bereits im Jahre 2004 warnte.[31] Mitunter entstehen hier fremdbestimmte Produktionen, bei denen sich die Partnerinnen und Partner aus anderen Ländern verbiegen, um die Erwartungshaltung eines westlichen Publikums und der westlichen Produzentinnen und Produzenten zu befriedigen. Ebenso besteht die Gefahr, dass Stereotype und Vorurteile reproduziert und die Tradition eines eurozentrischen Exotismus und Orientalismus fortgeführt wird. Afrika wurde z. B. lange nur mit Echtheit und Ursprünglichkeit identifiziert und man gestand den Künstlerinnen und Künstlern oft nur Folklore und Tradition zu, während Modernität das Privileg westlicher Kunstschaffender war, wie Christine Regus betont.[32] Zugleich droht eine marktorientierte Unterhaltungsindustrie zu entstehen, die die Reproduktion bekannter Ästhetiken und Handschriften fordert, die von den Festivalbesucherinnen und -besuchern kollektiv lesbar und leicht konsumierbar sind. Auf vielen Festivals begegnet man bereits den immer gleichen ‚großen' Namen, wie Romeo Castellucci, Robert Lepage, Luk Perceval, Rimini Protokoll oder der Needcompany, die als Erfolgsgaranten eingekauft werden, und von denen stets eine gewisse Wiedererkennbarkeit verlangt wird:

> Ihre Inszenierungen sind meist auf den ersten Blick erkennbar, was bei dem vorbildlichen Arbeitstempo nicht wundert: Die Künstlerhandschrift, der „Stil" schiebt sich vor und über das jeweilige Stück, Stoff, Sujet, Romanvorlage, Filmdramatisierung. Ein je spezifischer Mix aus Spielweisen, Bühnen- und Sounddesign macht die Produkte schnell wiedererkennbar[33].

Die renommierten europäischen Festivalleiterinnen und -leiter, Theatermacherinnen und -macher sind sich dieser Gefahren natürlich durchaus bewusst und versuchen, auch junge und unbekannte Theaterschaffende zu entdecken und zu fördern, die ökonomische Hegemonie der westlichen Welt zu reflektieren und die koloniale Vergangenheit Europas und seine postkoloniale Gegenwart zu thematisieren. Dementsprechend sollen die eingeladenen oder koproduzierten Arbeiten und Theaterschaffenden für sich selbst stehen und nicht zu Repräsentantinnen und Repräsentanten eines Landes oder eines Kulturraums degradiert werden. Auch der Gefahr, dass die freien Theaterformen durch kurzfristige Zusammenarbeit und Projektförmigkeit die Nachteile neoliberaler Produktionsweisen mit sich führen könnten – die insbesondere in der freien Szene und der Festivallandschaft besteht –, versucht man durch kontinuierliche, über Jahre währende Zusammenarbeit mit den Künstlerinnen und Künstlern zu begegnen.

Was bei diesen Koproduktionen und Festivals entsteht, muss man sich immer im Einzelfall anschauen – der Kulturaustausch kann natürlich misslingen, weil beispielsweise die Theaterästhetik Befremden erzeugt, der politische Konflikt, auf den eine Inszenierung anspielt, im Gastspielland nicht herrscht oder die Übertitelung einer fremdsprachigen Inszenierung die Aufmerksamkeit zu sehr von den performativen Prozessen auf der Bühne ablenkt, so dass die Zuschauerinnen und Zuschauer quasi aus dem Geschehen herauskatapultiert werden. Doch ohne unbekanntes Terrain zu betreten, sich neuen kulturellen Einflüssen und Sprachen auszusetzen, kann das Theater nicht existieren, nur so können neue theatrale und dramatische Ästhetiken entstehen, die das Theater braucht, um fortbestehen zu können, will es nicht als musealer Ort verkümmern. Hier sei darauf hingewiesen, dass Theater nicht erst in Zeiten der Globalisierung interkulturell geworden ist – es wird uns derzeit nur besonders bewusst –, sondern die Theatergeschichte seit jeher durch interkulturellen Austausch und kulturelle Transfers geprägt ist.[34] Der Gedanke der Eliminierung fremdkultureller Elemente im Theater ist dementsprechend eine Fiktion.

Bezeichnenderweise wird die Kommunikation mit einem ‚fremden', kulturell different geprägten und zudem anderssprachigen Publikum von den reisenden Theatermacherinnen und -machern häufig nicht als fremd empfunden – im Gegenteil. So gibt Jan Lauwers, künstlerischer Leiter der Needcompany, an: „I feel that wherever we play, whether it would be in Chile or Japan, communication is always possible sometimes even easier than in our own country"[35], und Roberto Ciulli berichtet von einer ähnlichen Erfahrung, dem verfremdenden, quasi ethnologischen Blick auf das Eigene und der Beheimatung in der Fremde: „Es gibt Situationen, in denen man sich im eigenen Land fremd fühlt und plötzlich kommt man in ein ‚fremdes' Land und fühlt sich dort zuhause."[36]

Schluss

Das Theater im Zeitalter der Globalisierung zeichnet sich also durch eine Zunahme grenzüberschreitender Projekte und Öffnungen auf verschiedenen Ebenen aus (wobei man auch hier erwähnen muss, dass Theater generell auf Grenzüberschreitung und Horizonterweiterung angelegt ist bzw. sein sollte): Zunehmend löst es sich aus seiner sozialen und nationalen Verankerung; Koproduktionen, Gastspiele und eine stetig anwachsende Festivalszene überschreiten geographische und kulturelle Grenzen und konfrontieren das Publikum mit Theaterformen und Sprachen anderer Länder, während in interkultureller Zusammenarbeit neue Ästhetiken entstehen. Das Theater scheint sich der Vielfalt Europas zu öffnen und sprachliche, ästhetische, soziale Grenzen überwinden zu wollen, obwohl es auch hier natürlich noch weitere Grenzen abzubauen gilt, wie die gegenüber bestimmten Publikumsgruppen, die sich nicht im Theater angesprochen fühlen. Diese Öffnungsprozesse stellen eine zentrale, jedoch nicht die *einzige* entscheidende Entwicklung des Theaters im globalisierten Zeitalter dar, in ihrem Schatten bzw. parallel zu ihnen finden ein Kulturabbau und eine Umstrukturierung institutioneller Strukturen statt, die nicht vergessen werden sollten. Angesichts der Möglichkeiten, die das Theater wie kein anderes Medium bezüglich der Auseinandersetzung mit Europaentwürfen bzw. den Erprobungen eines gemeinsamen, gleichberechtigten, grenzverflüssigenden Projektes namens Europa besitzt, sollte sich die europäische Kulturpolitik ihrer Verantwortung in Sachen Theater, Kultur und Kunst bewusst werden, denn, und hier möchte ich mit den Worten von Johan Simons schließen, „Grenzenlosigkeit kostet – Geduld, Kraft, Kreativität, Neugierde. Und natürlich auch Geld. Wo diese Dinge fehlen, hat die Grenzenlosigkeit Grenzen."[37]

---

[1] Die Entwicklungen, auf die im Folgenden eingegangen wird, stehen in direktem Zusammenhang mit der Liberalisierung des Welthandels, d. h. dem weltweiten Siegeszug der freien Märkte, von Deregulierung und Privatisierung.

[2] Vgl. „‚Sonst gehen wir kaputt'", in: *Theater heute* 12 (2016), S. 4–9, hier S. 7. Vgl. weiter Wille, Franz: „‚Das letzte Vorwort'", in: *Theater heute* 12 (2016), S. 1.

[3] Vgl. ebd. Diese Zahlen und Informationen beruhen auf den Statistiken des Deutschen Bühnenvereins.

[4] Vgl. Lux, Joachim: „Ökonomie und Ästhetik oder Eine deutsche Eselei", in: *Theater heute Jahrbuch* (2013), S. 28–34, hier S. 29.

[5] So sagt Jörg Löwer, Musicaldarsteller, Choreograph und Präsident der Genossenschaft Deutscher Bühnenangehöriger, zu den Grenzen der Belastbarkeit: „In unseren Zeiten, wo alles knapp auf Kante genäht wird, alles heruntergespart ist, funktioniert das System nur noch, wenn sich das Personal verbrennt." Zitiert aus: „‚Sonst gehen wir kaputt'", S. 7.

[6] Bis 2013 waren es bereits 18 Theater, die geschlossen werden oder fusionieren mussten, wie der Theaterleiter Thomas Ostermeier anführt. Vgl. Ostermeier, Thomas: „Die Zukunft des Theaters", in: *Le Monde diplomatique – Deutsche Ausgabe*, 14. Juni 2013, unter https://monde-diplomatique.de/artikel/!479254 (zuletzt abgerufen am 2. Januar 2017).

[7] Vgl. WDR (Hrsg.): „Kulturministerin kündigt zweiten Theaterpakt an", unter http://www1.wdr.de/kultur/kampmann-ankuendigung-theaterpakt-100.html, 31. Dezember 2016 (zuletzt abgerufen am 7. Januar 2017).

Natalie Bloch

[8] Ab der Spielzeit 2017/18 will beispielsweise das reiche Baden-Württemberg an seinem Badischen Staatstheater Karlsruhe mächtig Geld einsparen und auch in der Landeshauptstadt Düsseldorf wird der Fortbestand des Schauspielhauses mit der bis mindestens zum Jahre 2019 andauernden Sanierung immer wieder in Frage gestellt.

[9] In Italien wurde beispielsweise der Theaterfond des Kulturministeriums im Jahre 2014 ersatzlos gestrichen.

[10] „Culture cuts: where austerity measures are curtailing the arts – map", in: *The Guardian*, unter https://www.theguardian.com/culture/interactive/2012/aug/03/europe-arts-cuts-culture-austerity, 3. August 2012 (zuletzt abgerufen am 2. Januar 2017).

[11] Lux: „Ökonomie und Ästhetik", S. 29.

[12] Als komplementärer Gegenentwurf zur Mehrfachbesetzung lässt sich die Aufteilung einer Rolle auf mehrere Schauspielerinnen und Schauspieler beobachten, dabei steht allerdings das Zersplittern oder Aufgespaltensein des Individuums im Zentrum. Auch wenn sich die Hauptfigur multipliziert, sind die Nebenfiguren größtenteils gestrichen, erinnert sei hier an Nicolas Stemanns *Die-Räuber*-Inszenierung am Hamburger Thalia Theater im Jahre 2008, in der er die ungleichen Brüder in einer Person zusammenfasst, diese wiederum auf vier Schauspieler verteilt und auf andere Figuren im Gegenzug weitgehend verzichtet.

[13] Löffler, Sigrid: „Die Welt als Blutsumpf", in: *Zeit Online*, unter http://www.zeit.de/1999/31/199931.schlachten_.xml, 29. Juli 1999 (zuletzt abgerufen am 7. Januar 2017).

[14] Lux: „Ökonomie und Ästhetik", S. 31.

[15] Ein willkürlich herausgegriffenes, aber exemplarisches Zitat von Kai Bremer zu einer aktuellen Inszenierung in Münster: „Insgesamt aber ist alles wohltuend spartanisch eingerichtet, so dass die Handlung ganz im Zentrum steht." Bremer, Kai: „Trotz Rumba. Tom auf dem Lande", in: *nachtkritik*, unter http://www.nachtkritik.de/index.php?option=com_content&view=article&id=13467:tom-auf-dem-lande-michael-letmathe-inszeniert-die-deutsche-erstauffuehrung-des-von-michel-marc-bouchard-in-muenster&catid=38:die-nachtkritik-k&Itemid=40, 29. Dezember 2016, (zuletzt abgerufen am 7. Januar 2017)

[16] Lux: „Ökonomie und Ästhetik", S. 31.

[17] Vgl. Schößler, Franziska: „Mental Map des Globalen: Theatrale Grenzverhandlungen und Prekarität bei Christoph Schlingensief und Andrzej Stasiuk", in: *Theater International 1*, hrsg. v. Natalie Bloch/Dieter Heimböckel, Luxemburg 2014, S. 19–46, hier S. 23.

[18] Lilienthal, Matthias/Höbel, Wolfgang: „Bühnen-Vordenker Matthias Lilienthal. ‚Das Theater muss raus aus seinen Verkrustungen'", Interview, in: *Spiegel online*, unter http://www.spiegel.de/kultur/gesellschaft/matthias-lilienthal-ueber-50-theatertreffen-peymann-volksbuehne-a-897851.html, 3. Mai 2013 (zuletzt abgerufen am 7. Januar 2017).

[19] Ich beziehe mich hier auf die Ausführungen von Speicher, Hannah: „Natalie Bloch: Internationales Theater und Inter-Kulturen. Theatermacher sprechen über ihre Arbeit", in: *Zeitschrift für interkulturelle Germanistik 5* (2014), H. 2, S. 178–182, hier S. 179.

[20] Vgl. hierzu auch das Interview mit Shermin Langhoff: Bazinger, Irene: „Wozu postmigrantisches Theater, Frau Langhoff?", in: *Frankfurter Allgemeine Zeitung*, 14. Januar 2012, S. 6.

[21] Vgl. hierzu ausführlicher den Beitrag von Matthias Warstat in diesem Band.

[22] „‚Das Theater war schon immer ein Ort der Globalisierung'", in: Bloch: *Internationales Theater und Inter-Kulturen. Theatermacher sprechen über ihre Arbeit*, Hannover 2014, S. 25–37, hier S. 33.

[23] „‚Man muss den Künstlern die Freiheit geben'", in: Bloch: *Internationales Theater*, S. 157–169, hier S. 159.

[24] Goebbels, Heiner: „Ruhrtriennale – International Festival of Arts 2014" (Programmheft), S. 12.

25 Needcompany, Website, unter http://www.needcompany.org/EN/about (zuletzt abgerufen am 7. Januar 2017).

26 Vgl. Heynen, Ruth: *Erfahrung des Unmöglichen. Zur Verfassung eines Theaters für Europa*, München 2013, S. 17.

27 Der Gebrauch verschiedener Sprachen und Dialekte war insbesondere in der Komödie üblich, er findet sich schon bei Aristophanes, Plautus, in der Commedia dell'Arte und auch bei Molière. Dabei wurde er zumeist als Mittel zur Figurencharakterisierung eingesetzt, um den Fremden bzw. Fremdsprachigen lächerlich zu machen. Darüber hinaus gab es aber auch andere Funktionen der Mehrsprachigkeit im Drama: So baute Shakespeare u. a. in *Heinrich V.* Szenen auf Französisch ein, um auf Standesunterschiede hinzuweisen, ähnlich ging es Wedekind in der mehrsprachigen Urfassung seiner *Lulu* (1894) darum, bestimmte Milieus möglichst realistisch abzubilden. Darüber hinaus war für Wedekind die Verwendung fremder Sprachen auch Teil einer ästhetischen Oppositionshaltung, die den Dichter vom Druck der Nationalsprache befreien sollte, vgl. Weissmann, Dirk: „Mehrsprachigkeit auf dem Theater. Zum ästhetischen Mehrwert von Frank Wedekinds dreisprachiger Lulu-Urfassung", in: *Zeitschrift für interkulturelle Germanistik 3* (2012), S. 75–90.

28 Vgl. ebd., S. 78.

29 Vgl. Simons, Johan: „Hinterm Horizont geht's weiter", in: *Theater heute Jahrbuch* (2016), S. 6–15, hier S. 13.

30 Vgl. Raddatz, Frank/Raddatz, Felix: „Die Logik der Betriebsabläufe", in: *Frankfurter Allgemeine Zeitung*, 21.6.2015, S. 48.

31 Vgl. Pees, Matthias: „Die Küche der Kannibalen", in: *Theater heute 8/9* (2004), S. 12–13, hier S. 12.

32 Vgl. Regus, Christine: *Interkulturelles Theater zu Beginn des 21. Jahrhunderts: Ästhetik – Politik – Postkolonialismus*, Bielefeld 2009, S. 12.

33 Wille: „Kunst und Marke. Künstlerische Individualität und das perfekte Markenprodukt oder Was man von Waschmitteln lernen kann", in: *Theater heute Jahrbuch* (2013), S. 20–24, hier S. 21.

34 Mit Franziska Schößler kann festgestellt werden, dass das Theater „ein interkulturelles Medium par excellence zu sein" scheint, das immer schon ausführlich auf theatrale Ausdrucksformen, die in kulturell anders geprägten Kontexten entstanden sind, zurückgegriffen hat, um sie für die jeweils eigene Theaterpraxis fruchtbar zu machen. Vgl. dies.: „Der Streit um die Differenz – Theater als Interkultur", in: Bloch: *Internationales Theater*, S. 11–23, hier S. 11.

35 „Intercultural communication through art is very easy'", in: Bloch: *Internationales Theater*, S. 171–178, hier S. 171.

36 Ciulli: „Ort der Globalisierung", S. 25.

37 Simons: „Hinterm Horizont", S. 15.

Michael Bachmann

EUROPA IN BEWEGUNG

Romeo Castelluccis *Tragedia Endogonidia*
als europäische Produktion

Die Socìetas Raffaello Sanzio ist eine 1981 im norditalienischen Cesena gegründete Theatergruppe, im Kern bestehend aus Chiara Guidi sowie dem Geschwisterpaar Romeo und Claudia Castellucci. Europäische und internationale Bekanntheit erlangte sie vor allem seit den neunziger Jahren mit einer Reihe von Produktionen, die im weitesten Sinn eine kritische Beschäftigung mit dem Arsenal europäischer Theater- und Kulturgeschichte pflegen. Zu denken wäre hierbei etwa an die sich auf Shakespeare-Texte beziehenden Produktionen von *Amleto: La vemente esteriorità della morte di un mollusco* (*Hamlet: Die vehemente Äußerlichkeit des Todes einer Molluske*, 1992) und *Giulio Cesare* (*Julius Cäsar*, 1997), an die Auseinandersetzung mit Christusdarstellung und Nächstenliebe in *Sul concetto di volto nel Figlio di Dio* (*On the Concept of the Face: Regarding the Son of God*, 2010) sowie – nicht zuletzt – an den von der Europäischen Union massiv geförderten elfteiligen Theaterzyklus *Tragedia Endogonidia* (2002 bis 2004), der im Zentrum meines Beitrags steht.[1]

Dabei gehe ich von der Annahme aus, dass die *Tragedia Endogonidia* in mehrerer Hinsicht als dezidiert ‚europäisches' Theater verstanden werden kann: auf Ebene ihrer ökonomisch-politischen Förderung durch die EU, in ihrer Auseinandersetzung mit der Form der Tragödie, in ihren verstreuten Hinweisen auf das Bildarchiv europäischer Geschichte sowie in der räumlichen Verteilung der elf Episoden genannten Teile, von denen fast jeder in einer anderen Stadt Europas zur Uraufführung gelangte. Lediglich die erste und letzte Station des Zyklus waren identisch, da beide in Cesena – dem Heimatort der Socìetas – erstmals gezeigt wurden.[2]

Die europäische Dimension der *Tragedia* wird von der Forschung kaum beachtet bzw. nur am Rande erwähnt, etwa wenn Joe Kelleher sie beiläufig als „trans-European performance project" bezeichnet.[3] Dem gegenüber arbeite ich im Folgenden die unterschiedlichen Ebenen heraus, die die *Tragedia Endogonidia* als ‚europäische Produktion' konstituieren. Dabei geht es mir weniger um Inhaltsanalyse als um eine materialistisch inspirierte Lesart der Arbeit im Sinne Ric Knowles, die den legalen sowie den institutionellen Rahmen, die geographische Verortung und die Produktionsbedingungen von Theater als Teil der Bedeutungskonstitution untersucht.[4] Laut Romeo Castellucci, dem Regisseur der *Tragedia*, ist die Produktion als „Organismus auf der Flucht" zu verstehen: Weder handle es sich um eine Ansammlung vieler kleiner Episoden noch um ein großes Ganzes.[5] Seine Schwester Claudia Castellucci präzisiert: „It is not a finished show that is moved from city to city. Its moving around is the show; a rhythm that strikes; a transformed organism, like the different phases in the life of an animal or vegetable."[6] Wie ich argumentieren werde, ist es dieser Aspekt der *Tragedia* – dass sie sich auf vielfache Weise „in Bewegung" befindet –, der sie als europäische Produktion konstituiert und der es erlaubt, an ihr die größere Frage nach der Vorstellung Europa, Europa als Vorstellung zu untersuchen.

Europa als Traditionslinie
Jenseits ihres metaphorischen Gebrauchs, bei der sogenannte Euroskeptiker den Begriff meist abwertend auf die Politik der Europäischen Union anwenden, hat die Rede vom europäischen Theater heute vor allem vier Bedeutungen: erstens als Bezeichnung für eine bestimmte Theatertradition; zweitens als ökonomisch-institutionelle Rahmung im Sinne etwa von europäischer Kulturförderung; drittens als Sammelbezeichnung für Theaterformen, die innerhalb der (freilich schwammigen) geographischen Grenzen Europas praktiziert und z. B. im Rahmen von europäischen Theaterfestivals ausgestellt werden; sowie viertens als Bezeichnung für Theater, das sich auf thematischer oder motivischer Ebene dezidiert mit Europa auseinandersetzt. Mit Blick auf die *Tragedia Endogonidia* werde ich mich hier auf die beiden erstgenannten Aspekte konzentrieren.

Im ersten Fall bezieht sich die Rede vom europäischen Theater, oft auch in kritischer Absicht, auf eine Traditionslinie theatraler Praxis, in deren Zentrum der dramatische Text steht und deren paradigmatische Konfiguration sich im Dispositiv des bürgerlichen Theaters seit dem 19. Jahrhundert findet: die Dramaturgie der vierten Wand, der abgedunkelte Zuschauerraum, die versuchte Unterwerfung der Phänomenologie von Theater, etwa im Leib des Schauspielers, zugunsten seiner Referentialität, etwa im Verweis auf den Rollenkörper. Dieser Vorstellung von europäischem Theater, die jenes, wie Hans-Thies Lehmann schreibt, „stillschweigend als *Theater des Dramas*"[7] denkt, werden – mehr noch als mögliche Alternativmodelle innerhalb der europäischen Theatergeschichte (z. B. Commedia dell'Arte) – vor allem außereuropäische Thea-

Michael Bachmann

terformen vom japanischen Nō bis zum indischen Kathakali gegenübergestellt.

Eine solche Dichotomie hilft einerseits, die historische und kulturelle Kontingenz des dramatischen Modells als vermeintliches Paradigma europäischen Theaters herauszuarbeiten und dessen „stillschweigende" Vormachtstellung zu destabilisieren. Nicht zuletzt haben europäische Theatermacher von Brecht über Artaud bis hin zu Grotowski und Ariane Mnouchkine die Beschäftigung mit nichteuropäischen Theaterformen zur Basis einer Kritik ‚europäischen Theaters' und der mit ihm verbundenen Sozial- und Repräsentationsformen gemacht. Andererseits wird noch in dieser Kritik – abgesehen davon, dass sie tendenziell die koloniale Geste der kulturellen Aneignung wiederholt – die Vorstellung des europäischen Theaters als Theater des Dramas aufrechterhalten.[8]

Eine Sonderstellung im Europabezug dramatischen Theaters nimmt die Form der Tragödie – und damit der Rückgriff auf die griechische Antike – ein, die sowohl in der bürgerlichen Theatertradition und Philosophie des 19. Jahrhunderts höchste Wertschätzung erfährt als auch bei Autoren wie Lehmann, der die Tragödie als *theatrale* (nicht dramatische) Form gegen die dramatisch-literarische „Leitvorstellung von Theater" ausspielt, „die das bürgerliche Zeitalter im Europa des 18. und 19. Jahrhunderts [...] beherrscht hat".[9] Lehmann unterscheidet dazu zwischen dem Konflikt- und dem Überschreitungsmodell der Tragödie. Im Zentrum des Ersteren steht, ganz im Sinne Hegels, der tragische Konflikt – bei *Antigone* etwa zwischen dem Prinzip der Familie (Antigone) und dem Prinzip des Staates (Kreon) –, der nach Hegels Dialektik nicht notwendigerweise in der Tragödie selbst, wohl aber im reflektierenden Zuschauer aufgehoben wird. Die Integration der tragischen Form in die Geschichte des dramatisch-literarischen Theaters beruht laut Lehmann auf dem Konfliktmodell, da dieses den Widerspruch in Handlung überführt. Demgegenüber konzentriert sich das Überschreitungsmodell, im Sinne einer Akzentverschiebung, auf den Exzess, den Widerspruch, die Verletzung selbst – und setzt auf phänomenologische Affizierung eher denn als auf dramatisch-dialektische Aufhebung und Enthüllung.[10]

Bereits der Titel der *Tragedia Endogonidia* macht klar, dass sie sich auf die Tragödie als Form bezieht, wobei der Verweis auf endogene Entwicklungsprozesse – etwa in der eingeschlechtlichen Fortpflanzung oder Parthenogenese – die bereits genannte Metapher des „Organismus auf der Flucht" in sich trägt. Ganz im Sinne Lehmanns versteht die Socìetas Raffaello Sanzio die Tragödie nicht als literarische Gattung, sondern als historisch je different zu formulierenden Ausdruck der tragischen Erfahrung. Die Bezeichnung *Tragedia Endogonidia* ist deshalb nicht einfach als Rückgriff auf die europäische Theatergeschichte zu verstehen, sondern als Suchbewegung „einer aus den Träumen und Imaginationen autogenerativ [...] sich entwickelnden Praxis eines tragischen Theaters jenseits der dramatischen Konvention"[11], so Lehmann. Der Titel bindet eine Vergangenheit – die Tragödie als wiederkehrende europäische Kulturform, wie Claudia Castellucci schreibt – an ein vermeintlich in dieser Form selbst angelegtes (endogenes) ‚Werden' in der Gegenwart.[12] Ihrem Selbstverständnis nach unterscheidet die Produktion dabei zwischen der *Tragödie* und dem *Tragischen*. Für Romeo Castellucci findet die Tragödie keine Rechtfertigung in der zeitgenössischen Mediengesellschaft, deren politische Verfasstheit, hier lässt sich wiederum an Lehmann ebenso wie an Guy Debord denken, in der Produktion eines „permanenten Zuschauers" bestehe.[13]

Debord zufolge ist die moderne Industriegesellschaft dadurch gekennzeichnet, dass sie – paradigmatisch etwa in der Werbung – Bilder zur Konsumption entwirft, in denen die Betrachter ihre Bedürfnisse und Sehnsüchte zu erkennen glauben. In seiner Allgegenwärtigkeit trenne das Spektakel die ihm unterworfenen Subjekte von ihrem eigentlichen Wesen: „Die Äußerlichkeit des Spektakels im Verhältnis zum tätigen Menschen erscheint darin, dass seine eigenen Gesten nicht mehr ihm gehören, sondern einem anderen, der sie ihm vorführt".[14] In Castelluccis Rhetorik verbindet sich diese Art des Spektakels mit dem, was er die „Allgegenwart der Kommunikation und ihre absolute Herrschaft" nennt.[15] Wie das Spektakel Bedürfnisse widerzuspiegeln scheint, die den realen Nöten der Zeit nicht entsprechen, lässt die Kommunikation – d. h. für Castellucci die konstante Kommentierung und Erklärung – keinen Platz für die singuläre Erfahrung. Ästhetisch gefordert sei deshalb die Konstitution eines Bildes, das einen direkten, nicht bereits kommunikativ überlagerten „Kontakt" mit dem individuellen Zuschauer erlaube.[16]

Als ästhetisch verfasste Blickanordnung und literarisch – nach dem Konfliktmodell – als Handlung strukturierte Kunstform steht die konventionell verstandene Tragödie im Einklang mit Debords Kritik der Entfremdung durch Spektakel. Anders als das von ihm geforderte Bild, das eine Offenheit des Blicks erlaube, wird sie Romeo Castellucci zufolge zum Ausweis eines dezidiert europäischen Repräsentationssystems, in dem eine bestimmte (distanzierte) Art des Sehens angelegt sei:

> To be situated in front of an image means being situated before a *detached* image, something removed from its context, its back-

ground. Because this is what an image is. The Western experience of the image is of something cut out from the general context, so that the context no longer exists; it is lost, probably from the moment the gods died.[17]

In Castelluccis Rhetorik kennzeichnet der hier angesprochene Moment des „Göttertodes" die „Geburt" der attischen Tragödie, d. h. für ihn den Übergang vom Tragischen als Erfahrung der Überschreitung hin zu einer formalästhetischen Ordnung. Aus diesem Verständnis lässt sich die starke Bühnenpräsenz von Tieren – Pferden, Schimpansen und einem Ziegenbock – in der *Tragedia Endogonidia* erklären. Diese ist nicht nur intentional zu begründen, insofern das Tier auf der Bühne für Castellucci einen rituellen bzw. theologischen Raum eröffnet.[18] Als Element, das in seiner Selbstbestimmtheit von keiner Inszenierung letztendlich zu bändigen ist, überschreitet das Tier in seinem phänomenologischen Sein jede semiotische Sinnzuweisung, die ihm in der *Tragedia Endogonidia* ebenfalls zukommen mag: etwa dem Ziegenbock als Symbol für die Tragödie.[19]

Die Tragödie steht demnach für eine Form, deren dramatische Konzeptualisierungen von Erlösung, Pathos und Ethos uns heute angeblich kalt lassen; das Kernmoment der tragischen Erfahrung aber, auf das sie sich bezieht und das die *Tragedia Endogonidia* wieder herstellen will, unterbricht die ästhetische Ordnung – und damit die Mediengesellschaft, für die sie einsteht – zugunsten einer tiefer gehenden Affizierung.[20]

Dem entspricht, dass Socìetas Raffaello Sanzio in ihrer Produktion die episodische Struktur der Tragödie beibehalten, aber auf das bindende, erklärende und kommentierende Moment des Chors verzichten. Wie Lehmann schreibt, findet „keine diskursive (und somit auch beruhigend klärende) Bearbeitung" der in *Tragedia Endogonidia* aufgerufenen Bilder, Motive und Aktionen statt:

Buchstaben, Worte, Texte erscheinen, denen kaum je ein kohärenter Sinn zu entnehmen ist – sie werden Teil einer Erfahrung, die an den Rand des Verstummens führt und meist auch einen zunächst sprachlos gewordenen Betrachter zurücklässt. Der Schrecken wird viszeral erfahren [...].[21]

So gibt auch der Titel der Produktion keine inhaltlichen Anhaltspunkte, ebenso wenig wie die Namen der einzelnen Episoden: Sie werden lediglich mit den Anfangsbuchstaben der Stadt, in der sie zur Uraufführung gelangen, sowie mit einer Ziffer, die ihre Position im Zyklus angibt, gekennzeichnet, beispielsweise *L.#09* für die neunte Episode in London. Mit Blick auf die auf verständliche Sprache weitgehend verzichtenden Inszenierungen können wiederkehrende Motive ausgemacht werden: die Präsenz von Tieren und Kindern auf der Bühne; die Verwendung von Masken, nackten Körpern und Kunstblut; in einzelnen Episoden der fast kitschig überladene Rückgriff auf die Ikonographie historischer und religiöser Figuren (Christus, Mussolini, de Gaulle); die Soundscapes des amerikanischen Musikers Scott Gibbons usw. Auch lassen sich szenische Aktionen inhaltlich beschreiben und analysieren – etwa die viel besprochene Prügelsequenz in der Brüssel-Episode *BR.#04*, in der Schauspieler in belgischen Polizeiuniformen (gespielt) auf einen Mann einschlagen und dabei Kunstblut aus Flaschen vergießen –, aber fast nie konstituiert sich eine dramatisch zu nennende Handlung auf Grundlage der tragischen Konfliktstruktur.[22]

Dem entfremdenden oder distanzierten Bild, das eine solche Handlung entsprechend der oben gegebenen Erklärung konstituieren würde, stellt die Produktion eine Ordnung des Spektakulären gegenüber, in der das Bild – das Konzept – niemals in sich selbst aufgeht. Paradigmatisch hierfür mag die Szene der Paris-Episode *P.#06* stehen, in der nacheinander drei Autos von der hohen Decke des Théâtre de l'Odéon krachend auf den Bühnenboden fallen; eine Bewegung, die sich in markiertem Kontrast zur Stasis der übrigen Szene befindet und dadurch noch schockartiger wirkt: ein halb sichtbares Pferd angebunden auf der rechten Seite der Bühne; ein in der Ikonographie der Christusdarstellung stehender Schauspieler, fast unbeweglich am vorderen Rand des Proszeniums. Der Theaterwissenschaftler Joe Kelleher beschreibt seine Erfahrung dieser Sequenz fast unter den Vorzeichen einer Traumatisierung, als Moment, der überwältigend real ist – tatsächlich fallen Autos von der Decke –, doch in der Plötzlichkeit dieser Realität unwirklich wird, als ob die Szene zwischen ihrer bildlichen (konzeptuellen) und materiellen (phänomenologischen) Verfasstheit angesiedelt wäre, als Einbruch des Tragischen in die Ordnung der Tragödie.[23]

Europa als ökonomisch-institutioneller Rahmen

Die *Tragedia Endogonidia* setzt ein Verständnis von Tragödie als *Form* tragischer Erfahrung in Szene, deren quasi kathartisches Moment in einer viszeralen Affizierung der Zuschauer liegt, die einer *inhaltlichen* Bestimmung der Tragödie als dramatisch interpretierbare Handlung entgegengesetzt wird. Für die Socìetas Raffaello Sanzio liegt darin ein politisches Moment, da sie die distanzierte – durch Erklärungen beruhigte –

Michael Bachmann

Schauhaltung der zeitgenössischen Mediengesellschaft zugunsten einer tiefer gehenden Kommunikation unterbricht. Ein solches Verständnis von Tragödie lässt sich nicht auf den Europabezug der *Tragedia* reduzieren, wenngleich ihre Kritik der Mediengesellschaft sich dezidiert in einem westlichen Rahmen bewegt. Sie wird aber noch einmal stärker als Aspekt des Europäischen in dieser Produktion lesbar, wenn deren ökonomisch-institutioneller Kontext mit berücksichtigt wird.

Schwerpunktmäßig wurde die *Tragedia* aus dem Kultur-2000-Programm der Europäischen Union mit rund 600 000 Euro gefördert, d. h. aus einem kulturpolitischen Rahmenprogramm, das Kunst und Kultur als „wesentliche Bestandteile der europäischen Integration" auf sozialer wie staatsbürgerlicher Ebene versteht, um „den gemeinsamen Kulturraum der Europäer zu einer lebendigen Realität werden zu lassen".[24] Insbesondere wird Kultur dabei als legitimierender Ausgleich zu einer von wirtschaftlichen Interessen geprägten Union verstanden:

> Um die volle Zustimmung und Beteiligung der Bürger am europäischen Aufbauwerk zu gewährleisten, bedarf es einer stärkeren Hervorhebung ihrer gemeinsamen kulturellen Werte und Wurzeln als Schlüsselelement ihrer Identität und ihrer Zugehörigkeit zu einer Gesellschaft, die sich auf Freiheit, Demokratie, Toleranz und Solidarität gründet. Es ist erforderlich, eine bessere Ausgewogenheit zwischen den wirtschaftlichen und kulturellen Aspekten der Gemeinschaft zu erreichen, damit diese sich gegenseitig ergänzen und stärken.[25]

Neben der berechtigten Frage, ob ein solcher Rückgriff auf die europäische Kulturgeschichte das von Habermas für die EU diagnostizierte Unverhältnis zwischen Wirtschaftsinteressen und (politischer) Legitimation nicht bloß überdecken würde, kann hierzu kritisch angemerkt werden, dass Geschichte keineswegs das ist, was Europa eint, sondern in den unterschiedlichen regionalen und nationalen Figurationen von kultureller Erinnerung bzw. Ansprüchen auf diese trennt.[26] Dem entspricht in der Kulturpolitik der Europäischen Union ein prekäres Verhältnis zwischen Einheitsanspruch und regionaler Diversität, der sich seit dem Jahr 2000 auch im offiziellen EU-Motto („In Vielfalt geeint") niederschlägt. Der Beschluss zum Kultur-2000-Programm formuliert diese Spannung als „Hervorhebung des gemeinsamen kulturellen Erbes" unter Wahrung der „nationalen und regionalen Vielfalt"[27] Europas. Parallel dazu liegt im Beschlusstext die eigentümliche Zeitlichkeit eines „kulturellen *Erbes*", dessen Gemeinsamkeit aber erst durch Kulturförderung, also in Zukunft und Gegenwart, zu einer „lebendigen Realität" wird.

Dies erinnert nicht von ungefähr an die Metapher der Tragödie als „Organismus in Bewegung", den die *Tragedia Endogonidia* doppelt in Szene setzt: zum einen in ihrer räumlichen Verteilung auf verschiedene europäische Städte; zum anderen in ihrem Rückgriff auf eine historische Form *(Tragedia)*, die sich zugleich in einem autogenerativen Werden befindet *(Endogonidia)*. Beide Aspekte können auf den von der EU angestrebten Entwurf einer Vorstellung von Europa bezogen werden, die das „europäische Aufbauwerk" für die an ihm zu beteiligenden Bürger performativ konstituieren, d. h. zu einer „lebendigen Realität" machen soll, ohne in Konflikt mit etwaigen regionalen Verortungen zu geraten.

Das Raumprinzip der *Tragedia* entspricht dem, was Kelleher eine „peculiar combination of locatedness and itinerancy"[28] – eine Ambivalenz von Verortung und Bewegung – nennt. Bereits die Tatsache, dass für zehn europäische Städte eine je neue Episode produziert wird, die den abgekürzten Namen der Stadt in ihrem Titel trägt, weist auf die Wichtigkeit der Orte hin. Sie sind nicht einfach Aufführungsstätten für eine gleichbleibende Produktion, die auf Tournee geht. Der episodische Zusammenhang der Teile aber, angezeigt durch die Ziffern in den einzelnen Produktionsnamen, speist diese Städte in ein europäisches Netzwerk ein, dem Zuschauer der *Tragedia* potentiell folgen können. Wie Romeo Castellucci betont, werden die Theatergebäude dabei zur Metonymie für die sie umgebende Stadt, zugleich jedoch versteht er den szenischen Raum selbst als primär durch die ästhetische Gesamtlogik der *Tragedia* bestimmt und damit als tendenziell ortlos.[29] De facto setzen die meisten Episoden – von wenigen Ausnahmen etwa in London und Straßburg abgesehen – auf abstrakte Theaterräume, kubusförmige Strukturen gekleidet in Gold (Cesena, Avignon) und Marmor (Brüssel).

Dies führt zurück zur inhaltlichen Entleerung der *Tragedia* in dem Sinn, dass ihre Motive, Bilder und szenischen Aktionen sich zu keinem diskursiv erklärbaren Ganzen fügen; und stattdessen ein – mit Blick auf die Tragödientheorie als formal zu bezeichnendes – Moment der affizierenden Erfahrung zentral gesetzt wird. Wie für die Autosequenz der Paris-Episode skizziert, befindet sich ein solches Moment selbst in Bewegung, da im Augenblick des schockhaften Erlebens die Bedeutung notwendigerweise ausgesetzt wird. Für Castellucci haben Bilder und Töne in diesem Sinne weder ein Land „nor a place of belonging nor a language".[30]

Fazit: Europa in der Schwebe
Im Antragstext auf EU-Förderung schreiben Socìetas Raffaello Sanzio, dass die *Tragedia Endogonidia* „an investigation of the essential elements in Western theatrical culture" leiste, um – im oben beschriebenen

Sinn – eine neue Form für die Tragödie zu finden. Ziel des Unternehmens sei u. a., "to involve a heterogeneous audience, without barriers due to linguistic, cultural, ideological or religious factors".[31] Vor diesem Hintergrund wird die "Bewegung" der *Tragedia* – zwischen Ort und Ortlosigkeit, Stadt- und Theaterraum, europäischem Netzwerk und Aufführungsstätte sowie, nicht zuletzt, zwischen Bedeutung und (tragischer) Erfahrung – noch einmal in anderer Hinsicht politisch lesbar. Ihr spezifischer Rückgriff auf die Tragödie als Form des Tragischen inszeniert eine Vorstellung von "kulturellem Erbe", dessen Gemeinsamkeit – als durch Kulturförderung performativ zu vollziehender Vorstellung von Europa – gerade darin liegt, dass die Vorstellung Europa in der Schwebe bleiben muss, im Rückgriff auf eine Form eher als auf einen Inhalt gelingt.

[1] Zur *Hamlet-* und *Julius-Cäsar*-Produktion vgl. etwa Castellucci, Romeo/Guidi, Chiara/Castellucci, Claudia: *Epopea della polvere: Il teatro della Socìetas Raffaello Sanzio 1992–1999*, Rom 2001. Für eine exzellente Diskussion von *Sul concetto di volto* siehe Read, Alan: *Theatre in the Expanded Field. Seven Approaches to Performance*, London 2013, S. 58–64. Zur *Tragedia Endogonidia* vgl. insbesondere Castellucci, C./Castellucci, R./Guidi, Chiara/Kelleher, Joe/Ridout, Nicholas: *The Theatre of Socìetas Raffaello Sanzio*, London 2007.

[2] Bei den zehn Städten handelt es sich – in der Reihenfolge der Aufführungen – um Cesena, Avignon, Berlin, Brüssel, Bergen, Paris, Rom, Straßburg, London und Marseille. Unter Ausnahme des norwegischen Bergen sind dies ausschließlich Städte innerhalb der damals gültigen EU-Grenzen. Obwohl die Episoden der *Tragedia*, wie im Artikel ausgeführt, in einem ambivalenten, doch engen Verhältnis zu den Städten ihrer Uraufführung stehen, wurden viele von ihnen auch andernorts – meist im Rahmen von Theaterfestivals – gezeigt. Zudem existiert eine als "memoria video" konzeptualisierte DVD (Regie: Christiano Carloni, Stefano Franceschetti). Siehe Socìetas Raffaello Sanzio: *Tragedia Endogonidia di Romeo Castellucci. Memoria Video di Cristiano Carloni, Stefano Franceschetti*, Raro Video 2007.

[3] Castellucci, C. et al.: *The Theatre*, S. 40. Zu den wenigen Ausnahmen zählen Kear, Adrian: *Theatre and Event. Staging the European Century*, Basingstoke 2013, S. 119–149, sowie Holdsworth, Ruth: "Socìetas Raffaello Sanzio and the Relational Image", in: *Performance Research 12* (2007), S. 104–114.

[4] Vgl. Knowles, Ric: *Reading the Material Theatre*, Cambridge 2004.

[5] Castellucci, C. et al.: *The Theatre*, S. 61 (Übers. M. B.).

[6] Ebd., S. 29.

[7] Lehmann, Hans-Thies: *Postdramatisches Theater. Essay*, Frankfurt a. M. 1999, S. 20 (Hervorh. i. O.).

[8] Zur Kritik an dieser Verwendung nichteuropäischer Theaterformen vgl. insbesondere Bharucha, Rustom: *Theatre and the World. Performance and the Politics of Culture*, London 1993.

[9] Lehmann: *Tragödie und dramatisches Theater*, Berlin 2014, S. 32. Zur Rezeption antiken Theaters auf der Bühne und in der Philosophie – etwa bei Hegel – des 19. Jahrhunderts vgl. Flashar, Hellmut: *Inszenierung der Antike. Das griechische Drama auf der Bühne. Von der frühen Neuzeit bis zur Gegenwart*, 2. überarb. und erw. Aufl., München 2009, S. 47–107. Im Gegensatz zu Lehmann versteht der Altphilologe Flashar die antike Tragödie ausdrücklich als dramatische Form.

[10] Vgl. Lehmann: *Tragödie*, S. 84–99.

[11] Ebd., S. 608.

[12] Vgl. Castellucci, C. et al.: *The Theatre*, S. 207f.

[13] Ebd., S. 210 (Übers. M. B.). Vgl. Lehmanns Ausführungen zum „homo spectator", in: ders.: *Tragödie*, S. 186–202, sowie Debord, Guy: *Die Gesellschaft des Spektakels/Kommentare zur Gesellschaft des Spektakels*, Berlin 1996.

[14] Debord: *Die Gesellschaft*, § 30.

[15] Castellucci, R.: „Romeo Castellucci, Cesena [im Gespräch mit Christine Peters]", in: Eilers, Dorte Lena/Leysen, Frie/Peters, C. (Hrsg.): *Theater der Welt*, Berlin 2010, S. 35–37, hier S. 35.

[16] Vgl. ebd.

[17] Castellucci, C. et al.: *The Theatre*, S. 253f.

[18] Vgl. ebd., S. 15.

[19] Vgl. ebd., S. 47. Vgl. auch Orozco, Lourdes: *Theatre and Animals*, Basingstoke 2013.

[20] Vgl. Castellucci, C. et al.: *The Theatre*, S. 59.

[21] Lehmann: *Tragödie*, S. 609.

[22] Zur Brüssel-Episode vgl. Trezise, Bryoni: „Spectatorship that Hurts: Societas Raffaello Sanzio as Meta-affective Theatre of Memory", in: *Theatre Research International 37* (2012), S. 205–220.

[23] Vgl. Kelleher: *The Illuminated Theatre. Studies on the Suffering of Images*, London 2015.

[24] Beschluss Nr. 508/2000/EG des Europäischen Parlaments und des Rates vom 14. Februar 2000, Abs. (1) u. (8).

[25] Ebd., Abs. (5).

[26] Vgl. Habermas, Jürgen: *Zur Verfassung Europas. Ein Essay*, Frankfurt a. M. 2011; Berger, Stefan: „History and Forms of Collective Identity in Europe. Why Europe Cannot and Should Not be Built on History", in: Rorato, Laura/Saunders, Anna (Hrsg.): *The Essence and the Margin. National Identities and Collective Memories in Contemporary European Culture*, Amsterdam 2009, S. 21–36.

[27] Beschluss Nr. 508/2000/EG, Abs. (6). Zur europäischen Kulturpolitik im Allgemeinen vgl. Sassatelli, Monica: *Becoming Europeans. Cultural Identity and Culutral Policies*, Basingstoke 2009.

[28] Castellucci, C. et al.: *The Theatre*, S. 40.

[29] Vgl. ebd., S. 203f.

[30] Read: „[Interview mit] Romeo Castellucci: The Director on this Earth", in: Delgado, Maria M./Rebellato, Dan (Hrsg.): *Contemporary European Theatre Directors*, London 2010, S. 249–262, hier S. 254.

[31] Projektbeschreibung im Kultur-2000-Programm, Förderrunde 2002, unter http://www.ec.europa.eu/culture/tools/culture-2000_en.htm (zuletzt abgerufen am 15. Dezember 2016).

Lorenz Aggermann

KLEIST IM DIENSTE EUROPAS

Zu Hans Neuenfels' Aufführung *Der tollwütige Mund*
im Rahmen von *Berlin – Kulturstadt Europas* (1988)

Die Wunschvorstellung Europa

Die Vorstellung eines politisch geeinten Europas ist größer als die Geographie eines tektonischen Kontinents, weitreichender als die Legislative und Judikative eines Staatenbundes, dem es derzeit an einer gemeinsamen Exekutive und an völkerrechtlicher Handlungsfähigkeit mangelt, und tiefschichtiger als die Genealogie der einzelnen Ethnien und Kulturen, die dieser Scholle zugehörig sind. Die Europäische Union übersteigt als supranationales Handelssystem mit intergouvernementalen Entscheidungsgremien sowohl auf Mikro- als auch auf Makroebene die konventionellen Vorstellungen und Erfahrungen von einem Nationalstaat und von Staatsbürgerschaft. Der politische Prozess der „europäischen Selbst-Kolonialisierung"[1] lässt sich deshalb im Hinblick auf seine konkreten, positiven wie negativen Folgen nur in Ansätzen systematisch berechnen und noch schlechter subjektiv ein- und abschätzen. Und so wird dem Versprechen, eine europäische Gemeinschaft zu bilden, derzeit (wieder einmal) weniger Attraktivität zugesprochen als Skepsis entgegengebracht und die Idee kleiner gemacht, als ihre Realität mittlerweile ist.

In der Tat wurde durch die Entwicklung dieser Union ein bislang historisch einzigartiger Grad an sozialer Stabilität erreicht und der „Kontinent der Kriege in einen Kontinent des Friedens"[2] umgewandelt. Der Wert und die Attraktivität dieses Projekts kollidieren indes immer wieder mit den Erfordernissen der Realpolitik und ihrer vordergründigen Ausrichtung an krämerischen Inhalten. EU-Europa, das ist vor allem eine schwierig zu vermittelnde Gemengelage, deren gouvernementalen Institutionen zwischen kaum einzuholenden symbolischen Gesten und realpolitischen Gurkenverordnungen schwanken, was allenthalben nationalistische Ressentiments und Austritts- oder gar Rauswurfforderungen schürt.[3] Wie lässt sich folglich die Attraktivität dieses einzigartigen Projekts vermitteln und aufrechterhalten, wie lässt sich gewährleisten, dass die Bewohnerinnen und Bewohner dieser Scholle eine (wenn auch nur geringe) Bindung an dieses transnationale Gouvernementalmodell entwickeln? EU-Europa, das ist heute vor allem eine Frage des

Begehrens, oder noch konkreter, des Begehrtwerdens, und damit eine nach der libidinösen Qualität.

Man müsste zur Umschreibung dieses Sachverhalts ein neues Wort in den Diskurs einbringen: ‚Eurotisch' – ein Adjektiv, das einerseits den hyperbolischen Charakter dieser Unternehmung beschreibt und durch seine Nähe zu den Adjektiven erotisch und auratisch ebenso profund auf das hierfür notwendige imaginäre Register verweist, dem auch die Vorstellung von einem gemeinsamen, geeinten Europa zwangsläufig angehört. ‚Eurotisch' eignet als Begriff andererseits auch eine gewisse Nähe zu neurotisch, womit von der Psyche geschuldete physische Störungen bezeichnet werden, in denen das Imaginäre seltsame Blüten im alltäglichen Verhalten treibt, die wiederum nicht zweifelsfrei und linear auf eine Ursache zurückgeführt werden können.

Hans Joas hat vor einigen Jahren den durchaus schwierigen und strittigen Versuch unternommen, so etwas wie die möglichen, gemeinsamen kulturellen Werte Europas zu skizzieren, um über diesen Umweg eine europäische Identität zu konturieren. Abseits der Frage nach den Fallstricken eines solchen Versuchs weist er hierbei vor allem auf die Dringlichkeit imaginärer und symbolischer Repräsentanzen hin, welche die einzig mögliche Form der Verbindung von diversen Ethnien und Subjekten zu garantieren vermag. Als ‚eurotische' Subjekte müssen wir uns erst eine Vorstellung von etwas Größerem machen, von dem wir im Anschluss gebunden werden. Soll ein gemeinsamer Wert letztlich eine stabile Bindung ermöglichen, so muss er ein passivisches Moment enthalten: „Wir müssen uns gebunden fühlen und nicht selber binden."[4] Doch wie lässt sich diese größere Vorstellung produzieren und vermitteln? Wodurch erlangt sie Attraktivität?

Joas spricht mit seiner Überlegung zentral den Mechanismus der Übertragung an, in welchem sich politische, ökonomische und libidinöse Dispositive berühren und der nicht zuletzt basal darlegt, wie Subjektkonstitution und somit auch das Werden europäischer Bürger funktioniert. Übertragung ist indes, wie Eva Holling unlängst gezeigt hat, nicht nur eine psychoanalytische, sondern vor allem eine wirkungsästhetische Kategorie, weshalb der Entwurf derartiger Werte oder einer gemeinsamen Identität vor allem auf dem Feld von Kunst und Kultur stattfinden müsse.[5] Diese gesellschaftlichen Register stehen heute in der Tat im Fokus gouvernementaler Anstrengungen, zumal der Euro, die einzige Chiffre, die realpolitisch verankert ist und sowohl symbolisch als auch pragmatisch funktioniert, nachgerade im Sinne der Gemeinschaftsbildung derzeit eher als ein Agent der Spaltung fungiert.[6]

Lorenz Aggermann

Die verantwortlichen europäischen Politiker sind indes erst nach und nach dieser Hinwendung zu Kunst und Kultur verfallen. Nachdem sich ihre Regularien und Verträge in der Nachkriegszeit prinzipiell auf den Handel mit Kohle und Stahl konzentrierten und diese in den sechziger Jahren auf die Produktion und Verteilung von Agrargütern ausgedehnt wurden, rückte Mitte der siebziger Jahre rund um die erste Erweiterungsrunde ein größerer, durchaus idealistischer, aber immer noch primär wirtschaftlich orientierter Solidaritätsgedanke in den Mittelpunkt der gouvernementalen Anstrengungen. Erst Mitte der achtziger Jahre keimt infolge des sogenannten Adonnino-Berichts der Gedanke auf, dass sich eine gemeinsame europäische Gemeinschaft nicht nur auf Stahl, Kohle, Getreide, Milch und Olivenöl, sondern vornehmlich auf die Bürger dieser Scholle, sowohl ihr Selbstverständnis als auch ihre Eigenverantwortung gründen sollte.[7] Damit stehen zum ersten Mal gefühlsbetonte und erlebbare europäische Identifikationsmomente im Raum, um die Idee von Europa begehrenswert zu machen, sowie der daran zwangsläufig anschließende Gedanke, hierfür Kunst und Kultur in die Pflicht zu nehmen. Neben den von nun an regelmäßig abzuhaltenden Treffen der zuständigen nationalen Minister für Kultur, Wissenschaft und Bildung sollen ein gemeinsamer Pass, gemeinsame europäische Briefmarken, freier Eintritt in Museen und ein einheitlicher, gemeinsamer (Europa-)Feiertag als symbolische bzw. imaginäre Repräsentanzen geschaffen werden, aus denen sich ein erlebbares und positives Gemeinschaftsgefühl ableiten lässt. Alle diese Vorschläge finden Eingang in die Agenda der Politik. Konkrete Umsetzung erfährt indes eine andere Initiative: die alljährliche Ernennung einer *Kulturstadt Europas*.

Erst seit den neunziger Jahren tritt die EU tatsächlich mit einer Kulturpolitik in Erscheinung, die aktiv die Schaffung positiver Identifikationsmomente und die Stimulation einer affektiven Bindung an die Idee Europa betreibt. Die verschiedenen Formate und Materialisationen von Kunst und Kultur sollen verstärkt als erlebnishafte Momente ‚eurotisch' aufgeladen und instrumentalisiert werden. Diese kultur- und kunstorientierte Gouvernementalität führt allerdings einige Paradoxien mit sich, lässt sich doch nachgerade Kunst nicht so einfach in die Pflicht nehmen, wie sich sehr treffend 2005 an einem Plakat der feministischen Künstlerin Tanja Ostojić gezeigt hat, mit dem die österreichische Bundesregierung bei ihren Staatsbürgern um Respekt und Anerkennung bezüglich der anstehenden EU-Ratspräsidentschaft warb. Angelehnt an Courbets skandalöses Gemälde *L'origine du monde* war darauf ein weiblicher Unterleib abgebildet, der anstatt radikaler Blöße den gelben EU-Sternen-Kranz auf einer blauen Unterhose preisgab – eine recht explizite

Illustration des lancierten ‚eurotischen' Verhältnisses, das indes bei der österreichischen Bevölkerung und den stimmungsmachenden Medien nicht ganz so gut ankam.

Ein nicht festgestelltes, unvermögendes Theater für Europa?
So dringlich es ist, eine größere Idee von Europa mit den verschiedenen Mitteln der Kunst zu propagieren, so paradox muss dieses Unterfangen bleiben. Im Folgenden soll an eine Unternehmung erinnert werden, die sich ganz zentral auf ihre hyperbolische Dimension gründet und diese als Sehnsucht nach dem Größeren, der Überschreitung von realpolitischen Lebensräumen ebenso wie von ästhetischen Ausdrucksformen bewusst ausspielt und die im besten Sinne ‚eurotisch' genannt werden kann. In ihr überlappen sich, ebenso wie im Sujet von Tanja Ostojić, politische, ästhetische und libidinöse Tendenzen, wenngleich nicht ganz so plakativ. Dafür treten in ihr die Paradoxien einer kulturorientierten Gouvernementalität umso deutlicher hervor, nicht zuletzt, weil das Beispiel aus dem Bereich des Theaters stammt, das seit je durch die Verschränkung des Politischen mit dem Ästhetischen charakterisiert ist.

Im Jahr 1988 wird Berlin *Kulturstadt Europas*. Nach Athen – die Idee der *Kulturstadt*, später auch *Kulturhauptstadt* geht maßgeblich auf die griechische Kulturministerin Melina Mercouri zurück –, Florenz und Amsterdam, Städte die jeweils aufgrund ihrer generellen Bedeutung für die europäische Kunst und Kultur (Athen), für die Ökonomie (Florenz) und für die Philosophie (Amsterdam) gewählt wurden, ist West-Berlin die vierte Stadt, der diese Auszeichnung zuteilwird. Der Ausschlag für die Wahl West-Berlins ist ein politischer und soll ein Zeichen setzen in den Jahren des Ost-West-Konflikts, ehe 1989, zum 200. Jahrestag der Proklamation der Menschenrechte, Paris den Titel führen soll. Mercouris Idee geht ursprünglich von einer Festwoche aus, die als außergewöhnliche symbolische Repräsentanz im Alltag aller Europäer für eine größere Wertschätzung von EU-Europa sorgen soll und jeweils an einem anderen Ort ausgerichtet wird. Diese neue Initiative lehnt sich konzeptionell deutlich an jene Festwochen und Festspiele an, die bereits früher schon aus einem verbindenden, transeuropäischen Geist heraus gegründet wurden, wie beispielsweise die *Salzburger Festspiele* von 1920 oder das erste europäische Avantgardefestival *Steirischer Herbst* von 1968. Auch diese Festivals bemühen sich darum, Kunst in einem größeren denn dem nationalen Kontext zu situieren, wollen allerdings keiner politischen Idee zuarbeiten, sondern verstehen sich als Formate, die vor allem der Kunst und den Künstlerinnen und Künstlern andere Möglichkeiten als die gegebenen eröffnen. Die Idee der *Kulturstadt* versteht sich hingegen als eine intentionale Initiative, die dezidiert einem bestimmten politischen Modell von Europa verpflichtet ist. Mit der Umbenennung dieses Konzepts in *Kulturhauptstadt Europas* 1999 wird von der Idee und dem Ideal der Festwoche auch inhaltlich Abstand genommen. Fortan ist „Kulturhauptstadt" primär ein Instrument zur Regierung und ökonomischen Förderung von Städten zweiter Ordnung und weniger ein Format zur Stimulation von Kunst und dem Austausch von Künstlerinnen und Künstlern.[8]

Die verantwortlichen Berliner Politiker setzen 1988 noch ganz und gar auf das Ereignis und den feierlichen Charakter. Sie hoffen, die Stadt Berlin durch das ein Jahr während Fest in ein neues Licht zu rücken und sie stärker im Bewusstsein der europäischen Bevölkerung zu verankern – entsprechend werden kaum finanzielle Mühen gescheut. Auch wenn die Presseaussendungen verschiedentlich auf die historische Bedeutung dieses Orts verweisen, so ist die Entscheidung für Berlin gerade aufgrund des ahistorischen Charakters getroffen worden. Die Stadt konserviert die Folgen des Krieges und eröffnet, als geopolitische Leerstelle, die nicht zum Bundesgebiet der BRD gehört und deswegen zugleich besetzt wie unbesetzt ist, Raum für Utopien: „Berlin steht für Freiheit und Demokratie, nicht zuletzt für von staatlichem Zwang, von Bevormundung und Zensur freie kulturelle Entfaltung der Menschen. Dies sind die Grundwerte aller Mitgliedstaaten der Europäischen Gemeinschaft"[9], so gibt das Programmheft zu *Berlin – Kulturstadt Europas* die leitende Devise wieder. West-Berlin soll nach 1988 nicht mehr als alimentierte, gleichsam dekadente wie anarchistische Insel inmitten des Warschauer Paktes wahrgenommen werden, sondern als autonomer und nach Möglichkeit auch autarker Kultur- und Transferraum fungieren, in welchem die Grundwerte der Europäischen Gemeinschaft beispielhaft gelebt werden. Worin diese Werte bestehen, bleibt in den Publikationen unklar. Das Hauptziel des Festaktes ist die Transformation der Stadt. Berlin will mehr sein als eine Insel und der Titel *Kulturstadt* öffnet hierbei einen Weg.

Als im Jahr 1988 Berlin *Kulturstadt Europas* wird, erlaubt das auch dem Regisseur Hans Neuenfels' seine 1981 begonnene Auseinandersetzung mit Heinrich von Kleist fortzusetzen und mit der „performativen Installation" *Der tollwütige Mund – Stationen eines Europäers* abzuschließen.[10] Neuenfels' Vorschlag, ausgerechnet mit Kleist zum Programm der *Kulturstadt* beizutragen, ist durchaus erklärungsbedürftig, nachgerade der zweite Teil des Titels klingt nach Provokation, gilt Kleist doch als eine zutiefst deutsche, um nicht zu sagen: preußische Erscheinung.[11] Für die gemeinsame proeuropäische Sache lässt sich mit seiner Figur auch deswegen schlecht argumentieren, da „sein Werk in allen Teilen gegen Moralvorstellungen und Verhaltensnormen [verstößt], die unserer Wert- und Wissensgemeinschaft lieb und teuer sind"[12]. Was also sollte gerade an Kleist europäisch sein und sich in den vorgegebenen gouvernementalen Rahmen fügen?

Schon die Aufführung von Kleists *Penthesilea* (Schillertheater Berlin, 1981) hat Neuenfels im Jahr nach der Inszenierung in einen Film überführt (Regina Ziegler Filmproduktion, Berlin 1982). Für die Umsetzung von Kleists *Familie Schroffenstein* wählt Neuenfels von vornherein das Medium des Films (Regina Ziegler Filmproduktion, Berlin 1984), um so den „existenziellen Tatort"[13], den dieses frühe Trauerspiel beschreibt, in seiner frappanten Aktualität besser wiederzugeben. Dieser Wunsch nach medialer Überschreitung der vorgegebenen ästhetischen Formate tut sich auch in Neuenfels' Beitragsvorschlag für die *Kulturstadt Berlin* kund. In ihm wird Neuenfels' Begehren besonders deutlich, ebenjenes imaginäre Theater zu thematisieren und aufzuführen, das die kleistschen Dramen, Schriften und Skizzen immanent prägt und das Möglichkeiten wie Gepflogenheiten auf den Bühnen sowohl zur Zeit von Kleist als auch zur Zeit von Neuenfels übersteigt. *Der tollwütige Mund – Stationen eines Europäers* greift entsprechend auch nicht auf ein bestimmtes Drama Kleists zurück, sondern möchte als performative Installation in und rund um die Freie Volksbühne verschiedenen Motiven aus dem Essay *Über das Marionettentheater* nachgehen. Die Verfilmung im Anschluss ist als eine Art Katalysator für die verschiedenen Szenen gedacht, nicht zuletzt, um das Hier und Jetzt einer solchen Aufführung zu torpedieren und demgegenüber eine komplexere zeitliche Schichtung der Szenen zu erzielen. Deshalb stellt die Verfilmung bereits eine wesentliche Grundlage der Konzeption von *Der tollwütige Mund* dar.

Wer heute indes einen Blick auf den Film wirft, der immerhin noch eine Ahnung von der Ästhetik der Aufführung vermittelt, dem wird nur mehr eine Schicht dieses komplexen ästhetischen Dispositivs ersichtlich, das sich über mehrere Gattungen erstreckt, ganz offensichtlich mit der paradoxen Verbindung von Kleist und Europa spielt und dem preußischen Nationalismus Kleists – dem Wunsch nach einer Staatsform, die Frankreich ebenbürtig, gar überlegen ist – eine Tendenz zur medialen und ästhetischen Transgression entgegensetzt.[14] Ist es dieser Widerspruch, der diese Unternehmung als typisch europäisch – oder eben: hyperbolisch – ausweist?

Die Grundfeste dieses speziellen ästhetischen Dispositivs liegen in Kleists Essay *Über das Marionettentheater*, einem Text, der mit seinem Leser eine Art Puppenspiel veranstaltet und sich folglich selbst in Richtung Theater überschreitet, das heißt, den Akt des Lesens in eine Aufführung verwandelt.[15] Die Inszenierung dieses Essays, die Aufführung von *Der tollwütige Mund* in und rund um die Freie Volksbühne, verbleibt ebenso wenig im Rahmen des konventionellen Theaters, sondern greift in ihrer ästhetischen Verfasstheit auf andere Formate, u. a. den Film, vor. Dieser trägt den Titel *Europa und der zweite Apfel,* wird ein Jahr später gedreht und beschränkt sich nicht auf eine Bebilderung des Essays oder auf die Dokumentation der Aufführung, sondern etabliert seinerseits eine eigene Szene. Neben dem Versuch, das historische (kleistsche) bzw. zeitgenössische (neuenfelssche) Berlin erfahrbar zu machen, ist er durch das Vorhaben geprägt, den realen Berliner Stadtraum zu jener imaginären europäischen Geistes- und Kulturlandschaft zu weiten, auf die letztlich auch das Konzept der *Kulturstadt* abzielt. Ein jedes der herangezogenen Formate drängt in diesem Dispositiv zu seiner eigenen hyperbolischen Transgression. Der Essay wird zum Theater, das Theater wird zum Film, der Film wird zur Stadt, und die Stadt soll letztlich als ein europäisches Fest firmieren. Die derart mit Kleist ins Spiel gebrachte Vorstellung, so könnte an dieser Stelle eine vorläufige Mutmaßung lauten, liegt weniger in einer stabilen Identität oder einer anderweitigen nationalen oder regionalen oder gar ästhetischen Essenz bzw. Form, sondern eben in dem Sachverhalt der permanenten Auflösung und Transgression. Damit löst sich dieser Beitrag zu *Berlin – Kulturstadt Europas* aus der politischen und intentionalen Klammer, spielt er doch mit einer ästhetischen und medialen Überschreitung, die in der Kunst begründet liegt und von ihr ausgehend den Rahmen und die Intention des gouvernementalen Formats *Kulturstadt* überspannt und entstellt. Neuenfels' Beitrag lässt sich als ein Vabanquespiel verstehen, das sich mit Kleist gegen Europa – gegen die politisch reglementierte und festgesetzte Vorstellung von Europa – und noch deutlicher gegen die Instrumentalisierung von Kunst wendet. Stattdessen wird mit Kleist eine sinnliche und virale Beschwörung lanciert, die das grundsätzliche Programm einer jeden europäischen Ästhetik sein muss und sich dezidiert gegen jenen „labrigen Liberalismus" wendet, „den wir heute auszubaden haben"[16], so der Wortlaut des Regisseurs.

Im Untertitel wird diese Intention erstmals deutlich, konterkariert doch der Verweis auf die Tollwut die Vorstellung von einer gesunden, immunen europäischen Gemeinschaft. Es bleibt indes nicht bei derartigen Oberflächlichkeiten, greift doch die Aufführung einen Kern der kleistschen Ästhetik auf: Bereits die kleistsche Vorstellung von Theater, so heterogen und divers die Zeugnisse hiervon sind, wird von der Theaterwissenschaftlerin Ulrike Haß als „noch nicht festgestelltes Theater"[17] beschrieben. Noch nicht festgestellt ist nach Haß vor allem das Verhältnis von Form und Inhalt. Einerseits tendiert die von Kleist gewählte dramatische Form dazu, die realen Bedingungen von Theater zu überschreiten, weshalb die wenigen veröffentlichten Stücke zu Kleists Lebzeiten kaum (bzw. gar nicht) aufgeführt wurden. Andererseits übernimmt der Inhalt selbst immer wieder Funktionen der Form und sprengt so die Gestalt der Texte, weshalb die Aufführung kleistscher Dramen immer wieder zu eigentümlichen Paradoxien auf der Szene führt. Haß' belgischer Kollege Bart Philipsen spricht mit einer etwas anderen Gewichtung von einem „Theater des Unvermögens"[18], das bei Kleist ohne Aussicht auf ein Ende durchgespielt werden muss. Kleist entwirft also weniger eine stabile, tradierbare Form von Theater, die da kommen soll, sondern, so Philipsen, ein „unsichtbares Theater, das die Rücksicht auf Darstellbarkeit auf die Probe stellt"[19] bzw. sich selbst als Dispositiv aufs Spiel setzt. Darin besteht sein maßgeblicher Inhalt.

Theater ist in Kleists Vorstellung offenbar ein entgrenzender Prozess, der alle Beteiligten gleichsam in ein Geschehen involviert und der, so Hans-Thies Lehmann, „in aller Ordnung das Unbeherrschbare, die Kontingenz figuriert"[20]. Das kleistsche Theater versucht, Kontingenz zu initiieren und zu organisieren – in diesem Paradox liegt ein möglicher Kern der kleistschen Ästhetik. Die Konsequenz daraus ist, dass jegliche theatrale Ordnung, jede dramatische Form aufgrund der ihr inhärenten Kontingenz in etwas anderes umschlagen muss, sich selbst überschreitet. Dies gilt auch für andere Schriften wie beispielsweise den Essay *Über das Marionettentheater*, der zwar formal in vier geschlossenen Teilen vorliegt, aber die konventionelle Rezeption durch den simplen Akt des Lesens desavouiert. Dem unbedarft Lesenden mag er etwas sprunghaft vorkommen, solange dieser nicht erkennt, dass der Verfasser mit den beschriebenen Figuren, aber auch mit dem Lesenden spielt wie mit Marionetten.[21] Dieser Text rekurriert ebenfalls auf eine Vorlage – Schillers Text *Über Anmut und Würde* von 1793 –, welche wie die antike Szenerie der Dramen durch die kleistsche Sprache nahezu bis zur Unkenntlichkeit überformt wird.[22] Die kleistschen (Dramen-)Texte wollen immer schon mehr, als ihnen die Vorlagen bzw. die zeitgenössischen Gepflogenheiten und Gewohnheiten in darstellender Kunst und Literatur gestatten. Auch das kleistsche Theater ist, so Lehmann, „ein hyperbolischer Fall"[23]. Zu fragen ist folglich: Welche Art der Aufführung wird Kleists Vorstellung gerecht? Mit einer konventionellen Inszenierung ist es in diesem besonderen Falle nicht getan, darin sind sich Theaterwissenschaftler wie Ulrike Haß, Hans-Thies Lehmann oder Bart Philipsen einig.

Lorenz Aggermann

An diesem Punkt setzt Neuenfels' Kleist-Projekt an. Die Presseinformation *Berlin – Kulturstadt Europas* weist auf die musikalischen und filmischen Verfahren dieser Produktion hin und rubriziert die Aufführung unter der Kategorie Geschehnisräume.[24] Sie gibt damit eine recht konzise Definition dieses theatralen Dispositivs wieder, denn dessen Geschehen, von Kleist lanciert, von Neuenfels transformiert, reicht sowohl zeitlich als auch räumlich deutlich über die ohnehin großzügige Spanne der vierdreiviertel Stunden dauernden Theateraufführung hinaus. Aufgrund des Films könnte man sogar behaupten, sie entwickelt „Kleists Technik der dramatischen Schichtung von vergangenen und aktuellen Gegenwarten"[25] mit jeder erneuten Vorführung fort. Das Schreiten und Überschreiten wird zu ihrem maßgeblichen Prinzip. Von den 19 Stationen, die das Publikum im Laufe der Zeit abwandern muss, spielt fast die Hälfte vor, hinter, auf oder gar unter dem Theater.[26] Ihren Auftakt bildet eine Eingangssequenz, deren Szene den Mauerstreifen zitiert und in deren Verlauf das Publikum hinter einem Stacheldraht eingepfercht und von fünf Sprechern mit Befehlen beschallt wird. Dieser Nexus zur Realität Berlins im Jahre 1988 wird bereits in der zweiten Szene, dem *Gang auf das obere Parkdeck. Ikarus/Odyssee/Bewegung* konterkariert, in welcher die Anrufung des Publikums zwischen altgermanischen und altgriechischen Versen wechselt, ehe die dritte Station mit dem Titel *Wüste/Babylon/Märkischer Sand/Schreie* den realen Berliner Raum, das Parkdeck der Freien Volksbühne und seine Umgebung, die angrenzenden Häuser, das Joachimsthalsche Gymnasium sowie den Park in einen Heterotopos transferiert. Die Aufführung weist so einerseits deutlich auf die verschiedenen Schichten der *Kulturstadt* hin, deren kulturelles Selbstverständnis maßgeblich in jener eigentümlichen Kreuzung von germanischem Erbe und griechischer Antike ruht, die als „Berliner Klassik" bezeichnet wird. Indem sie dieses Erbe wörtlich nimmt und zugleich mit der Gegenwart akustisch hervortreten lässt, transzendiert sie den realen Augenblick und Umraum der Aufführung. Andererseits reicht der Formungswille des Regisseurs Neuenfels bis in den realen städtischen Alltag hinein, wenn er beispielsweise in einer Regieanweisung für das Spiel vor dem Theater verlangt: „kaum Straßenverkehr".[27] Aber auch der eher harmlose Akt, das Publikum durch Essen und Trinken auf dem Parcours zum Schlendern und zur Unterhaltung zu animieren, ermöglicht eine Überschreitung des konventionellen theatralen Rahmens, macht das inszenierte Geschehen durchlässig für weitere Formen der Interaktion. Nur zehn der insgesamt 19 Stationen finden im Inneren des Theaters statt und spielen zum Teil im Bühnenraum, zum Teil auf der Bühne. Auch dort wird der übliche Rahmen mehrfach überschritten und die Trennung zwischen Publikum und Darstellenden potenziert und aufgehoben. Zum einen verlangt die offen angelegte Szenerie nicht nur zwischen Darstellenden und Publikum ein hohes Maß an Bewegung, wodurch die konventionelle und sichere Position des Publikums preisgegeben wird. Zum anderen erweisen sich die gespielten Szenen nicht immer als das, als was sie vordergründig erscheinen. Durch offensichtliche Reminiszenzen an Szenen aus seinen vorangegangenen Kleist-Inszenierungen verwandeln sie sich zum Spiel im Spiel und dienen eher dem Bemühen, Theater als eine Schau-Ordnung hervortreten zu lassen. Immer wieder schaut Ingo Hülsmann, der Heinrich von Kleist gibt, mit seiner Schwester Ulrike oder Ernst von Pfuel einer Artistentruppe oder Laienschauspielern zu, wie sie Szenen aus den genannten vorangegangenen Inszenierungen vorspielen. Das Ensemble schaut sich selbst beim Spielen zu, kommentiert und wird dabei vom Publikum beobachtet. Dadurch wird ein weiteres Mal die Funktion des Publikums, sein Platz im Theater zur Disposition gestellt. Der Abstand, den Kleist zum imaginierten (antiken) Theater hatte, wird hierdurch präsent; der Abstand, den das anwesende Publikum letztlich von der Gegenwart der sich vollziehenden Aufführung hat, ist zumindest in jenen Momenten zu greifen, die auf den einfassenden Rahmen in das Programm von *Berlin – Kulturstadt Europas* und die nachfolgende Transformation in den Film *Europa und der zweite Apfel* verweisen. Die (Geräusch-)Kulissen lassen diese weiteren, größeren Rahmen immer wieder evident werden und weisen, ohne dass diese Ebene von den Zuschauenden im Rahmen der Aufführung rezipiert werden kann, bereits auf den Film voraus. Ob Neuenfels diese Überschreitung des Theaters auf dem Theater tatsächlich geglückt ist, lässt sich aus heutiger Sicht nicht eindeutig beantworten. Der Großteil der Kritik ist negativ. Einzig Sibylle Wirsing *(FAZ)* und Michael Merschmeier *(Theater heute)* loben das Vorhaben aufgrund seiner Risikolust und der Auseinandersetzung mit theatralen Formen und Rahmen.[28] Doch diese Kritiken können sich nur auf eine Ebene dieses Dispositivs stützen – auf die Theateraufführung.

Der Film, den Neuenfels in weiterer Folge dreht, überschreitet umgekehrt seine Form immer wieder in Richtung Theater. In ihm tritt das „noch nicht festgestellte Theater" allenthalben auf. Besonders ersichtlich wird dies anhand dreier Schauspieler, deren Aufgabe im Film geradewegs in der Funktion besteht, eine Referenz zum Theater herzustellen. Ihre Auftritte beschränken sich stets auf wenige Einstellungen und sind der narrativen Ebene des Films durchaus entbehrlich, spielen aber vornehmlich mit jenen extradiegetischen Referenzen und Motiven, die schon im Essay eine besondere Programmatik behaupten, ohne indes je näher ausgeführt zu werden. Diese Szenen dienen offensichtlich dazu, den Film als eine andere Art des Theaters auszuweisen, als ein Theater, das sich selbst überschreitet.

Allen voran ist hierbei Bernhard Minetti zu nennen, der schon in den Vorarbeiten zum Theaterprojekt und zum Film ein wichtiger Ansprechpartner und Förderer dieser Arbeit war und der durch seine Person und seinen ambivalenten beruflichen Werdegang eine mehr als augenfällige Referenz zur deutschen Theaterszene bildet. Minetti liest einer kleinen Gesellschaft, deren Kostüme an die Zeit Kleists angelehnt sind, die mythologische Schilderung von Europas Raub und ihrer Vergewaltigung durch Zeus vor, ehe er als Mann im Stierfell eine Dame aus dieser Gesellschaft heiratet, die durch einen Haarreifen mit zwei kleinen Hörnern als Europa ausgewiesen ist (dargestellt von Elisabeth Trissenaar). Diese Szene wird durch zwei beobachtende Figuren gerahmt: Heinrich von Kleist (gespielt von Ingo Hülsmann) und Herrn C. (Hans-Michael Rehberg), und an den vordergründigen narrativen Strang – den Essay *Über das Marionettentheater* – angebunden. Minettis Szene stellt die plakative Verbindung zum institutionellen und kulturpolitischen Rahmen dieses theatralen Dispositivs her, beschränkt sich aber nicht darauf. Nachgerade Minettis Deklamation verweist deutlich darauf, dass es sich hierbei um eine andere Form des Theaters handelt.

Neben Minetti ist zudem Ulrich Wildgruber zu nennen, der in einer ebenso kleinen Szene die bei Kleist nur erwähnten Zeilen aus dem ersten Buch Mose in einem Kellergewölbe predigt. Auch diese Szene setzt neben der Referenz zur Aufführung eine weitere zur basalen Narration und inhaltlichen Vorlage des Films. Eine Blende vorab zeigt, während Wildgrubers Stimme bereits zu hören ist, Herrn C., der offensichtlich tot unter einer Bank liegt. Heinrich von Kleist beobachtet fasziniert diesen Tatort. Eine plötzlich auftauchende alte, weiß geschminkte Frau bietet ihm verfaulte Äpfel an – das Symbol der wiedererlangten Grazie –, ehe Wildgruber, als Bacchus ausstaffiert, im Bild präsentiert wird. Schminke und Kostüm betonen seinen massigen Leib, der in augenfälliger Differenz zu der immer wieder sanften, wohlklingenden Stimme steht. Durch das Kostüm – ein Hut aus Weintrauben, ein federnbesetzter Mantel, darunter eine halboffene Korsage – wird diese Figur und mit ihr die Person Wildgruber in ebenjene Gruppe von Gauklern eingemeindet, die auch in der performativen Installation die Szenen verschiedentlich beobachten. Wildgrubers Funktionalisierung als Schauspieler, der aus dem Film heraus auf die Bühne verweist, geht indes noch aus einem weiteren, unmerklichen Detail hervor. Kaum im Bild wird er von einer Person mit Weihrauch gehuldigt, die sich im Close-up als der Regisseur Hans Neuenfels selbst preisgibt.

Wie bereits in der Europa-Szene wird auch hier der extradiegetische Bezug des Essays, der bei Kleist eine besondere inhaltliche Aussage prätendiert, vor allem durch eine formal-ästhetische Volte – durch den Hinweis darauf, dass der Film für eine andere Form des Theaters steht – umgesetzt, die letztlich einen Nexus zwischen den Aussagen zur Grazie und den gespielten Szenen herstellt. Dieses Vorgehen wiederholt sich ein drittes Mal, wenn der Film an seinem Ende auf die preußische Gesellschaft zurückkommt. Diese Szene wird vom Drehbuch wie folgt beschrieben:

> Kleist und Europa beginnen langsam zu tanzen. Ihr Tanz führt sie um den Sarg, die Diener heben den Deckel hoch. Aus dem Sarg steht eine Gliederpuppe auf und umkreist die zwei Tanzenden in abgezirkelten Bewegungen. Aber je dezidierter die Gliederpuppe die Tanzenden umkreist, desto mehr verlieren sich die zwei in einer Umarmung, bis sie sich schließlich, eng umschlungen, auf den Boden kauern. Die Gliederpuppe setzt sich an den Tisch, der für die Trauergäste gedeckt war. Über dem Sarg schneidet der Puppenspieler einer Marionette die Fäden durch. Klappernd fällt sie in den Sarg. Der Gliederpuppe wird die Perücke abgerissen. Seine [sic] Augen sind nicht mehr starr und weit geöffnet. Man sieht ein menschliches Gesicht, noch weiß-verschmiert von der Bemalung, über das aus einer Wunde an der Stirn Blut tröpfelt. Kleist und Europa sitzen zärtlich nebeneinander.[29]

Die Demaskierung der Marionette bringt im Film indes weniger eine ‚reale' Person zum Vorschein als vielmehr abermals einen prominenten Bühnenschauspieler – Klaus Maria Brandauer –, der hier seinen letzten Auftritt im Œuvre von Hans Neuenfels bekommt. Da er als Marionette stumm bleiben muss, ist es diesmal der Tanz, den er vollführt, welcher das Theater aufruft. Der kleine grammatikalische Fehler („Der Gliederpuppe [...]. Seine Augen") läßt zudem unbewußt die theatrale Anverwandlung und Transgression deutlich werden, die in der Szene zum Ausdruck kommen soll. Somit weist auch Brandauer auf jene andere, nicht-festgestellte Form des Theaters hin, die sich in *Europa und der zweite Apfel* die Gestalt des Films aneignet. Ein weiteres Mal wird die inhaltliche Auseinandersetzung, die der Film der kleistschen Vorlage (einem konventionellen Verständnis) nach vornehmen müsste, im formal-ästhetischen Akt medialer Überschreitung aufgelöst und die zentrale Idee der kleistschen Ästhetik als Akt der hyperbolischen Transgression ausgewiesen. Schon der Essay muss (mindestens) ein weiteres Mal gelesen werden, damit sein grundlegendes ästhetisches Spiel dechiffriert wird, wie Jennifer Pavlik gezeigt hat: „Genau wie der Maschinist die Puppen versetzt und mit ihnen tanzt, so versetzt der Erzähler die Wörter und tanzt mit ihnen."[30] Und dieser spielerische Tanz findet im Verhältnis von Autor und Lesenden seine unweigerliche Fortsetzung. Der Film ist ebenso als eine Form dieser (notwendigen) Wiederholung zu verstehen, wobei nun weniger der Essay als die darüber angesprochene kleistsche Vorstellung von Theater, wie sie in den Szenen der performativen Installation zum Vorschein kommt, wiederholt wird. Diese Wiederholung macht den Film seinerseits zu etwas anderem – zu einer alternierenden Szene im Ringen um eine Form, welche das nicht-festgestellte, unvermögende Theater adäquat wiederzugeben vermag.

Kleist und das Theater, so lässt sich abschließend mit Hans-Thies Lehmann resümieren, gehen nur dort zusammen, wo das Theater seine eigene Geschlossenheit aufgibt und sich demselben Risiko stellt, wie der kleistsche Text. „Was Kleists Texte, nicht alleine seine Dramen, als ein […] Theater im Exzeß formulieren, darauf […] versucht Theater durchweg vergeblich eine zulängliche Antwort zu geben."[31]

Das theatrale Dispositiv, das Hans Neuenfels im Rahmen von *Berlin – Kulturstadt* 1988 entwirft und das sich vom Essay ausgehend über Theater und Film erstreckt, ist durchaus ein probates Beispiel für den notwendigen Mut, gegen die Geschlossenheit des Theaters vorzugehen. Mit einem Ansatz, der weniger einer bestimmten Form als der Qualität des Hyperbolischen verpflichtet ist, versucht Neuenfels dem nicht festgestellten Theater beizukommen. Der Film erweist sich hierbei letztlich nicht als Verwertung einer Inszenierung, sondern als konsequente und notwendige Transformation derselben. Auch er dient indes nicht dazu, der kleistschen Vorstellung von Theater eine endgültige, festgestellte Form zu geben, sondern figuriert stattdessen als eine mögliche andere Form des Theaters, durch welche dessen zentrale Elemente weiterhin tanzen können.

Eine ästhetische anstelle einer politischen Haltung
Kleist als paradigmatischen Europäer zu deuten, wie Neuenfels im intentionalen Rahmen der *Kulturstadt* vorgibt, heißt letztlich, auf eine Vorstellung von Europa zu setzen, die Kontingenz, Wandel und Selbstüberschreitung als erforderliches, ja erfreuliches Wagnis begreift, selbst wenn man für diese Haltung mit dem eigenen Tod einstehen muss – so der eher romantische denn moderne Schluss, den Neuenfels aus der Auseinandersetzung mit Kleist zieht. Der theatrale Parcours *Der tollwütige Mund – Stationen eines Europäers* endet, anders als der Film

Europa und der zweite Apfel, mit dem Begräbnis von Heinrich von Kleist, einer Prozession, bei der alle Zuschauer und Darsteller gemeinsam um die Volksbühne ziehen, ehe sie zu jener Gruft schreiten, die sich im Unterdeck des Parkhauses befindet. Dieser, von der Kritik als besonders eindrücklicher, weil unbewusste Empathie herausfordernder Moment gelobt, lässt sich nicht nur als Reminiszenz an die reale Biographie von Heinrich von Kleist, sondern auch als Lobgesang auf (s)eine ästhetische Haltung lesen.[32] Kleist ist für Neuenfels derjenige, der die Saat Europas nach Preußen bringt. Aber was ist das für eine Saat, die vor gut zweihundert Jahren auf berlinischem Boden aufgegangen ist? Für Neuenfels zählt vor allem die Haltung Kleists gegenüber der (berlinisch-preußischen) Gesellschaft: „Identität und Verlust, Sehnsucht und verlorene Unschuld, Skepsis und Hoffnung – das sind große europäische Begriffe. Kleist ist sie mit beispiellosem Mut angegangen, bevor sie in süßlicher Idylle und lähmender Gleichgültigkeit versanken"[33], schreibt er, diese Haltung konkretisierend. Dass diese Interpretation nicht nur die Selbsteinschätzung des Regisseurs wiedergibt, belegt Sibylle Wirsings Fazit von Neuenfels' Arbeit an der Freien Volksbühne, in welchem sie vor allem die Lust am Risiko und das Verständnis von Theater als einer abenteuerlichen Unternehmung lobt. *Der tollwütige Mund,* aber auch die weiteren Inszenierungen von Neuenfels optierten für eine andere Ästhetik, die sich nicht automatisch einer (linken) Politik verpflichtet fühlte, sondern die Eigengesetzlichkeit der Kunst priorisierte, wofür in Berlin im Jahr der *Kulturstadt* erstaunlicherweise kaum Verständnis vorhanden war.[34]

[1] Habit, Daniel: *Die Inszenierung Europas? Kulturhauptstädte zwischen EU-Europäisierung, Cultural Governance und lokalen Eigenlogiken,* Münster/New York 2011, S. 26.

[2] So ist der Begründung für die Verleihung des Friedensnobelpreises 2012 an die EU zu entnehmen, unter https://europa.eu/european-union/about-eu/history/2010-today/2012/eu-nobel_de (zuletzt abgerufen am 18. Oktober 2016).

[3] Die sprechende Verordnung 1677/88/EWG zur Festsetzung von Qualitätsnormen für Gurken, die auch die maximale Krümmung einer Gurke festlegte, wurde immerhin 2009 außer Kraft gesetzt.

[4] Joas, Hans: „Die kulturellen Werte Europas. Eine Einleitung", in: ders./Wiegandt, Klaus (Hrsg.): *Die kulturellen Werte Europas,* Frankfurt a. M. 2005, S. 11–39, hier S. 13.

[5] Vgl. Holling, Eva: *Übertragung im Theater. Theorie und Praxis theatraler Wirkung,* Berlin 2016, S. 10.

[6] Vgl. Paul, Gerhard: „Europabilder des 20. Jahrhunderts. Bilddiskurse, Bilderkanon, visuelle Erinnerungsorte", in: Drechsel, Benjamin/Jaeger, Friedrich/König, Helmut/Lang, Anne-Katrin/Leggewie, Claus (Hrsg.): *Bilder von Europa. Innen- und Außenansichten von der Antike bis zur Gegenwart,* Bielefeld 2010, S. 255–280, hier S. 264.

[7] Der Adonnino-Bericht ist einzusehen auf den Seiten der Kulturpolitischen Gesellschaft e. V., unter http://www.kontaktstelle-efbb.de/fileadmin/user_upload/4_infos-service/

Lorenz Aggermann

      publikationen/Adonninobericht.pdf (zuletzt abgerufen am 18. Oktober 2016). Vgl. Habit: *Die Inszenierung*, S. 109f.

[8]   Vgl. ebd., S. 29.

[9]   So lautet ein Auszug aus dem Programmmagazin: Tomerius, Lorenz (Hrsg.): *Berlin – Kulturstadt Europas 1988*, Berlin 1988, S. 11.

[10]   *Der tollwütige Mund – Stationen eines Europäers*, ein Theaterprojekt über Heinrich von Kleist v. Hans Neuenfels, Freie Volksbühne Berlin, Premiere am 30. Juni 1988.

[11]   Vgl. Eberth, Michael: „Kleistkrisen", in: *Kleist oder die Ordnung der Welt*, Berlin 2008, S. 32–41, hier S. 34.

[12]   Heimböckel, Dieter: „Vorwort", in: ders. (Hg.): *Kleist. Vom Schreiben der Moderne*, Bielefeld 2013, S. 7–10, hier S. 8.

[13]   Neuenfels, Hans: „Das Trauerspiel als existenzieller Tatort", in: ders.: *Familie oder Schroffenstein*, Drehbuch, mit einem Essay zur Schroffensteingeschichte v. Ingeborg Harms, Zürich 1984, S. 6–18, hier S. 6.

[14]   Alle drei Teile der Trilogie sind seit 2013 wieder greifbar: Neuenfels: *Heinrich Penthesileia von Kleist. Film nach dem Trauerspiel „Penthesileia"*, Filmgalerie 451: Berlin 2013; ders.: *Die Familie oder Schroffenstein. Film nach dem Trauerspiel „Familie Schroffenstein"*, Filmgalerie 451: Berlin 2013; ders.: *Europa und der zweite Apfel. Film nach dem Essay „Über das Marionettentheater"*, Filmgalerie 451: Berlin 2013. Eine Rekonstruktion der Aufführung erlaubt u. a. die aufwendige Dokumentation, in welche gleichermaßen Szenen des Films wie Notizen und Fotografien von der Aufführung eingegangen sind, vgl.: Neuenfels: *Europa*; ders.: *Der tollwütige Mund. Stationen eines Europäers*, mit Fotos v. Gerhard Kassner, Berlin 1989.

[15]   Vgl. Földényi, F. Laszlo: *Marionetten und Übermarionetten. Heinrich von Kleist, Edward Gordon Craig*, Berlin 2012, S. 20; de Man, Paul: *Die Allegorie des Lesens*, Frankfurt a. M. 1988, S. 205ff.

[16]   Neuenfels: „Notizen zum Kleist-Projekt", in: ders.: *Der tollwütige Mund*, S. 102–105, hier S. 105.

[17]   Haß bezieht sich maßgeblich auf das *Guiskard*-Fragment und auf *Prinz Friedrich von Homburg*, bringt für ihre Argumentation indes auch weitere Quellen (Essays und Briefstellen) vor, um zu betonen, dass „dieses größere Theater […] kein Sonderfall des Guiskard-Fragments" ist. Haß, Ulrike: „Was einem Dispositiv notwendig entgeht, zum Beispiel Kleist", in: Aggermann, Lorenz/Döcker, Georg/Siegmund, Gerald (Hrsg.): *Theater als Dispositiv. Dysfunktion, Fiktion und Wissen in der Ordnung der Aufführung*, Frankfurt a. M. 2017, S. 89–102, hier S. 99

[18]   Vgl. Philipsen, Bart: „Kleist oder das Theater des Unvermögens", in: Heimböckel (Hrsg.): *Kleist*, S. 69–92.

[19]   Ebd., S. 83. Philipsen bezieht sich dabei ausschließlich auf das *Guiskard*-Fragment.

[20]   Lehmann, Hans-Thies: *Tragödie und dramatisches Theater*, Berlin 2013, S. 497.

[21]   Vgl. Földényi: *Marionetten*, S. 20.

[22]   Jennifer Pavlik spricht sogar von einer Karikatur der schillerschen Vorlage, vgl. Pavlik, Jennifer: „Normierung durch (Pro)Thesen", in: Heimböckel (Hrsg.): *Kleist*, S. 49–68, hier S. 55.

[23]   Lehmann: *Tragödie*, S. 494.

[24]   Vgl. die Presseinformation: *Berlin – Kulturstadt Europas*, Berlin 1988, S. 67.

[25]   Haß, „zum Beispiel Kleist", S. 96

[26]   Die Szenen der Aufführung sind ebenfalls im Drehbuch wiedergegeben; die nachfolgende Schilderung bezieht sich auf den Abdruck mitsamt Fotodokumentation in Neuenfels: *Der tollwütige Mund*, S. 110–130.

27 Ebd. S. 130.

28 Vgl. beispielhaft Höbel, Wolfgang: „Schnitzeljagd in Kleists Kopf", in: *Der Spiegel* 29 (1988), S. 142; sowie die abgedruckten Kritiken in Treusch, Hermann/Mangel, Rüdiger (Hrsg.): *Spiel auf Zeit. Theater der Freien Volksbühne*, mit Beiträgen v. Günther Rühle, Martin Wiebel, Burkhard Mauer, Sibylle Wirsing, Rüdiger Scharper, Berlin 1992, S. 175.

29 Neuenfels: *Der tollwütige Mund*, S. 89.

30 Pavlik: „Normierung", S. 57.

31 Lehmann: *Tragödie*, S. 498.

32 Vgl. Dokumentation: Tomerius (Hrsg.): *Berlin*, S. 85.

33 Neuenfels: *Der tollwütige Mund*, S. 105.

34 Vgl. Wirsing, Sibylle: „Westberlin, Hans Neuenfels und das schrecklich schöne Theater", in: Treusch/Rüdiger (Hrsg.): *Spiel auf Zeit*, S. 155–157, hier S. 157.

Ian De Toffoli

KULTURHAUPTSTADT LUXEMBURG

Theater als Ort des kulturellen Missverständnisses

1995 und 2007 war Luxemburg *Kulturhauptstadt Europas:* 1995 allein, 2007 zusammen mit der rumänischen Stadt Sibiu (auch Hermannstadt) in der Region Siebenbürgen, wo noch eine kleine deutschsprachige Gemeinschaft evangelischer Konfession lebt. 2022 wird möglicherweise die Stadt Esch-sur-Alzette, mitsamt dem Vorort Esch-Belval, der neue Sitz der Universität Luxemburg, zur *Kulturhauptstadt* gewählt werden. Die Partnerstadt würde in diesem Fall das Land Litauen stellen.

Kulturinitiativen

Im Kulturhauptstadtjahr finden in den entsprechenden Städten, wie erwartet, zahlreiche kulturelle Veranstaltungen statt, die mit europäischen Subventionsgeldern gefördert werden. Für die Stadt Luxemburg ging mit dem Titel *Kulturhauptstadt Europas* die Entstehung zweier heutzutage nicht mehr wegzudenkender Kulturinstitute einher. Zum einen wurde 1995 das Théâtre National du Luxembourg gegründet: Man bedenke, dass das Land bis dato zwar ein „Großes Theater" besaß, auch Théâtre Municipal genannt (also eine dem Stadttheater entsprechende Institution), jedoch kein Nationaltheater. Die Chance zur Etablierung eines Nationaltheaters im Zuge des Kulturhauptstadtjahres nutzte der aufstrebende Regisseur Frank Hoffmann, der sich international, vor allem auf deutschen Bühnen, bereits einen Namen gemacht hatte und mit mehreren seiner Inszenierungen zu internationalen Festivals eingeladen worden war. 1996 gründete er plötzlich – die Luxemburger Kulturszene stand unter Schock[1] – das Théâtre National du Luxembourg (TNL), das am 1. Oktober 1997 mit *Ein Traumspiel* von August Strindberg eröffnet wurde. Unter Hoffmanns Leitung (die bis heute anhält) entwickelte sich das mehrsprachige TNL zum zweitgrößten Theater in Luxemburg und kooperiert seit 2001 u. a. mit den *Ruhrfestspielen* in Recklinghausen, deren Leitung Frank Hoffmann nach Frank Castorf im Jahre 2004 übernommen hat.

2007 wurde mit den Rotondes ein weiteres neues Kulturinstitut ins Leben gerufen: In den alten Eisenbahnrotunden hinter dem Bahnhof der Stadt Luxemburg entstand ein multidisziplinäres Kulturzentrum mit Konzerthalle, Ausstellungsräumen und mehreren Bühnen, die dem vor allem auf ein junges Publikum ausgerichteten Theaterfestival *TRAFFO* zur Verfügung gestellt wurden. Die Rotondes fungierten während der gesamten Dauer des Kulturhauptstadtjahres als eine Art *quartier général*, in dem man sich zu Diskussionen traf und die Büros der Verwaltung in temporär stationierten Containern unterbrachte. Nach Ablauf des Kulturjahres blieben die Rotondes erhalten und das *TRAFFO* erhielt fest angestellte Mitarbeiter, musste jedoch für fast sieben Jahre den Standort wechseln, während die Rotunden restauriert wurden. Seit Kurzem hat die kulturelle Vielfalt dort wieder, in Form des Kulturhauses Rotondes, ihr Quartier bezogen.

Europa im Reagenzglas

Wenngleich der Schwerpunkt 2007 auf Luxemburg lag, wurde dezidiert die gesamte Großregion (Lothringen, Saarland, Rheinland-Pfalz und Wallonien) mit einbezogen. Zum ersten Mal in der Geschichte der Kulturhauptstädte Europas wurde ein Gebiet, das vier Länder und fünf Regionen mit drei Sprachen umfasst, zur Kulturhauptstadt ernannt. Die Regionen hatten sich jeweils ein Schwerpunktthema gewählt, für Luxemburg war es die Migration – ein für das Land zentrales Thema, nicht nur in Kultur und Forschung; immerhin ist Luxemburg seit über hundert Jahren ein Einwanderungsland: Auf die italienischen und portugiesischen Migrationswellen Anfang des 20. Jahrhunderts, während der Blütezeit der Stahlindustrie, folgte die Balkanmigration, die der luxemburgische Schriftsteller Guy Helminger in seinem 2010 im Verlag Eichborn erschienenen Roman *Neubrasilien* beschreibt.

Fakt ist, dass die Bevölkerung des Landes nach aktuellen Statistiken zu 46,7 Prozent aus nichtluxemburgischen Staatsbürgern besteht (im Jahr 2007 waren es 41,6 Prozent).[2] Die Sprachenvielfalt – das Aufeinandertreffen nicht nur der drei offiziellen Sprachen des Landes (Luxemburgisch, Französisch und Deutsch), sondern auch der Sprachen der neu Hinzugezogenen – wird gerne als europäisches Aushängeschild genutzt und das Land als polyglotter Mikrokosmos mit europäischem Modellcharakter dargestellt, in dem das Miteinander völlig unaufgeregt vor sich geht. Doch wenn man die während des Kulturjahres 2007 – oder kurz davor – entstandenen Theatertexte liest, die dieses Miteinander auf soziokultureller oder soziolinguistischer Ebene beschreiben, wird eine radikale Infragestellung dieses Identitätsdiskurses sichtbar.

Der vorliegende Beitrag wird vor allem auf zwei Theatertexte eingehen, die sich nicht als Darstellungen einer sich zunehmend öffnenden (Migrations-)Gesellschaft verstehen, wie man sie in Luxemburg während der auf Jahreslänge ausgedehnten PR-Aktion ‚Kulturhauptstadt-

Ian De Toffoli

jahr 2007' erwarten würde, sondern vielmehr als Krisenstücke, die kulturpolitische Dissonanzen und Missverständnisse in Luxemburg hervorheben. Es handelt sich hierbei um *Pääsch Melba* von Guy Rewenig[3] sowie *Now here & nowhere* von Nico Helminger[4]. Die Luxemburger Dramatik hat sich mit der Sprachen- und Identitätsproblematik auf eine sehr bestimmte Art und Weise auseinandergesetzt – und zwar im inter- und multikulturellen Theater als Spiegel einer soziolinguistischen Realität. Interkulturelles Theater ist hier zu verstehen als ein Theater, das Elemente aus beliebigen, unterscheidbaren Kulturen auf irgendeine Weise verbindet und dies zu einem zentralen Merkmal macht: verschiedene Sprachen, Techniken, Stilmittel, Stoffe, Themen. Es geht uns natürlich hier vorrangig um die Sprachen. Unter multikulturellem Theater versteht man, mit Christine Regus – die sich hier auf Patrice Pavis bezieht –, ein Theater, „das von den Einflüssen verschiedener ethnischer und sprachlicher Gemeinschaften innerhalb einer multikulturellen Gesellschaft geprägt und häufig für ein multikulturelles Publikum konzipiert ist".[5] D. h., es geht hier um textintern mehrsprachige Dramen in Luxemburg, die überdies Luxemburg als Schauplatz ihres Geschehens haben.

Dazwischenland
Guy Rewenig, Theater-, Roman- und Kinderbuchautor, aber auch Dichter und Kabarettist und für seine politsatirischen Schriften bekannt, verfasst (die Texte sind bisher unveröffentlicht) im Jahr 2006 eine Sammlung von vier kurzen Stücken unter dem Titel *Pääsch Melba* (der Titel schreibt sich nicht wie das 1893 für die Sopranistin Nellie Melba erfundene französische Dessert, sondern mit Doppel-ä, um den schwerfälligen luxemburgischen Akzent im Französischen zu imitieren und bereits im Titel einen Effekt der Fremdsprachigkeit zu erzielen), die unter der Leitung des Filmregisseurs Paul Kieffer im Théâtre du Centaure uraufgeführt werden. Die Stücke sind textübergreifend wie textintern[6] in drei verschiedenen Sprachen geschrieben; das erste Stück, das dem gesamten Werk seinen Titel gibt, ist auf Luxemburgisch verfasst, das zweite, *Les Habitués*, auf Französisch und das dritte, *In der Tränenschule*, auf Deutsch, während das vierte und letzte Stück, *Le Dialogue des couilles*, alle drei Sprachen vermischt. Zur Frage der Mehrsprachigkeit der Stücke meint der Autor, durchaus provokant:

> Parce que c'est tout à fait naturel au Luxembourg. Nous utilisons les trois langues dans la vie quotidienne, sans difficulté apparente, il est donc logique de transposer ces habitudes sur la scène théâtrale.

D'ailleurs, au fur et à mesure que le spectacle progresse, on ne se rend même plus compte de la diversité linguistique. Bien sûr, je parle du public luxembourgeois. Des spectateurs venus d'ailleurs n'ont pas eu la même facilité de plonger dans le bain des langues entremêlées. C'est une spécificité luxembourgeoise.
Pour un auteur, les diverses langues sont un matériau, un instrument de travail. Il se les approprie au gré de ses inventions littéraires. Cela n'a rien d'idéologique. Un auteur n'est pas un combattant pour telle ou telle langue. Il se sert des langues pour créer. Autant dire que pour moi, les trois langues que j'investis dans *Pääsch Melba* sont au même niveau, sans distinction hiérarchique.[7]

Hierzu sind zwei Bemerkungen zu machen. Die erste bezieht sich auf die Text- oder Schriftsprache: Guy Rewenig stellt die drei offiziellen Sprachen des Großherzogtums auf ein gemeinsames Niveau und deideologisiert somit erklärtermaßen den wechselhaften Sprachgebrauch in seinem literarischen Schaffen. In der Tat ist er einer der wenigen dreisprachigen luxemburgischen Autoren (ich verweise hierbei auf Rainier Grutmans Definition des „bilinguisme [oder trilinguisme] littéraire"[8]), der ohne größere Qualitäts- und Stilunterschiede in drei Sprachen schreibt, auch wenn seine Romane (von *Hannert dem Atlantik* bis zu *Feierläscher*) ausschließlich auf Luxemburgisch verfasst worden sind. Zugleich ist seine Behauptung einer Deideologisierung insofern problematisch, als sie Sprachaffinitäten ebenso wenig berücksichtigt wie zentrale soziolinguistische Fakten Luxemburgs: Wer sind die verschiedenen Sprecher oder Sprachgemeinschaften, die in seinem Stück vorkommen? Gibt es in *Pääsch Melba* Sprachdifferenzierungen hinsichtlich verschiedener Figuren? Wir werden darauf noch näher eingehen.

Zweitens ist im Hinblick auf Mehrsprachigkeit auf der Theaterbühne festzuhalten, dass verschiedensprachige Theateraufführungen in Luxemburg keine Seltenheit sind. Man sieht sich im Großherzogtum Stücke auf Deutsch, Französisch, Luxemburgisch und sogar Englisch an, im Original, meist ohne Übertitel. Fremdsprachigkeitseffekte im Theater existieren, seit es luxemburgisches Theater gibt, da wir es (in der Regel) mit einem Publikum zu tun haben, das alle drei Landessprachen versteht; z. B. war und ist Mehrsprachigkeitskomik im luxemburgischen Theater keine Seltenheit[9], gerade weil die Zuschauer den Wortwitz, die Klangspiele (wenn z. B. ein Wort phonetisch in eine andere Sprache übertragen wird), die ‚falschen Freunde', die ulkigen syntaktischen Verdrehungen vom Französischen ins Deutsche/Luxemburgische usw. verstehen und nachvollziehen können.

Ian De Toffoli

Guy Rewenig mag Recht haben, wenn er feststellt, dass das Luxemburger Publikum die Sprachenvielfalt zumeist gar nicht mehr wahrnimmt, weil es sie im Alltag lebt. Doch mehrsprachiges Theater ist selten unmotiviert. Sprachliche Vielfalt, sei es durch den Gebrauch von Sozio- oder Idiolekten, sei es durch den Einsatz textinterner Mehrsprachigkeit, d. h. die Kopräsenz mehrerer Sprachen innerhalb eines Textes, hat im Hinblick auf das soziolinguistische Umfeld Luxemburgs eine Spiegelfunktion inne: Sie steht für Erfahrungen von Alterität, für Darstellungen des Fremden und für sprachliche *Missverständnisse* bis hin zur Babelisierung und stellt auf diese Weise die allgemeine Verständlichkeit von Kommunikationsprozessen in Frage.

Zwei Stücke aus *Pääsch Melba* sollen im Folgenden genauer betrachtet werden, zum einen *In der Tränenschule*, zum anderen *Le Dialogue des couilles*. Guy Rewenigs satirisches Schreiben, ob in Kolumnen von Wochen- oder Tageszeitungen, oder in Kabaretttexten, die regelmäßig von verschiedenen Ensembles aufgeführt werden, schlägt sich auch in seinen Theatertexten nieder. Die meisten seiner Stücke – sogar jene Dramen, die den Niedergang der Stahlindustrie und die Verzweiflung der Arbeiterklasse zum Thema haben, wie sein bekanntestes Stück *Eisefrësser*, das 1994 unter der Regie von Frank Hoffmann zur Bonner *Theaterbiennale* eingeladen wurde – lassen sich genretechnisch als ein von Elementen des Kabaretts und der Commedia dell'arte durchsetztes absurdes Theater beschreiben. Auf die Stücke aus *Pääsch Melba* trifft diese Beschreibung ebenfalls zu.

Passend zum Thema des Kulturjahres tritt im Stück *In der Tränenschule* ein Minister für Justiz, Polizei, Armee und öffentliche Ordnung auf, der eine hochgradig repressive Politik gegenüber Einwanderern repräsentiert. Ihm wird der Vorwurf gemacht, ein kaltes Herz zu haben und nicht weinen zu können. Um publikumswirksam weinen zu lernen, sperrt sich der Minister in ein Versteck ein, zusammen mit einer Krokodilhandpuppe. Er redet auf die Puppe ein, berichtet ihr von seinem Leben und seiner Angst vor Ausländern in einem Land, das, wie er meint, von Ausländern nur so wimmelt – Menschen, die aus Kriegsgebieten stammen, die längst keine Kriegsgebiete mehr sind, und die ihm alles wegnehmen wollen –; er erzählt von seiner Karriere in der Politik, die er dem Kampf gegen den „Wildwuchs"[10] (die Ausländer, natürlich) gewidmet hat, und von seinem Wunsch, das Land zu einer neuen Festung umzubauen.

Das Stück ist als eine satirische Parodie auf einen bestimmten Politikertypus zu verstehen, den der Autor selbst wie folgt beschreibt:

Die markigen Sprüche der Herren Sarkozy, oder Schäuble, oder Fini, oder Frieden sind der Stoff für diesen Theatertext. Von der Form her ist der Text als grand guignol angelegt: Minister dieses Zuschnitts sind für mich einfach makabre Vorboten eines neuen Faschismus in Europa.[11]

Es wird zwar nicht ausgesprochen, um welches Land es sich handelt, doch Indizien im Text legen nahe, dass der Autor auf Luxemburg anspielt, u. a. durch die wiederholte Rede von der Festung: Der Minister im Stück spricht von einem „Gibraltar"[12], ähnlich wie man die Festung Luxemburg lange Zeit als ‚Gibraltar des Nordens' bezeichnet hat. Auch beschwört er Vauban, also Sébastien Le Prestre, marquis de Vauban (1633 bis 1707), den französischen Architekten, der die Festung Luxemburgs, nachdem er sie 1684 erst belagert, dann erobert hatte, neu aufbaute und verstärkte. Luxemburg wird in Rewenigs Text von einem faschistoiden, paranoiden, rassistischen und heuchlerischen Minister für öffentliche Ordnung geleitet, dessen Autorität durch das Spiel mit der Krokodilhandpuppe konterkariert wird, so dass er am Ende wie ein verwöhntes Kind wirkt. Jedoch, auf sprachlicher Ebene, scheint es, als bliebe die Wahl der Sprache in diesem Text unmotiviert. Die deutsche Sprache ist hier, wie der Autor es in oben zitiertem Interview sagt, ein einfaches Instrument.

Anders in *Le Dialogue des couilles*. Dieser Text erzählt die Begegnung zweier Staatsvertreter von höchstem Rang: Baron de Truffat-Maligore, Vertreter der Regierung der Republik der Zitadelle, und Hans-Peter Breitensteiner, Regierungsvertreter der Republik Starkland. Die beiden Männer treffen sich im Ministerium für Außenhandel der Republik Starkland, um Verhandlungen über einen wichtigen Waffenhandel zu beginnen. Da der Erstgenannte nur Französisch spricht und der Zweite nur Deutsch, wurde eine Dolmetscherin eingestellt, die Luxemburgerin Marie-Ange. Sie entschließt sich (ohne ihre Motive offenzulegen) dazu, die Verhandlungen zu sabotieren, indem sie Breitensteiner vorgaukelt, de Truffat-Maligore würde ihm gerade eine Affäre mit seiner Frau beichten. Letzterer, nicht ahnend, dass die Verhandlungen gerade einen seltsamen Verlauf nehmen, will weiterhin seine 150 000 Maschinengewehre und Raketen verkaufen. Es entwickelt sich ein regelrechtes Stimmenwirrwarr, in dem keine Antwort mehr auf die andere folgt, da sich die beiden Männer nicht verstehen und bewusst in die Irre geführt werden, bis die Verhandlungen schließlich im völligen Chaos (und sehr zur Zufriedenheit der Dolmetscherin) platzen.

Über die Unfähigkeit der beiden Vertreter, einen Dialog zu führen, und die ernste Gelassenheit der unscheinbar wirkenden Dolmetscherin entfaltet das Stück absurde, Ionesco ähnliche Züge (man denke beispielsweise an *Cantatrice chauve* und die zu nichts führenden Gespräche, in denen jeder am anderen vorbei spricht); zudem verweisen Details wie karikierte Namen von Figuren und Herkunftsländern auf Merkmale satirischen Schreibens, wie sie für Zeitschriften wie den *Canard enchaîné* oder den in Luxemburg sehr beliebten *Feierkrop* typisch sind. Doch der möglicherweise effizienteste komische Effekt entsteht durch die Funktion der Dolmetscherin, die eine Brücke zwischen zwei Supermächten und somit zwei (Sprach-)Kulturen herstellen soll und doch beide Männer auf die einfachste Art und Weise bloßstellt, indem sie die Männlichkeit des einen (dessen Frau anscheinend eine Affäre mit dem Rivalen hat und der daraufhin ausrastet) und die Fähigkeit des anderen, Krieg zu führen (weil sie die empörten Kommentare des eifersüchtigen Breitensteiner in ihrer französischen Übersetzung so ändert, dass de Truffat-Maligore glaubt, jener würde die Qualität seiner Raketen und Panzer bemängeln), in Frage stellt.

Le Dialogue des couilles widersetzt sich der ureigenen Definition kultureller Identität in Luxemburg, wie sie verschiedene Intellektuelle Anfang des 20. Jahrhunderts, darunter der einflussreiche Autor und Journalist Batty Weber, formuliert haben: als Mischkultur zweier großer Nationen oder als Brücke zwischen zwei Kulturräumen, Romania und Germania. In einer Beilage zu den *Münchener Neuesten Nachrichten* schrieb er 1909: „Wir schulden zwei Völkern unser Hirn und sind stets zwei Völkern für ihre Anregungen dankbar."[13] Wie Claude D. Conter belegt[14], zählt Webers Definition nach wie vor zu einem *lieu commun* im Luxemburger Kulturverständnis, obschon Literaturwissenschaftler wie Jeanne E. Glesener und Irmgard Honnef-Becker sich Fragen der Identitätskonstruktion, vor allem in der Literatur Luxemburgs, eher mit Konzepten der Interkulturalität nähern.[15]

Aus Guy Rewenigs Text geht jedoch hervor, dass Luxemburg keineswegs nur eine Pufferzone zwischen großen Nationen bildet, ein Land, das versucht, mit seinen großen Nachbarn mitzuhalten. Vielmehr nutzt es seine topographische Lage, seine geringe Größe und seine Mehrsprachigkeit aus, um in der internationalen Politik eine aktive antimilitaristische Rolle zu spielen, als ein ‚Dazwischenland', dessen politische Haltung z. B. die eines politisch-kulturellen Schiedsrichters ist, der das Land aus einer Passivität (in dem die Kultur der Nachbarn vor allem nur aufgenommen wird) in eine aktive internationale Rolle führt. Die kulturelle Abhängigkeit Luxemburgs von den benachbarten Kulturgiganten, wie sie Weber noch beschreibt, wird somit in Frage gestellt, und Luxemburg gibt sich in diesem kurzen Stück als ein sich der Zuordnung entziehendes Eigenes, als ein neuer Spannungsraum kulturellen Auseinandersetzens, d. h., um es mit den Worten Bhabhas zu sagen, ein hybrider „third space"[16].

Pääsch Melba kann die Aussage entnommen werden, dass kleine Länder eine wichtigere kulturelle Rolle auf der internationalen Bühne einnehmen könnten, wären ihre Politiker nicht immer noch mit der Problematik der landeseigenen Identität beschäftigt, mit Ausgrenzung, Abschottung oder *othering*.

Nowhere land
Genau dies ist auch die Thematik des zweiten Theaterstücks, auf das hier eingegangen werden soll: *Now here & nowhere* von Nico Helminger. Frank Hoffmann hat es im Oktober 2007, gegen Ende des Kulturjahres und etwa ein Jahr nach Guy Rewenigs Satire, im TNL im Rahmen einer Koproduktion der Großregion inszeniert. Es handelt von der Leere des Konzeptes der kulturellen Identität des Luxemburger Landes und vom Scheitern – oder sagen wir: der Schaumschlägerei – der Luxemburger Kulturinstitute. Es spielt im Jahr 2007 in der Kulturhauptstadt, kurz vor den Feierlichkeiten, zu denen der Architekt Ming Pei – der das Museum für zeitgenössische Kunst in Luxemburg, das MUDAM (Musée d'Art Moderne Grand-Duc Jean) konzipiert hat – eingeladen wurde.

Das Stück besteht aus 39 kurzen Szenen und verfügt über mehr als zwanzig Figuren. Mehrere miteinander verknüpfte Schicksalsstränge werden beleuchtet: Zu den zentralen Figuren zählen Vicky, Beamtin im Kulturministerium, und ihr Freund Foda, ein Gabuner mit isländischen Wurzeln. Ackermann, der Kulturattaché, verwechselt Foda mit dem Assistenten des Architekten Ming Pei, den man in Luxemburg als Star des Kulturjahres erwartet. Hirsch ist ein privater Mäzen und Sponsor des Kulturjahres, das er eigentlich für heiße Luft hält. Diane, die einsame Tochter Ackermanns, nimmt einen verletzten Mann bei sich auf, der in Wirklichkeit der an Gedächtnisschwund leidende Assistent Ming Peis ist. Neben diesen Protagonisten gibt es eine große Anzahl an Nebenfiguren: zwei belgische Obdachlose mit Namen Tim und Struppi (über Letzteren erfährt man nicht, ob es sich um einen Hund oder einen Menschen handelt); einen Mann, der mit einem Gewehr am Fenster lehnt und andauernd auf Grenzgänger schießen will; einen Polizisten, der sich mit einer Prostituierten anfreundet, die er nicht versteht, weil sie nicht dieselbe Sprache sprechen; der Kulturminister, der es nicht fertig bringt, in seinen Reden einen einzigen Satz vollständig und fehlerlos auszusprechen; und schließlich noch eine namenlose Menge ohne klar

Ian De Toffoli

definierte Sprecherinstanz (d. h., ohne dass individuelle Sprecherrollen im Text klaren Figuren zuweisbar sind, ohne Namen im Text) – Geschäftsleute, Migranten, Kinder, Menschen in einem Arbeitsamt oder in einer Einwanderungsbehörde, von denen jeder seine Sprache oder seinen Soziolekt spricht, wie z. B. in der ersten Szene des Stücks:

leit an enger salle d'attente.

da stehen sie schlange
nein, sie sitzen
welche stehn auch
ja, einige stehn, mit nummern
sie haben alle kleine zettel mit nummern und werden aufgerufen
keen sou e gedrécks, dat geet hei net, mer sin hei net an der tiirkei!
quatre-vingt-dix-sept
die mauer ist gelb. das fenster ist aus milchglas. über ihnen hängt ein bild des großherzogs. der großherzog lächelt sein großherzoglich ernstes lächeln. draussen ist milchglas.
quatre-vingt-dix-huit
j'ai une histoire à raconteur. ils ne me croiront pas. que voulez-vous que j'invente ?! tout ce qu'on invente n'est rien comparé à ce qu'on a vécu.
dir musst iech d'éischt eng nummer huelen. eng nummer. eine nummer. un numéro ! uno nomero ! unos numeros ! a number ! ENG NUMMER !
da steht eine frau auf und fängt plötzlich an zu singen.
ja, sie fängt an zu singen.
ganz befremdlich. sie singt ihr lied. alles war so still.
ausser dem aufrufer.
quatre-vingt-dix-huit ! venez, quatre-vingt-dix-huit !
n'y a-t-il pas de quatre-vingt-dix-huit ?
deen as daf !
dann singt sie plötzlich ihr lied. alles ist immer noch still. ausser dem lied.
wat ass dat do dann?
da ass eng, där gëtt d'zäit laang.
elle chante d'une voix douce. son histoire à elle. une voix douce et triste.
comme son regard.
wat geet déi un, hei ze sangen !
déi ass geckeg.

sie steht jetzt in der mitte. wie auf einer bühne.
vielleicht war sie mal schauspielerin.
lo ass se op jidde fall geckeg.
madam, dëst ass keng bühn.[17]

Eine solche Szene kennt keine klar definierte Sprecherinstanz, keine klare Sprecherrolle, keine Figur mit Namen. Man kann nur raten, wer gerade spricht. Diese Eröffnungsszene des Stücks spielt sich in einer Warteschlange ab, wobei sich verschiedene Stimmen in einer mehrsprachigen Polyphonie abwechseln und so die Funktion eines dissonanten und zerstückelten Chors haben oder eher, um es mit den Worten des französischen Theaterwissenschaftlers Jean-Pierre Sarrazac zu sagen, einer „Choralität" („choralité")[18]: Diese zeichnet sich dadurch aus, dass die Stimmen der einzelnen Sprecher zwar immer noch voneinander unterschieden und individualisiert, zugleich jedoch *dépersonnalisées,* also entpersonalisiert, sind und somit als Metonymie (für eine Gruppe, eine Gemeinschaft oder sogar die gesamte Menschheit) zu verstehen sind. Hier, z. B., kann man annehmen, dass das Luxemburgische von einem oder mehreren Beamten gesprochen wird („keen sou e gedrécks, dat geet hei net, mer sin hei net an der tiirkei!"), der jedoch auch immer wieder ins Französische wechselt, wenn er die in der Schlange stehenden Leute mit ihrer Nummer aufruft („quatre-vingt-dix-huit ! venez, quatre-vingt-dix-huit !"). Andere Zeilen, auf Deutsch oder Französisch („elle chante d'une voix douce. Son histoire à elle. Une voix douce et triste."), kann man einer wartenden, doch namenlosen Figur zuschreiben, andere noch der gerade singenden Person, von der gesprochen wird („j'ai une histoire à racontuer. Ils ne me croiront pas. Que voulez-vous que j'invente?! tout ce qu'on invente n'est rien comparé à ce qu'on a vécu"), womöglich handelt es sich um eine Flüchtlingsfrau.

In anderen Szenen benennt der Autor zwar seine Figuren, doch häufig gibt er als Namen nur einen Titel an (der Polizist, der Kulturminister) und arbeitet so mit Kurzporträts, mit Stereo- und Archetypen, manchmal sogar mit Klischees, mit einer Art Figurenverwässerung, bei der es weniger darauf ankommt, wer die Figuren sind (Psychologie, Eigenschaften), als zu bestimmen, von welchem Standpunkt aus sie sprechen. Es geht hier (paradoxerweise) darum, Figuren anonym, austauschbar und trotzdem individuell zu gestalten, um so einen möglichen Überblick über die Gesellschaft Luxemburgs zu geben. Dieser „passage au neutre"[19] der Figur ist eine Gestaltung eines Oberbegriffs oder eines Typus, einer Figur, die von Leere, Einsamkeit und Identitätsverlust geprägt ist, aber auch dadurch eine offen allegorische Funktion hat.

Ian De Toffoli

„Pour définir le personnage, l'allégorie prime sur l'état-civil."[20] Dieser abstrakte Figurentypus steht für die namenlose, gesichtslose Masse der Menschen und beschreibt eher eine *conditio humana,* als dass er Figuren charakterisiert.

Auf diese erste Szene im Wartesaal des Amtsgebäudes, wo die unbenannten Figuren höchstwahrscheinlich Asylsuchende sind, folgen andere, ähnliche, wie z. B. Szene 13 oder Szene 24, die sich in einem Treppenhaus (zwei anonyme Stimmen unterhalten sich, auf Deutsch und Luxemburgisch, über einen Polizeieinsatz in einer höhergelegenen Wohnung) bzw. auf dem Luxemburger Flughafen abspielen, wo ein englischsprechender Tourist mit dem Reiseziel Gran Canaria in derselben Schlange steht wie ein deutschsprachiger Manager, der nach Frankfurt fliegt, und eine oder mehrere montenegrinische Familien, die abgeschoben werden:

> ech ginn zeréck an de montenegro. mäi grousspapp wunnt do a meng tatta. ech net, wéi d'schoul do ass. hei sinn ech am fënefte schouljoer. dat heescht, ech war lo dräi wochen am fënnefte schouljoer. an du krute mär e bréif. do stung dran, fir eis wier hei keng plaz. méng beschte frëndin ass d'myriam. d'myriam bleift hei. et sot et géing mech eng kéier besiche kommen.
> nein, nein, dieses scheiss flugzeug hat irgendwie was, was weiss ich auch nicht, und da sind die ganzen ossis da um mich rum, ja ne herde aus ex-osten, die zurück muss, die haben jetzt anscheinend vorrang, hallo, hörst du mich ...
> sorry, is this booking for gran canaria?
> no, sir, this is not gran canaria. gran canaria at half past ten.
> oh, thank you. i thought those people...
> those people special flight.
> oh, there's a special flight.
> yes, sir.
> but gran canaria
> gran canaria over there, sir
> ech heeschen nerma. ech wollt ëmmer zu lëtzebuerg grouss ginn.
> kommen sie bitte hier rüber. par ici s'il vous plaît.
> ma soeur. ma nièce. mon neveu. le mari de ma soeur. qu'ai-je fait pour rester?
> iergendwéi di se mer awer leed, wann een se sou gesäit.
> du däerfs net vergiessen, si gi mat eise suen. si kréien dach eiser suen, wa se ginn!
> nein, der macht es so, hallo, der nimmt sich grenzgänger, ist das einfachste, teilzeitarbeit, ist er schnell wieder los, doch, hallo, machen wir

schéin ass et net, awer wat wëlls de maachen.
frontalieren! schäiss frontalieren! ech erschéissen se! spiounen, alles spiounen!
nein, ich bin bis um vier in frankfurt, ok, ja, ich muss jetzt, ja[21]

Ein junges Mädchen mit montenegrinischem Migrationshintergrund, das sich aber offensichtlich schon längere Zeit in Luxemburg aufgehalten haben muss, erzählt (man weiß nicht, an wen sie sich wendet) auf Luxemburgisch, dass das Land, aus dem sie jetzt raus muss, für sie zur neuen Heimat geworden ist. Der deutsche Manager redet über einen Arbeitgeber, der Grenzgänger einstellt, weil er sie über einen Teilzeitvertrag schnell wieder loswird. Diese beschriebenen Szenen spielen sich alle in sogenannten Transiträumen ab – in der Behörde, in der Leute mit einer Nummer in der Hand darauf warten, aufgerufen zu werden, um ihre Aufenthaltsgenehmigung entweder bewilligt oder verweigert zu bekommen; im Flur zwischen zwei Wohnungen; auf dem Flughafen, auf dem Figuren darauf warten, dass eine Maschine sie in das Land, aus dem sie geflüchtet sind, oder zur Arbeit fliegt: also in „non-lieux"[22], in denen die Figuren anonymisiert und desidentifiziert oder, wie in der ersten Szene, zur einfachen Nummer werden.

Diese verschiedenen *non-lieux* stehen der zur Schau gestellten Offenheit Luxemburgs, das sich für das Kulturjahr 2007 als ein offen multikulturelles Land präsentieren will, gegenüber. Marc Augé beschreibt ein *non-lieu* als einen Raum, der „ni comme identitaire, ni comme relationnel, ni comme historique"[23] (Übersetzung: „weder als identitätsstiftend noch als relational oder als historisch") definiert werden kann, der also keine kulturellen Anbindungen und keine Geschichten aufweist. Die Amt- und Flughafenszenen sind die Kehrseiten des Luxemburger Landes und seiner illusorischen Identitätssuche.

Wie schon in den oben zitierten Szenen gezeigt, geht die Polyphonie in *Now here & nowhere* mit einer scheinbar wilden Polyglossie einher. Vier Sprachen (sowie zahlreiche Sozio- und Idiolekte) prallen aufeinander: Vicky und Foda sprechen Luxemburgisch, Tim und Struppi Französisch (mit belgischen Redewendungen), Diane und der Assistent Ming Peis Englisch, Ackermann benutzt meistens ein Beamtenfranzösisch, das von ‚Luxemburgismen' durchsetzt ist, Hirsch führt seine Geschäfte auf vier Sprachen simultan, und, wie oben angeführt, im Wartesaal vermischen sich frustrierte Schreie überforderter Beamter auf Luxemburgisch mit den verschiedenen Sprachen der Asylbewerber. Die Mehrsprachigkeit von Nico Helmingers Stück spiegelt hier eine soziolinguistische Realität des Luxemburger Landes wider. Die Thematik ist das Aufeinandertreffen unterschiedlicher Kulturen und Sprachen im Luxemburger Mikrokosmos und die Wahrnehmung des ‚Fremden', des ‚Anderen' – eine Erfahrung, die von offizieller Seite, nicht erst seit dem Kulturjahr, vorwiegend als Bereicherung dargestellt wird.

Doch dieser so vielgepriesene Multikulturalismus, die Offenheit Luxemburgs, schafft auch Missverständnisse und die Angst vor einem Identitätsverlust. Die meist namenlose autochthone Bevölkerung Luxemburgs scheint sich in *Now here & nowhere* kulturell und sprachlich abzuschotten: Sie misstraut jedem, ist rassistisch, geprägt von Vorurteilen und nationalistischem Stolz, der sich vor allem darin ausdrückt, dass sie es vermeidet, eine andere Sprache zu sprechen als diejenige, die sie als ihre Nationalsprache ansieht, nämlich das Luxemburgische, jenen 1984 zur Nationalsprache erhobenen moselfränkischen Dialekt. Denn, wie auch Guy Rewenig festhält: Die luxemburgische „langue nationale [...] est parfois obstinément et fatalement assimilée à l'essence même de notre identité"[24]. Hier entsteht also ein sehr kritisches Bild der Luxemburger Festungsmentalität. Die Einwohner des Landes, das zur Hälfte von Ausländern bewohnt ist, verweigern die Erkenntnis, dass der von ihnen propagierte Kulturpurismus nie existiert hat – und das, obwohl der Nachbar am Fenster, der in Tiraden auf Ausländer schimpft, einräumt, dass er seinen Kaffee am liebsten beim Portugiesen um die Ecke kauft.[25]

Darüber hinaus wird Luxemburg in Nico Helmingers Stück als ein desillusioniertes Schlaraffenland dargestellt, in dem die Leute vor allem selbstzufriedenes Feiern im Sinn haben. „die leute sind verrückt. das ganze land ist am kippen. hält sich mit glockengeläut bei laune. irgendwelche feierlichkeiten"[26], sagt die Prostituierte zum Polizisten und bezieht sich dabei natürlich auf die Feierlichkeiten des Kulturjahres. Die obersten kulturellen Instanzen, ja das gesamte kulturelle Establishment der damals regierenden Christlichen Volkspartei, jahrzehntelang unter Jean-Claude Junckers Führung, wird in Helmingers Stück als eine Bande von Schwindlern und machtbesessenen Machos dargestellt, ohne jedes Verständnis für Kultur. Foda wird nach seiner Entlarvung als vermeintlicher Assistent Ming Peis trotzdem in dieser Rolle zu den Feierlichkeiten eingeladen, da man den richtigen Assistenten nicht finden kann, und muss zusammen mit dem Kulturminister Reden halten. Foda hält also die Eröffnungsrede der Kulturhauptstadtfeier, als falscher Assistent, und wird zum kulturellen Aushängeschild für ein Land, das sich rühmt, viel Geld ausgegeben zu haben für Ming Peis Anwesenheit, ein Land, das keine eigene Kultur produzieren kann, keine eigene kulturelle Identität hat und sich ‚fremder' Kultur bedienen muss. Ironischerweise wird also demzufolge der Gabuner mit isländischen Wurzeln, der wegen der Liebe zu einer luxemburgischen Frau Luxemburgisch gelernt hat, zum unbewussten kulturellen Aushängeschild Luxemburgs. Das Porträt, das *Now here & nowhere* von der gesamten luxemburgischen Kultur und Kulturszene zeichnet, ist das pessimistische und ad absurdum getriebene, aber bei Weitem nicht unbegründete Alptraumbild (die Reden des Kulturministers ahmen die der damaligen Kulturministerin Octavie Modert, mitsamt konfusem syntaktischem Aufbau, zweifellos nach; in der Zeit nach dem Kulturjahr entbrannte ein heftiger öffentlicher Streit zwischen Schriftstellern wie Guy Rewenig oder Guy Wagener und der Literaturabteilung des Kulturministeriums, die vor allem der Inkompetenz angeklagt wurde[27]) einer neoliberalen, auf Produktivität getrimmten Massenkultur, geleitet von einer ungebildeten Beamtenschicht, für die Kunst vor allem rentabel, konsumierbar und standardisiert sein muss. Das Stück ist somit weit mehr als nur eine kritische Auseinandersetzung mit der autochthonen Kulturpolitik, es ist eine regelrechte Beschuldigung. Jede Ähnlichkeit mit existierenden Personen ist dabei absolut gewollt.

Nico Helminger knüpft damit an das oben erwähnte Interview an, in dem Guy Rewenig ausführt, was er sich vom Programm des europäischen Kulturjahrs 2007 verspricht:

> Überhaupt nichts. Diese Veranstaltung ist nichts als ein gigantischer Bluff. [...] Das [führt] sehr schnell zu einem kulturellen Einheitsbrei [...]. Abzusehen ist, dass auch das sogenannte Kulturjahr 2007 in Luxemburg wiederum nur eine kostspielige Fata Morgana sein wird, die keiner inneren Dynamik und keiner sachlichen Notwendigkeit entspricht. Hierzulande ist plötzlich für 2007 sehr viel Geld verfügbar. Das muss alle wundern, die seit Jahrzehnten um minimale Unterstützung für ihre Kulturarbeit kämpfen und immer wieder vertröstet oder abgewimmelt werden.[28]

Guy Rewenig wirft der Luxemburger Kulturpolitik vor, nur eine Illusion zu sein, ein Schaufenster, eine leere Hülse, hinter der kein Inhalt zu finden ist, ähnlich wie sie auch in *Now here & nowhere* porträtiert wird: als kostspieliges, aber hohles Konstrukt.

Fazit

Die Ernennung Luxemburgs zur *Kulturhauptstadt* in den Jahren 1995 und 2007 hat eine doppelte Reaktion zur Folge. Erstens: Es wird die nötige finanzielle Unterstützung zur Gründung neuer öffentlicher Theaterhäuser (TNL, Rotondes) gewährt, die heutzutage nicht mehr aus

Ian De Toffoli

dem kulturellen Milieu Luxemburgs wegzudenken sind. Während dieser zwei Jahre entsteht in Luxemburg eine große Anzahl meist sehr kurzlebiger kultureller Events. Zweitens: Diese Kulturjahre lösen (vor allem, weil in diesen Jahren mit europäischen Fördergeldern Projekte entstehen, die man sonst nicht erleben kann) in der neueren Luxemburger Dramatik etwas aus, das man durchaus, auch etwas provozierend, als *Theater des Unmuts* oder sogar *Theater der Trotzreaktion* bezeichnen kann.

Nicht nur verweisen Stücke wie *Pääsch Melba* und *Now here & nowhere* von Guy Rewenig und Nico Helminger auf eine große Unzufriedenheit und ein Misstrauen unter den Kulturschaffenden gegenüber der Kompetenz der kulturellen und politischen Instanzen, sie lassen sich auch als kritische Dekonstruktion des europäischen Diskurses verstehen, der in Luxemburg – dem vermeintlichen Europa im Reagenzglas und der damit verbundenen multikulturellen ‚Fruchtbarkeitsrhetorik' – vor allem von politischer und medialer Seite geführt wird. Natürlich ist dieses Bild verfälscht: Es ist auch in Luxemburg eine Alltagserfahrung, dass die Gegenwart ‚Fremder' (der wachsenden Anzahl von Nichtluxemburger Einwohnern, von Grenzgängern, von Flüchtlingen) Angst erzeugt und es eine wachsende Sehnsucht nach kollektiver Identität innerhalb klar abgesteckter territorialer Grenzen gibt, die sich vor allem auch in der Sprache, im Gebrauch der Sprache, bemerkbar macht.

Die Stücke weisen auf Dissonanzen innerhalb der luxemburgisch-europäischen Kulturpolitik hin, machen Konflikte innerhalb des harmonischen multikulturellen Identitätsdiskurses sichtbar, den man Luxemburg als Stempel aufdrückt, indem sie zeigen, dass es hinter der oberflächlichen Harmonie Unstimmigkeiten gibt. Nicht das ursprünglich ‚Andere' steht hier im Mittelpunkt, auch nicht der Kontrast zwischen dem Eigenen und dem Fremden, sondern die Theatralisierung des Problems kultureller Identität, die Beobachtung faktischer Hybridität und irreduzibler Differenz. Solche Dramen reflektieren kritisch die Konstitution kultureller Identitäten, sei es einer sogenannten Festungsmentalität oder der Konstruktion des ‚Anderen'. Es sind politische Stücke, die mit der kritischen Dekonstruktion von fixierten Kulturbildern spielen, die Hierarchien unter den Sprachen (auch wenn Guy Rewenig sie im Interview verneint), sprachliche Unterschiede (die immer auch soziale Unterschiede sind, da Sprache und kulturelle Identität eng zusammenhängen), als Distinktion markieren und somit ihre politischen und ideologischen Implikationen hervorheben.

[1] So bezeichnete Josée Hansen in einem Artikel im *Lëtzebuerger Land* die Gründung des TNL als ein „séisme provoqué en automne dernier par l'annonce impromptue de la créa-

tion de l'asbl Théâtre national du Luxembourg par Frank Hoffmann et Camille Kerger – et l'aide financière soudaine et consistante que l'État était prêt à lui accorder" (Übersetzung: „ein Erdbeben, hervorgerufen durch die plötzliche Ankündigung im letzten Herbst, dass Frank Hoffmann und Camille Kerger eine GmbH Théâtre National du Luxembourg erschaffen – und die ebenso plötzliche und konsistente finanzielle Unterstützung, die der Staat bewilligte"). Hansen, Josée: „Agenda", in: *Lëtzebuerger Land*, 11. Juli 1997, S. 15.

2   Vgl. Le Portail des Statistiques, unter: http://www.statistiques.public.lu/fr/index.html, unter „Etat de la population" (zuletzt abgerufen am 09. Januar 2017).

3   Vgl. Rewenig, Guy: *Pääsch Melba*, Luxemburg 2006.

4   Vgl. Helminger, Nico: *Now here & nowhere*, Differdange 2007.

5   Vgl. Regus, Christine: *Interkulturelles Theater*, Bielefeld 2008, S. 42.

6   Hier wird die Terminologie von Georg Kremnitz benutzt. Vgl. Kremnitz, Georg: *Mehrsprachigkeit in der Literatur. Wie Autoren ihre Sprache wählen*, Wien 2004, S. 14.

7   Rewenig: „Pääsch Melba. Interview mit Guy Rewenig über sein neuestes Stück Pääsch Melba sowie Theater in Luxemburg, Kulturstaatssekretärinnen und das Kulturjahr 2007", in: *Forum*, n° 254, März 2006, S. 53–56, hier S. 55. (Übersetzung: „Weil das in Luxemburg ganz natürlich ist. Wir benutzen die drei Sprachen im Alltag ohne große Schwierigkeiten, es ist also logisch, diese Gewohnheiten auf die Theaterbühne zu übertragen. Im Übrigen, je weiter sich das Stück entwickelt, desto weniger fällt einem die Sprachdiversität auf. Natürlich rede ich vom luxemburgischen Publikum. Zuschauer von außerhalb haben nicht dieselbe Leichtigkeit, um in dieses Sprachenwirrwarr einzutauchen. Das ist eine luxemburgische Spezifität.
Für einen Autoren sind die verschiedenen Sprachen ein Material, ein Arbeitsinstrument. Er eignet sie sich an, je nach literarischem Schaffen. Das hat nichts Ideologisches. Ein Autor kämpft nicht für die oder gegen die Sprache. Er benutzt Sprachen, um zu schaffen. Das heißt so viel wie, dass die drei Sprachen, die ich in Pääsch Melba benutze, auf demselben Niveau sind, sie sind hierarchisch nicht voneinander getrennt.")

8   Rainier Grutman definiert den „bilinguisme littéraire" als aufeinanderfolgenden oder simultanen Gebrauch von zwei oder mehreren Schreibsprachen bei einem Autor. Vgl. Grutman, Rainier: „Bilinguisme et diglossie: comment penser la différence linguistique dans les littératures francophones", unter https://www.academia.edu/704363, S. 3 (zuletzt abgerufen am 30. August 2016). In seinem Artikel schlägt Grutman eine „distinction entre les différentes catégories d'auteurs issus d'une situation de contact linguistique" vor, die sich gut auf luxemburgische Autoren anwenden lässt, z. B. die Kategorien a) „l'écrivain qui écrit alternativement en français et dans une [ou plusieurs] autres langues" (Übersetzung : „der Schriftsteller, der abwechselnd auf Französisch und in einer [oder mehreren] anderen Sprachen schreibt") und e) „l'écrivain qui a écrit successivement en français et dans une autre langue (ou l'inverse), mais jamais en même temps" (Übersetzung: „der Schriftsteller, der nacheinander auf Französisch und in einer anderen Sprache (oder umgekehrt), aber niemals zugleich schreibt"), wobei man hier die französische Sprache wahlweise mit einer der anderen beiden Landessprachen austauschen kann. Man denke z. B. an Schriftsteller wie Lambert Schlechter und Anise Koltz, die im Laufe ihrer Schriftstellerkarriere vom Deutschen ins Französische gewechselt und heute erfolgreiche Schriftsteller in Frankreich sind.

9   Vgl. hierzu Conter, Claude D.: „Fremdsprachen in der Komödie. Komiktheoretische Aspekte der Multilingualität am Beispiel von Lessings *Minna von Barnhelm oder das Soldatenglück* (1767) und Dicks *D'Kirmesgèscht* (1856)", in: *Dembeck, Till/Mein, Georg* (Hrsg.): *Philologie und Mehrsprachigkeit*, Heidelberg 2014, S. 253–274.

10 Rewenig: „In der Tränenschule", in: *Pääsch Melba*, S. 6.

11 Rewenig: „Interview", S. 55.

12 Rewenig,: „In der Tränenschule", S. 5.

13 Weber, Batty: „Über Mischkultur in Luxemburg", in: *Beilage der Münchener Neuesten Nachrichten*, 20. Januar 1909, S. 121.

14 Vgl. Conter: „Mischkultur", in: Kmec, Sonja/Majerus, Benoît/Margue, Michel/Peporté, Pit (Hrsg.): *Lieux de mémoire au Luxembourg : usages du passé et construction nationale. Erinnerungsorte in Luxemburg: Umgang mit der Vergangenheit und Konstruktion der Nation,* Luxemburg 2007, S. 23–28.

15 Vgl. z. B. Glesener, Jeanne E.: „La littérature de l'(im)migration au Luxembourg", in: Conter/Goetzinger, Germaine (Hrsg.): *Identitäts(de)konstruktionen,* Differdange 2008, S. 111–129. Vgl. ebenfalls Honnef-Becker, Irmgard/Kühn, Peter: „Interkulturalität und Hybridität in der Literatur in Luxemburg", in: dies. (Hrsg.): *Über Grenzen. Literaturen in Luxemburg,* Esch/Alzette 2004, S. 7–14.

16 Vgl. Bhabha, Homi K.: *The Location of Culture,* London/New York 1994, S. 55.

17 Helminger: *Now here,* S. 5. Die Kleinschreibung, die Leerzeichen vor den Ausrufe- und Fragezeichen, sowie der kursiv gesetzte Anfang (Regieanweisung) befinden sich im Originaltext.

18 Vgl. Sarrazac, Jean-Pierre: *Poétique du drame moderne,* Paris 2012, S. 203.

19 Ebd., S. 195.

20 Ebd., S. 198.

21 Helminger: *Now here,* S. 61ff.

22 Augé, Marc: *Non-lieux, introduction à une anthropologie de la surmodernité,* Paris 1992, S. 48: „Les non-lieux, ce sont aussi bien les installations nécessaires à la circulation accélérée des personnes et des bien (voies rapides, échangeurs, aéroports) que les moyens de transport eux-mêmes ou les grands centres commerciaux, ou encore les camps de transit prolongé où sont parqués les réfugiés de la planète". (Übersetzung „Nicht-Orte sind also genauso gut notwendige Einrichtungen zur Beschleunigung des Verkehrs von Menschen und Gütern [Schnellstraßen, Autobahnkreuze, Flughäfen] wie die öffentlichen Transportmittel selbst oder die großen Einkaufszentren oder sogar die Transitcamps, in denen man die Flüchtlinge der Welt für einen längeren Aufenthalt zusammenpfercht.")

23 Ebd., S. 100.

24 Rewenig: „Interview", S. 55. Wie man heutzutage unschwer erkennen kann (nicht erst seit dem Juni 2015, als die luxemburgische Bevölkerung sich in einem Referendum für oder gegen ein Ausländerwahlrecht aussprechen konnte, in einem Land, in dem 46,7 Prozent der Bevölkerung nichtluxemburgisch sind und somit also nicht über die politische Zukunft des Landes mitbestimmen können, und sich ganz massiv dagegen ausgesprochen hat), ist die Abgrenzung zwischen ‚uns' und ‚denen' in Luxemburg weniger territorial gebunden als sprachlich. Auch wenn es ein langjähriges Zusammenleben zwischen Luxemburgern und Nichtluxemburgern in Luxemburg gibt, scheint Integration nur mit dem Erlernen der luxemburgischen Sprache einherzugehen, obwohl das Land offiziell dreisprachig ist, und einige in Zeiten des Populismus lauter werdende Stimmen klagen regelmäßig darüber, dass im öffentlichen Raum in Luxemburg kein Luxemburgisch mehr zu hören ist. Vgl. hierzu das Interview des Soziologen und Sprachwissenschaftlers Fehlen, Fernand: „Ce qu'il faut, c'est une véritable politique linguistique", unter http://www.wort.lu/fr/politique/fernand-fehlen-ce-qu-il-faut-c-est-une-veritable-politique-linguistique-5813700e5061e01abe83b190# (zuletzt abgerufen am 30. Oktober 2016).

25 Helminger: *Now here,* S. 44.

26 Ebd., S. 55. Nico Helminger schreibt grundsätzlich alles klein, Substantive im Deutschen inklusive.

27 Vgl. hierzu die Leitartikel von Guy Wagener: ders.: „L'arbitraire comme méthode", in: *Kulturissimo,* 8. April 2010, S. 2; ders.: „Une politique qui frise le scandale", in: *Kulturissimo,* 14. Mai 2010, S. 2; ders.: „Culture(s) et crise(s)", in: *Kulturissimo,* 10. Juni 2010, S. 2; und vor allem: ders.: „A propos de controverses", in: *Kulturissimo,* 13. Oktober 2010, S. 2, in dem der Autor schreibt: „Parce que la ministre n'a pas de vision." (Übersetzung: „Da die Ministerin keine Vision hat") Vgl. auch die Antwort des Kulturministeriums: Besch, Denise: „Vous n'êtes absolument pas informé", in: *Kulturissimo,* 14. Oktober 2010, S. 3f.

28 Rewenig: „Interview", S. 55.

Bart Philipsen

TRAUERSPIEL EUROPA ODER DAS ZUKÜNFTIGE NACHLEBEN DER EU

Zu Thomas Bellincks ‚exposition performance': *Domo de Europa historio in ekzilio*

Europa: Geburt, Trennung, Ereignis

In „Europa als Name, Europa als Begriff" – einem Auszug aus dem Vorwort seines 2007 bei Stanford University Press erschienenen Buches *Europe, or the Infinite Task* – zitiert der amerikanische Komparatist Rodolphe Gasché noch einmal den wohlbekannten Mythos von Europa, der von Zeus in der Verkleidung eines weißen Stieres nach Kreta entführten, phönizischen Königstochter. „Wenn Europa seinen Namen also tatsächlich diesem Mythos verdankt", so beschließt Gasché,

> dann ist dieser weniger ein Name, den es sich selbst zur Eigenidentifikation verlieh, sondern ein von außerhalb seiner selbst kommender Name, der überdies die Entführung aus dem Geburtsland (Asien) in ein noch namenloses Land bezeichnet. [...] Der Name *Europa* ist also nicht in erster Linie der Eigenname eines Landes, sondern der Name einer Bewegung des Trennens und (Sich-)Losreißens, in der alles Eigene immer schon zurückgelassen wurde. Es ist somit eine aller Selbsteingrenzung vorgängige Erweiterung, eine konstitutive Öffnung hin auf alles Fremde, Fremdartige, Unbestimmte.[1]

Die Idee einer „fundamentalen Offenheit für die Welt und eine ursprüngliche Transzendenz hin auf das, was es nicht ist", entnimmt Gasché zum Teil dem Europadiskurs des französischen Philosophen Jean-Luc Nancy. Nicht nur die von Nancy suggerierte (philologisch wohl nicht gut fundierte) ‚etymologische' Verwandtschaft zwischen dem Namen Europas und dem griechischen Wort *euruopè* („in weite Ferne schauend"), die den Blick nach außen und auf das Andere thematisieren sollte, sondern vor allem Nancys Vorschlag, Europa als etwas zu betrachten, worüber „wir nicht entscheiden, [...] etwas, das man in der Lage sein sollte, willkommen zu heißen" wie eine „Geburt", rücke Europa aus dem Bereich des Begriffs oder der Idee in den des *Ereignisses*:

Vielleicht gehört Europa, oder das ‚Wesen' Europas wenn man das heute noch so sagen darf, in erster Linie zur Kategorie der *Geburt* und nicht zu der des Projekts. Zweifellos haben die Europa-Projekte, an denen seit mehr als 40 Jahren gearbeitet wird, eine entscheidende Rolle gespielt, und sie werden es auch weiterhin tun. Aber Europa *wurde* auch *geboren* – oder, anders gesagt, es ist mit allem Unvorhergesehenen, Unvorhersehbaren, ja Unbedachten, Unvollständigen, Unzusammenhängenden und Unabschließbaren *angekommen*. Man darf von dem Neugeborenen nicht zu viel verlangen.[2]

Durch die Kategorie der Geburt wechselt das ‚Wesen' Europas nicht einfach vom Register des Gegebenen, das sich beschreiben und definieren ließe, ins Register der (offenen und unendlichen) Aufgabe, d. h., noch einmal anders gewendet: vom Register des Deskriptiven ins Register des Performativen. Als performativ in einem geläufigen, theoretisch unkomplizierten Sinn könnten vielleicht eher die „Europa-Projekte" begriffen werden, auf die Nancy verweist, um das Geboren- und Angekommensein Europas gerade von ihnen zu unterscheiden. Lassen die Europaprojekte der Nachkriegszeit – und damit ist in erster Linie wohl das EU-Projekt gemeint – sich tatsächlich als (zwar unvollendetes) Ergebnis der ‚Arbeit' und der ‚Entscheidung' verstehen, d. h. als Produkte des politisch Machbaren im Sinne rationaler, legislativer Prozesse – also performativer Akte und Setzungen –, so dürfte mit den Begriffen der Geburt und der Ankunft auf Aspekte verwiesen sein, die sich gerade der Machbarkeit und der darin enthaltenen Suggestion der Kontrollierbarkeit, Berechenbarkeit und Beherrschung entgegenstemmen. Nancys Aufzählung von (negativen) Eigenschaften (Unvorhergesehenes, Unvorhersehbares, Unbedachtes, Unvollständiges, Unzusammenhängendes und Unabschließbares) deckt sich zwar nicht ganz mit dem Begriff der Kontingenz, dessen Merkmale – grundsätzliche Offenheit und Ungewissheit, Nichtnotwendigkeit und Möglichkeit des Seins – legen dennoch eine große Analogie mit dem von Nancy Gemeinten nahe.

Die vielleicht etwas überraschende Metapher der Geburt (und der Ankunft), mit der Nancy Europa von den vielen konstruktiven Versuchen zur Identitätsbildung und zur Organisation der von Europa bezeichneten historisch-kulturellen Realität unterscheidet, dürfte auf einen Inter- oder Subtext hinweisen, der im Falle Nancys leicht in Martin Heideggers Werk zu verorten ist. In *Sein und Zeit* entwickelt Heidegger ein neues Verständnis von Geschichtlichkeit, das sich nur noch der existentialen Struktur des Daseins und dessen radikaler Zeitlichkeit ableiten lässt: „Das faktische Dasein existiert gebürtig, und gebürtig stirbt es auch schon im Sinne des Seins zum Tode"³. Nancy hat in all seinen Werken diese radikale Zeitlichkeit und Vergänglichkeit des Seins zum Ausgangspunkt seiner Auffassungen über das Politische gemacht. Dass Europa als ‚gebürtig' apostrophiert wird, heißt somit nicht nur, dass es als Gemeinschaftsidee immer wieder für etwas Noch-nicht-Gedachtes, Neues und Singuläres steht, für die nichtvorhergesehenen und noch zu entfaltenden Möglichkeiten und ganz besonders für die Möglichkeit des Beginns oder Neuanfangs⁴; es bedeutet ebenfalls, dass diese fixierte und vermeintlich abgeschlossene Vorstellungen und Strukturen von Identität von außen (wie ein Anderes, Fremdes) aufbrechende Idee auch eine grundsätzlich von der Negativität der Zeitlichkeit, d. h. des Scheiterns, des Vergehens, des Absterbens, durchzogene sei. Sie lässt nicht nur Europa in immer anderen symbolischen Strukturen und Organisationsformen, kurz: in einem immer komplexer werdenden Europadiskurs ‚ankommen', sondern sie bricht diese Projekte auch immer wieder ab und lässt sie zurück. Die Bewegung des Trennens und (Sich-)Losreißens, die laut Gasché von Europa benannt wird, bezieht sich, je nach der Perspektive, auf eine unabschließbare Zukunft und eine ebenfalls unabschließbare Vergangenheit, unabschließbar freilich in dem Sinne, dass keine Zukunft je die Negativität des Vergehens wird aufheben können. Nancy (und mit ihm Gasché) versucht das Phänomen Europa mithin als *Ereignis* zu verstehen, d. h. als etwas, was sich projektmäßigen Zugriffen und Konstruktionen, die sich um das In-Erscheinung-Treten und um die wirksame Präsenz Europas bemühen, immer wieder entzieht oder wenigstens solche konstruktiven Systematisierungsversuche durchkreuzt, unterbricht oder unterminiert; etwas, was ‚ankommt' oder ‚eintri(ff)(t)t', ohne dass es sich in ein vorgegebenes Dispositiv einschreiben lässt, und etwas, das sich auch immer wieder auf unvorhersehbare Weise verabschiedet, kurz: weniger ein ‚Etwas' oder ‚Was' *(quid)* als ein blitzartiges ‚Dass' *(quod)*.⁵ Mit einem propositionalen Europadiskurs ist diesem ‚Dass' vielleicht nicht beizukommen.

Damit wäre wohl nicht zufällig der Schnittpunkt zwischen politischer Philosophie und Ästhetik berührt, den auch Nancy in all seinen politisch orientierten philosophischen Schriften ausdrücklich thematisiert hat.⁶ Die Erfahrung dieses blitzartigen ‚Dass', das sich ebenfalls als Differenz zur projektmäßigen Arbeit profiliert, etwa im Sinne der bewährten von Claude Lefort thematisierten Differenz des Politischen und der Politik, ist seit einiger Zeit zum Gegenstand einer komplexen Forschungstradition und entsprechender künstlerischer Praktiken avanciert, die eben auf die Schnittstellen fokussieren, an denen eine dem klassischen Dispositiv der Werkästhetik entgegengesetzte Ästhetik des Performativen mit einem ausdrücklich politisch-philosophisch orientierten (und ebenfalls sehr heterogenen) Diskurs zusammentrifft, der sich pauschalisierend unter den Begriff des politisch Imaginären subsumieren ließe.[7] Dessen Anliegen scheint darin zu bestehen, die Selbstdarstellung (oder präziser -inszenierung) politischer Gemeinschaften, jenseits einer Reduktion solcher ästhetisch-theatralischen Inszeniertheit (und solchen Aufwands) auf manipulative, letztendlich Entfremdung auslösende Techniken, als ein primäres, jedem ‚Wesen' vorangehendes und notwendiges Ereignis zu bestätigen; und zugleich auch auf der Differenz zu den Effekten der von diesen konstitutiven Akten produzierten Formen der Sichtbarmachung und der symbolischen Inszenierung bzw. Ritualisierung (sämtlicher EU-Diskurse etwa) zu verharren. Das lässt sich in der zeitgenössischen Theaterlandschaft mit verschiedenen Produktionen belegen, die an der Grenze von politischer Praxis, Theorie und Performance zu verorten sind, wie übrigens auch in diesem Band von mehreren Beiträgen belegt wird.

Im Folgenden soll auf eine Produktion fokussiert werden, in der Europa ins Zentrum eines recht merkwürdigen, weil paradoxen Theatralisierungsverfahrens gerückt wird. Der belgische Theatermacher Thomas Bellinck, Mitbegründer der Theatergesellschaft mit dem (deutschen) Namen *Steigeisen,* hatte 2013 in dem Brüsseler EU-Viertel, wo er selber wohnt, in einem verlassenen und etwas runtergekommenen Schulgebäude unter dem Titel *Domo de Europa historio in ekzilio* – die leicht verständliche, aber dennoch verfremdend wirkende Esperantofassung von „Haus der europäischen Geschichte im Exil" – eine mehrschichtige künstlerische Produktion/Installation entwickelt, die den Zuschauer angeblich in die Rolle eines Besuchers einer Ausstellung zwang. Eine Ausstellung, zumal eine, die sich gar nicht als Dokumentation des Aktuellen, Zeitgenössischen oder ‚Modernen' präsentierte, sondern sich ausdrücklich mit der archivierenden und historisierenden Geste des traditionellen Museums (Domo) zu identifizieren schien – allerdings keines, wo mit Sprüchen wie „Geschichte hautnah erleben" oder „Geschichte zum Anfassen" geworben wurde. Wäre das nicht die Verneinung oder sogar Pervertierung vom ‚Wesen' des Performativen, so wie es auch die Pervertierung von Europa als Ereignis, als blitzartigem, sich immer entziehendem, zurück- und vorwärtsblickendem ‚Dass' *(quod)* wäre? Denn die Zeit der musealen Ausstellung ist eine stillgelegte, eingefrorene Zeit, die der Zeitlichkeit des Theaters – auch wenn diese nicht unbedingt die des traditionellen Dramas ist – grundsätzlich zuwiderzulaufen scheint; sowie auch die Ausstellung bzw. das Ausgestellte die zu präsentierende Idee Europa zu einer Sammlung toter und (tatsächlich) verstaubter Dinge und Daten mumifizierte oder ‚mortifizierte'. Im aktuellen politischen Kontext einer nur allzu deutlich sich verschärfenden antieuropäischen Bewegung, die in vielen Regionen Europas mit einer erneuten Tendenz zum Nationalismus einhergeht, das europäische Ideal radikal in Frage stellt und die EU wörtlich desintegrieren lässt, muss eine künstlerische Produktion, die auf den ersten Blick solche negativen Wunsch- bzw. Angstbilder zu fördern scheint, auf großes Bedenken stoßen.

Verortungen: Das Haus Europa *under deconstruction*
Domo de Europa historio in ekzilio: Die Begriffe Geschichte und Exil (ver-)rückten den Gegenstand der Installation in eine sowohl zeitliche als gewissermaßen politisch-geographische Ferne, als ob es sich um eine vergangene, aufgehobene, zugleich jedoch nomadisch oder diasporisch überlebende, virtuell und museal aufgehobene (bewahrte) Realität handelte; und das war tatsächlich auch die fiktive Perspektive der Ausstellung in diesem fiktiven Museum, die sich als historischer Rückblick auf die bekanntlich – so die fiktive Rahmenerzählung dieser komplexen inszenierten Installation – durch eine diesmal katastrophale Krise („die große Rezession" wird sie genannt) im Jahre 2018 zu Ende gegangene Europäische Union präsentierte. Die Besucher (und der Kurator) wurden ins Jahr 2063 versetzt und blickten als fiktive Besucher einer fiktiven Ausstellung in der Zukunft auf die Vergangenheit, d. h. unsere reale Gegenwart oder – so präzisiert der ‚implizierte' Kurator dieser theatralischen Fiktion – auf „die Zeit des langen Friedens, die Zeit der Harmonisierung und der Integration", zurück. Das erschütternde Apriori, dass diese Zeit des „langen Friedens" nun endgültig vorbei (oder unterbrochen gewesen) wäre, leuchtete dem aufmerksam lesenden Besucher blitzartig ein, sobald er die Information in Esperanto richtig entschlüsselt hatte: Denn die Epoche, die hier ausgestellt wurde, wurde auch als „die Zeit des zweiten Interbellums" bezeichnet. Mittels eines dramaturgisch geschickt fingierten Perfekt-Futurs wurde der Besucher zu einem in einer ‚dritten' Dimension Exilierten. Er wurde eingesperrt in einem vom Kurzschluss zwischen nostalgischem Rückblick und ominösem Zukunftsbild eröffneten raumzeitlichen Zwischen, in dem das zukünftige Ende unserer Gegenwart und die endgültige Vergangenheit des Europaprojektes präfiguriert wurde, das angeblich durch einen uns noch bevorstehenden Krieg abgebrochen wurde und mutmaßlich an Separatismus und Nationalismus sowie an weiteren Finanzkrisen und wirtschaftlichen Konflikten zugrunde gegangen ist.

Die über drei Etagen verteilte Ausstellung führte verschiedene Etappen in der Geschichte der EU vor, mit altmodischen und verstaubten

Bart Philipsen

Landkarten und Texttafeln, verblichenen Fotos, Vitrinen mit Memorabilia und Puppen in muffigen, spärlich beleuchteten Räumen, wo nur die massenhaft anwesenden Töpfe mit Sansevieriapflanzen das einzige dürre Lebenszeichen waren; Räume, die durch ein verwirrend beschildertes Labyrinth von Korridoren und Treppenhäusern zu erreichen waren – und zwar von jedem einzelnen Besucher, der nach einer nervtötenden Wartezeit in einem ekeligen, an DDR-Zeiten oder Krimis aus den siebziger Jahren erinnernden Warteraum ganz allein in dieses museale Raritätenkabinett losgeschickt wurde. Schon schnell wurde klar, dass der Kurator der Exposition auch noch anderes im Sinne hatte als die bloße Vermittlung von historischem Wissen und nostalgischen Gefühlen. Ein Raum, in dem Hunderte *business cards* zusammen mit Menükarten von Brüsseler Spitzenrestaurants, Bildern von Limousinen und sonstigen teuren Wagen und – fast anachronistisch – ein Blackberry ausgestellt waren, präsentierte sich als unmissverständliche Allegorie des Lobbyisten- und Eurokratendaseins. Es fehlten auch nicht: skurrile Plakate mit detaillierten Informationen über Normierungen von Obst und Gemüse – über die Krümmung der Banane, die ideale Form der Tomate oder die erforderliche Länge einer Stange Porree etwa – oder über die Geschwindigkeit eines Scheibenwischers für Traktoren. Ein riesiger Stapel mit Richtlinien, Verordnungen, Vorschriften und Gesetzen ragte sich durch alle Etagen empor und brach schließlich durch das Dach. Plakate und Zeitungsartikel oder Fotos, die auf einen mit antieuropäischen Gefühlen einhergehenden wachsenden Rechtsextremismus und Nationalismus hinwiesen, ließen, trotz fingierter Fotos vom EU-Beitritt Schottlands kurz vor dem Kollaps im Jahre 2017, das Ende ahnen.

Ein kleines beklemmendes und erbärmliches Zimmer mit schmutzigen Schlafsäcken, Klamotten und Müll auf dem Boden zerstreut: Das war die genaue Rekonstruktion des elenden Schlaflagers von illegalen Immigranten, die trotzdem als billige Arbeitskräfte bei der Tomatenernte im spanischen Almeria eingesetzt wurden (und werden). Solche Installationen kreierten Mikronarrative, die sich sowohl in das anscheinend dominante Makronarrativ der Katastrophe als in eine mögliche Geschichte des Überlebens einschreiben ließen. Der Schein trog in beide Richtungen, der Kurator lieferte dem Besucher einer gezielt von ihm inszenierten Unentschlossenheit aus. Bestätigt wurde dies noch einmal im (vor-)letzten Raum auf der obersten Etage, wo der Besucher sich, nach der Wanderung durch die überfüllten Zimmer, in einen fast völlig leeren, dunklen Raum versetzt fand. Dort fehlte eben alles, was Nostalgie und Ironie hätte wecken können, nur ein schwacher Lichtstrahl fiel am Ende des Raums auf einen Brief am Boden. Mit Mühe konnte man die erste Seite dieses langen Briefes entziffern, in dem Bellinck bzw. der Kurator dem Freund Lucas erklärte, warum er den ursprünglichen Auftrag des Brüsseler Stadttheaters KVS, eine Theatervorstellung über die Anfänge der Europäischen Union zu machen, in eine Ausstellung über dessen (vermeintliches) Ende verwandelt hatte. Der Adressat hat den Brief nie gelesen; nachdem sein Geschäft (in Tomatenanbau) infolge der finanziellen Krise, der tödlichen Konkurrenz mit südlichen Ländern (Almeria) und eines abgewiesenen europäischen Subventionsantrags Konkurs anmelden musste, hatte Lucas, wie dem Besucher mitgeteilt wurde, Selbstmord verübt.

Der Raum hieß *Fear of Loss* und erwies sich als Gedenkstätte für die unzählbaren Opfer der finanziellen Krise und des katastrophalen Neoliberalismus. Aber *Loss* bezog sich auch auf den umfassenderen Gegenstand dieses „Hauses der europäischen Geschichte im Exil", auf das, was hier schon als verloren und zu betrauern präsentiert wurde. Bellincks Projekt wäre leicht als satirisch-melancholische Reflexion auf das sich bis ins Absurde in bürokratischem Unfug erschöpfende „sanfte Monstrum Brüssel" misszuverstehen. Die Dystopie, die sich allmählich in der inszenierten Exposition der emblematisch konfigurierten Dinge, Wörter und Bilder abzeichnete, löste aber viel komplexere und divergierende Gefühle aus – Nostalgie, Trauer, Abscheu, Widerstand, Spott, Angst u. a. –, als dass die Produktion schlicht auf eine euroskeptische Stellungnahme zu reduzieren gewesen wäre. Das wurde im letzten Raum der Exposition zögernd bestätigt oder wenigstens mit diplomatischer Sensibilität zur Sprache gebracht. Dort wartete ein riesiger Tresen mit einem recht reichen Angebot an Getränken und Spirituosen aus allen Regionen Europas auf die erschöpften, verwirrten und auch wohl erschütterten Besucher. Der sympathische Barkeeper war kein anderer als Bellinck selber, der unaufdringlich, fast „mit gleichschwebender Aufmerksamkeit"[8], mit den vereinzelt eintreffenden Besuchern ins Gespräch ging oder ihnen zuhörte. Hatte die Exposition als Aufführung/Performance aufgehört, oder hatte der Besucher lediglich die Bühne der Exposition verlassen, nicht jedoch die der Aufführung, den metatheatralischen Rahmen?

Ausstellung, Installation, Performance
Thomas Bellincks Museum der Zukunft der EU als ein der Vergangenheit angehörendes Projekt nahm direkt oder indirekt auf wenigstens zwei sehr ähnliche Projekte Bezug, allerdings aus einer etwas schrägen Perspektive, die sich nicht ohne Weiteres als (kritische) Parodie bezeichnen lässt. Das erste Projekt, auf das relativ explizit verwiesen wurde, ist das vieldiskutierte Museum Haus der europäischen Geschichte, eine Ini-

Bart Philipsen

tiative des EU-Parlaments, das sich für „ein besseres Verständnis der europäischen Geschichte und Integration"⁹ einsetzen sollte. Die Eröffnung des durchaus kostspieligen und – nach vielen nicht unbedingt euroskeptischen Stimmen – megalomanen Museums, das in dem eigens dazu umgebauten Eastmann-Gebäude im Brüsseler Leopoldpark (im EU-Viertel) eingerichtet wird, wurde immer wieder und bis heute wegen gravierender Meinungsverschiedenheiten sowohl über die Initiative an sich (und im Besonderen über die Finanzierung) als über die Konzeption, Organisation und Perspektivierung der geplanten Ausstellungen verschoben. In den Medien wurde selbstverständlich auf die Beziehung zwischen dem umstrittenen Prestigeprojekt der EU und Bellincks durchaus ironisch und kontrovers wirkender Imitation in dem schäbigen, ehemaligen Schulgebäude im gleichen Viertel hingewiesen.[10] Gleich manifest und sowohl in kritischen Beiträgen als in einem gemeinsamen Podiumsgespräch diskutiert, war die Analogie mit einem anderen künstlerischen Projekt, *House of Eutopia* (ursprünglicher Titel *EUtopia?*), des in Gent geborenen Künstlers und Architekten Filip Berte. „House of Eutopia", so Bertes Selbstkommentar, „wants to examine and reveal the social, political, geographic and historical margins of Europe. As an observer of the margin and the outsider, Berte tries with House of Eutopia to make the visitor aware of this reality."[11] Das Ergebnis war eine ebenfalls museale oder ‚skulpturale' Installation, an der Berte zwischen 2006 und 2013 gearbeitet hatte und die, anders als das von Bellinck eingerichtete Haus-im-Exil, als eine wirklich mobile, aus fünf einzelnen modularen, transportierbaren Installationen *(rooms)* bestand. Der belgische Dramaturg Ivo Kuyl sprach von einer „Gebäude-Werft" für ein *work-in-progress*, dessen Form und Inhalt sich sogar durch die Partizipation der Besucher ändern konnten.[12]

Die Ähnlichkeit mit Bellincks ‚Museum' ist groß, beide Projekte sind in vielerlei Hinsicht komplementär, in einigen Aspekten vielleicht sogar überlappend. Beide entwickelten wenigstens eine ästhetisch schräge Perspektive auf die (ur-europäische?) Komplizenschaft von enzyklopädisch-archivierendem, museal verdinglichtem und objektiviertem Wissen und Macht, eine verfremdende, andere Blickpunkte zulassende Organisation des ‚Materials', die eine andere Geschichtsschreibung und -lektüre Europas erlaubte. Beide kreierten ein sehr physisches, materielles Gedächtnistheater, dem zweifellos auch eine pädagogische Dramaturgie zugrunde gelegt wurde; eine Dramaturgie, die nicht zuletzt darauf zielte, die bewährte Metapher des Hauses mit ihrer inneren architekturalen Logik des Ein- und Ausschlusses, der (sozialen) Etagen, der (dunklen) (Keller-)Räume und der heller beleuchteten öffentlichen Räume, des Unten und Oben und dem über diese räumliche Metaphorik hingelegten historisch-teleologischen Narrativ (Vergangenheit/Zukunft) zu dekonstruieren. Aber Bertes *House of Eutopia* war vor allem eine zeitgenössische Installation, eine die alle modernen Medien und Technologien einsetzte, um ihre durchreflektierte Botschaft zu vermitteln; noch in der Abstraktion der Raumeinteilungen und -bezeichnungen (*Collective Memory Mass Grave, Blue Room, White Space/ Mirror* usw.), stellte sie ihr Reflektiertsein und die Intentionalität des Projektes zur Schau. Und sie war aus diesen Gründen, wie Ivo Kuyl mit Recht behauptet, als (zwar künstlerisch initiiertes) Vehikel, Medium oder Plattform eines auf deliberativ- und partizipativ-demokratischen Prinzipien fußendes öffentliches Gesprächsmodell gemeint: „Ziel von ‚EUtopia?' ist die Realisierung einer Kommunikations- und Diskussionsplattform zu Europa."[13] Man spürt in diesem wie in ähnlichen zeitgenössischen Theaterpraktiken, die sich in den letzten Jahren um eine performative Ästhetik der Partizipation bemüht haben, eine vielleicht sehr alte, von Rousseau für die Modernität erneut reflektierte und formulierte antitheatralische Tendenz, die darauf zielt, das Ästhetische als eine letztendlich sich selbst aufhebende bzw. von den teilnehmenden Zuschauern aufzugebende Leiter zu einer neuen selbstbewussten Erfahrung von Gemeinschaft zurückzulassen.[14] Zu diesem Zweck – denn diese Erfahrung mag als (profaner) Endzweck noch in Aussicht gestellt sein – wurde Bertes *Haus* als offene Konstruktion produziert, die im obersten (Dach-)Stock die Ausfüllung der Zukunft dem Publikum überlässt („an invitation to you to fill the white space in a personal way") und durch persönlich adressierte Instruktionen („Contributions can be sent to ...") die Schranken zwischen Kunst (Installation, Fiktion) und sozial-politischer Wirklichkeit, dem Zuschauer/Mit-Gestalter und dem Künstler schon innerhalb der ästhetischen Installation aufhebt.[15]

Bellincks *Domo* hingegen öffnete ein Theater im emphatischen Sinne, seine Produktion war eine Aufführung, deren räumliche und zeitliche Grenzen alles andere als klar waren und deren Aufhebung somit auch gar nicht strukturell durch die Dramaturgie gefördert wurde. Keine Handreichung oder Einladung war vorhanden, die dem isolierten Besucher erlaubt hätte, die unbequeme Position eines in eine fiktive Zukunft versetzten *future self* reibungslos für die des distanzierten, sich in seiner eigenen realen Gegenwart befindenden und reflektierenden Zuschauers, geschweige denn die des öffentlich diskutierenden Kollektivs zu vertauschen. Man fand sich allein auf eine mit lauter toten, dinghaften Requisiten gefüllte, durchaus schäbige Bühne der Exposition versetzt und somit ungewollt zum einzigen Mit-Spieler in einem Stück ohne lebendige Mit-

Spieler eingesetzt. Die geisterhafte verstaubte Welt der oft verblichenen und wie verschlissen wirkenden, nicht selten auch skurrilen Objekte lud eher zu dem Blick des benjaminschen Allegorikers ein, der sich grübelnd in die Dinge und ihre rätselhaften emblematischen Konfigurationen versenkt, um sie – und die leere, heillose Welt, die sie verkörpern – „maskenhaft neu zu beleben [und] ein rätselhaftes Vergnügen an ihrem Anblick zu haben"[16]. Diese Neu-Belebung darf nicht mit einer Aufhebung bzw. Verneinung der Vergänglichkeit vertauscht werden, sie bleibt Theater statt Verlebendigung und „endet nicht in consolatio"[17]. Die Beschriftungen bildeten kaum ein deutendes Narrativ, wie etwa die Kommentare, die im *House of Eutopia* vorhanden waren.

Die Kommunikationsstruktur zwischen Künstler, Kunstwerk (Ausstellung/Installation) und Publikum, die im Falle des *Eutopia*-Hauses relativ einfach und transparent war, erwies sich im *Domo* als viel komplizierter, zumal die Ausstellung immerhin als Ergebnis eines Auftrags von einer als „Freunde des wiedervereinigten Europas" apostrophierten schattenhaften Instanz präsentiert wurde. Der Name lässt keine eindeutige Aufschlüsselung zu: Bezieht er sich auf eine neue postkatastrophale Einheit oder wird diese nur in Aussicht gestellt bzw. erhofft, und zwar von den „Freunden" einer präpolitischen Gemeinschaft, die an das revolutionäre Vokabular des 18. Jahrhunderts sowie an Schillers *Ode an die Freude* – die EU-Hymne – erinnert? Entscheiden lässt sich das so wenig wie die Frage, ob die mit Plastik abgeschirmten, mit Unrat, aber auch mit Werkzeugen gefüllten Abstellräume und barrikadierten Durchgänge auf den sich fortsetzenden allmählichen Zusammenbruch oder auf eine zögerliche Renovierung bzw. Restauration hindeuteten. Gerade diese Ambivalenz entspricht der dramaturgischen Ausrichtung des Trauerspiels (nach Benjamin), der Weigerung, das Verlorene dem hellen Licht einer präfigurierten Zukunft preiszugeben, in der das unbeherrschbar Vergängliche der Dinge zwecks deren Erlösung vergessen werden könnte. Im Trauerspiel, das laut Benjamin nicht „so sehr das Spiel das traurig macht, als jenes, über dem die Trauer ihr Genügen findet: Spiel vor Traurigen" sei[18], wird die im Verschwinden sich befindende Welt (in diesem Fall der EU) in ihrer ruinösen Materialität und Formalität festgehalten und unendlich durchgespielt, nur *theatralisch* wird ihr ein Nachleben geschenkt; indem ihre Vergänglichkeit nur im Sinne des Aufbewahrens statt im Sinne der Transfiguration ‚aufgehoben' wird, wird gewissermaßen auch ihre ‚Gebürtigkeit' – dass sie auf eine Weise entsprungen ist, die sich nicht zu einem Ursprung als eines Gemachten und Geplanten zurückverfolgen lässt – bewahrt. Eine Zukunft, die Möglichkeit des wirklichen Neubeginns, hat sie dank der Beharrlichkeit des Trauer-Spiels.

Kurz: Die unsichtbare Sperre, die das Theater als Spiel und Spektakel von einer Öffentlichkeit trennt, in der ebenfalls mittels ästhetischer Techniken und Strategien über ‚Gemeinschaft' diskutiert werden kann, wurde in der *Domo*-Aufführung/-Ausstellung nicht einfach aufgehoben bzw. unter- oder übersprungen, auch nicht beim gemütlichen Empfang an der Theke. Als wörtlicher ‚Bar-Keeper' und Kurator (vom Lateinischen *curare:* „hüten, sorgen, pflegen, beschützen, ..."), und zwar einer mit der richtigen Attitüde der „gleichschwebenden Aufmerksamkeit" eines Psychoanalytikers – Zuhören und selber keine Positionen beziehen –, statt als ‚Regisseur' hat Bellinck diese Sperre oder Schranke *(bar)* unauffällig gehütet. Er war entschieden kein transzendenter, seinem eigenen Werk in die von ihm gedachte Zukunft entflohener Sender bzw. Adressat wie Berte, der seine Installation den Besuchern überließ und sie (Installation und Besucher) zurückließ, um sie zu einem (schriftlichen) Austausch außerhalb der Kunst einzuladen.[19] Vielmehr erinnerte Bellinck noch einmal an den unwissenden Schulmeister aus Jacques Rancières gleichnamiger Monographie, dessen pädagogisches Dispositiv Rancière selber später mit der des Theaters gleichgesetzt hat.[20] Wie der unwissende Schulmeister, weigerte sich Bellinck, das Theater als das zu bewältigende „Dritte" *(le tiers, la médiation[21])* zugunsten einer „Kommunikations- und Diskussionsplattform"[22] aufzugeben. Sein Theater/Museum-im-Umbruch war nicht mit einem *work-in-progress* zu verwechseln, das wie im Falle des *House of Eutopia* auf einer Analogie zwischen partizipativem Kunstwerk und der Machbarkeit der Gesellschaft basierte und auf eine Verringerung bis zur Aufhebung der Distanz zielte. Umbruch entspricht, wie auch das paradoxe Perfekt-Futur, einer ontologischen Qualität der grundsätzlichen Unentscheidbarkeit, die nur das Ästhetische in seinem queren Verhältnis zur Wirklichkeit kennzeichnet. Indem Bellincks ‚Ausstellung' in dem alten Schulgebäude als Aufführung oder *exposition performance* ein zukünftiges Nachleben der EU-Idee sicherte, indem er die Vergänglichkeit einer bestimmten symbolischen politischen Ordnung zur Schau stellte und diese Ordnung – EU – sich gewissermaßen exponierte, sicherte er auch (aber ohne Gewähr), unabhängig von unseren gewiss notwendigen konstruktiven Gedanken, Projekten und Entscheidungen, der Idee Europa die Möglichkeit, weiterhin als eine Geburt „mit allem Unvorhergesehenen, Unvorhersehbaren, ja Unbedachten, Unvollständigen, Unzusammenhängenden und Unabschließbaren"[23] anzukommen.

---

[1]   Gasché, Rodolphe: „Europa als Name, Europa als Begriff", in: *Trajekte 19* (2009), S. 9–13, hier S. 10 (Hervorh. i. O.).

Bart Philipsen

2   Nancy, Jean-Luc: „La naissance continuée de l'Europe", in: Absire, Alain und Wicker, Antoine (Hrsg.): *Le désir d'Europe*, Les Cahiers de Strasbourg, Strassburg 1992, S. 253–255, hier S. 254, hier aber zit. n. Gasché, Rodolphe: „Europa als Name, Europa als Begriff", S. 13 (Hervorh. i. O. von Nancy).

3   Heidegger, Martin: *Sein und Zeit*, Tübingen 1927, S. 374.

4   Hannah Arendt hat vor allem diese Bedeutung von ‚gebürtig' bzw. die Idee der Natalität als die zentrale ontologische Kategorie gegen Heideggers Sein zum Tode geltend gemacht.

5   Siehe Mersch, Dieter: *Ereignis und Aura. Untersuchungen zu einer Ästhetik des Performativen*, Frankfurt a. M. 2002, S. 19: „Insbesondere ist, anstelle von ‚Ereignis', die Rede vom ‚Ereignen' im Sinne eines *Verbums*. Es handelt sich also nicht um ein bestimmtes Ereignis, nicht einmal um ein Bestimmbares, ein Geschehen im Modus des ‚Was' *(quid)*, sondern allein um Augenblicke des Auftauchens selbst, um das Entspringende, das noch kein ‚Als' oder ‚Was' bei sich trägt und im selben Moment wieder verlöscht. Es bleibt somit allein verwiesen auf ein ‚Daß' *(quod)*." (Hervorh. i. O.)

6   „Das Sein gibt sich singulär plural, und verpflichtet sich also selbst als zu seiner eigenen Bühne. Wir präsentieren uns ein-ander als ‚ich', ebenso wie ‚ich' sich uns jedes Mal einander als ‚uns' präsentiert. In diesem Sinn gibt es keine Gesellschaft ohne Spektakel, oder genauer: Es gibt keine Gesellschaft ohne Spektakel der Gesellschaft. [...] Mit-Erscheinung als Begriff des Zusammen-seins besteht darin, sich zu erscheinen: das heißt, genau gleichzeitig sich und ein-ander zu erscheinen. Man erscheint sich nur, indem man einander erscheint. [...] Kurz: Mit-Erscheinen ist nicht ‚sich erscheinen': ist nicht heraustreten aus einem An-sich-sein, um sich den andern zu nähern, noch um auf die Welt zu kommen. Es ist Sein in der Simultaneität des Mit-seins, worin es kein ‚an-sich' gibt, das nicht unmittelbar ‚mit' wäre. Aber ‚unmittelbar mit' verweist nicht auf eine Unmittelbarkeit im Sinne einer Abwesenheit der Äußerlichkeit. Im Gegenteil, dies ist die augenblickliche Äußerlichkeit der Raum-Zeit (der Augenblick selbst als Äußerlichkeit: das Simultane). So bildet die Mit-Erscheinung eine Bühne, die nicht ein Spiegelspiel ist – oder vielmehr, die Wahrheit des Spiegelspiels muß als die Wahrheit des ‚mit' begriffen werden. In diesem Sinn ist die ‚Gesellschaft' ‚spektakulär'." Nancy: *Singulär plural sein*, aus dem Franz. von Ulrich Müller-Schöll, Berlin 2004, S. 107f.

7   Vgl. Lehmann, Hans-Thies: *Das Politische Schreiben. Essays zu Theatertexten* (= Recherchen 12), Berlin 2002; Koschorke, Albrecht/Lüdemann, Susanne/Frank, Thomas/Matala de Mazza, Ethel: *Der fiktive Staat. Konstruktionen des politischen Körpers in der Geschichte Europas*, Frankfurt a. M. 2007; Lüdemann, Susanne: *Metaphern der Gesellschaft: Studien zum soziologischen und politischen Imaginären*, München 2004.

8   Freud, Sigmund: „Ratschläge für den Arzt bei der psychoanalytischen Behandlung [1912]." *Studienausgabe*, Ergänzungsband, Frankfurt am Main, Fischer, Sonderausgabe, 2000, S. 175–176.

9   Wikipedia.org, s. vv. „Haus der Europäischen Geschichte", „Unterbringung des Museums", unter https://de.wikipedia.org/wiki/Haus_der_Europ%C3%A4ischen_ Geschichte#Unterbringung_des_Museums (zuletzt abgerufen am 6. November 2016). Es verwundert nicht, dass die englische Wikipedia-Seite von der deutschen abweicht. Hier wurde ein Abschnitt unter dem Titel *Debate and polemics* hinzugefügt: „Since its initial conception, the House of European History project has been controversial, especially in the UK. The alleged ‚attempt to find a single unifying narrative of the histories of 27 disparate member states' has been criticised by the British think tank Civitas saying ‚the House of European History can achieve nothing but a disingenuous paradox, aiming to tell the history of all the 27 states, but in fact relating no history at all.'" Wikipedia.org, s. vv. „House of European History", „Debate and polemics", unter https://en.wikipedia.org/wiki/House_of_European_History#Debate_and_polemics (zuletzt abgerufen am 6. November 2016).

10   „Controversy over ‚EU museum' continues", vgl. youtube.com, unter https://www.youtube.com/watch?v=J8i30p_7A6Q (zuletzt abgerufen am 6. November 2016).

11 Siehe die Website des Eutopia-Projektes, unter http://www.eutopia.be/about-house-of-eutopia (zuletzt abgerufen am 6. November 2016).

12 Ich möchte mich bei Elisabeth Tropper für den Hinweis auf den Essay des belgischen Dramaturgen Ivo Kuyl „Brauchen wir ein europäisches Theater?" bedanken, in dem Kuyl auf das Eutopia-Projekt eingeht: „Vor zwei Jahren machte ich die Bekanntschaft mit Filip Berte, einem jungen Künstler aus Gent. Damals beschäftigte er sich mit Plänen für ein Projekt, mit dem er die Unterschiedlichkeit der europäischen Lebensbedingungen ausloten wollte. Er nannte es ‚EUtopia?'. Inzwischen wird das Projekt realisiert: Filip Berte möchte alle gegenwärtigen und zukünftigen Mitgliedstaaten der Europäischen Union und auch die Länder der sogenannten Eurozone unter einem Dach zusammenführen. Er möchte ein Haus bauen, in dem alle diese Länder in Form kollektiver und individueller Geschichten in allen Varianten – von der Geschichte des EU-Politikers bis zu der des obdachlosen Immigranten – vertreten sind. Der Bauplatz wird jedoch nur zum Teil von diesem Haus belegt sein. Es ist auf diesem Bauplatz auch ein Friedhof vorgesehen, auf dem alle Geschichten über seelisches und körperliches Leid begraben sind. Der Keller des Hauses soll als großes Archiv für die Vergangenheit der Europäischen Union dienen. Als mobile Botschaft des Hauses soll ein Werftfahrzeug dienen. In diesem Fahrzeug ist ein Kabinett installiert, wo Menschen empfangen werden können, die ihre Geschichten über Europa erzählen wollen. Je nachdem, wie sich der Bestand an Geschichten im Haus verändert, wird sich auch das Haus selbst in seiner architektonischen Form ändern. Es ist daher weniger ein Haus als vielmehr eine ständige ‚Gebäude-Werft', in der neue Gänge und Zimmer gebaut und andere niedergerissen werden. Das Haus soll öffentlich zugänglich sein und verschiedene Vorstellungen sollen dort stattfinden. Ziel von ‚EUtopia?' ist die Realisierung einer Kommunikations- und Diskussionsplattform zu Europa." Ivo Kuyl: „Brauchen wir ein europäisches Theater?", in: *dramaturgie. Zeitschrift der Dramaturgischen Gesellschaft* 2 (2009), S. 5–7, hier S. 5.

13 Ebd.

14 Siehe hingegen Jacques Rancières grundsätzliche Kritik dieser Tendenz zur Aufhebung der theatralischen (bzw. ästhetischen) Vermittlung in: Rancière, Jacques: *Le spectateur émancipé*, Paris 2008, S. 7–29.

15 „The attic of the House of Eutopia is diametrically opposite to the cellar, both spatially and in content. Whereas the cellar embodies the dark side of the European past, the attic room under the roof is intended to cast a light on possible new or utopian perspectives for the future of Europe in an ever-changing world. It is the only room that does not involve any material design: it remains empty, but is a ‚place for reflection'. This booklet is an invitation to you, the reader, to fill the white space in a personal way and to use it as your own visionary room for reflection. Contributions can be sent by mail to info@eutopia.be or by post to CAMPO, attn. Filip Berte, Nieuwpoort 31–35, B-9000 Ghent. In the meantime, Filip Berte is leaving his House of Eutopia via the attic and the roof, on his way to an Inversion of a future ahead, the title of his new work." Website des Eutopia-Projektes.

16 Benjamin, Walter: „Ursprung des deutschen Trauerspiels", in *Gesammelte Schriften I.1*, S. 203–430, hier S. 318.

17 Menke, Bettine: „Ursprung des deutschen Trauerspiels", in: Lindner, Burkhardt (Hrsg.): *Benjamin-Handbuch. Leben – Werk – Wirkung*, Stuttgart 2011, S. 209–229, hier S. 219.

18 Benjamin, Walter: „Ursprung des deutschen Trauerspiels", S. 298.

19 Siehe Website des Eutopia-Projektes.

20 Vgl. Rancière: *Le spectateur émancipé*.

21 Ebd., S. 21f.

22 Siehe Note 12.

23 Nancy: „La naissance" (siehe Note 2).

Gabriele Michalitsch

DIE GRIECHISCHE TRAGÖDIE DES ‚ANDEREN' EUROPA

Gegenwärtige Politik als historisches Theater

Prolog
In Gestalt von Mythen trägt die Tragödie historische Ereignisse weiter, sodass nachfolgende Generationen ihre Lehren daraus ziehen mögen. Ihr Prolog vermittelt den Verlauf des Geschehens, bevor die Handlung einsetzt. Wie weit das unentrinnbare Schicksal der zur Metamorphose nicht Befähigten bereits fortgeschritten ist, ehe es sich erfüllt, erzählen darin die Stimmen des Chors. Sie könnten über die Griechenlandpolitik der Europäischen Union vor den Brüsseler Verhandlungen Ende Juni 2015 etwa wie folgt verlauten:

Zu seinem Vertreter erkor das Volk Ableges Ziehpress, als es den verstrickten Klüngel regierender alter Herren einem gordischen Knoten gleich nach lange bewiesener Geduld mit einem Schlage abwählte und Ziehpress berief, aufzustehen gegen die vom Vereinigten Europäischen Reich verhängten Lasten. Von einer kleinen Gruppe Vertrauter begleitet, allen voran Ziehpress' Stratege Kannes Wahrrufachis, der kluge Kopf, der als Muse der Kunst und Liebling des Eros sich zu geben weiß und stets nur seinem eigenen Spiegelbild zulächelt, zieht der Tribun des Volkes gegen Norden in die unerklärte Kapitale Europas, um den freundschaftlich Verbündeten vom Leid seines Volkes zu künden. Denn die Staatskassen waren geleert worden und so hatte man bei den europäischen Freunden Kredit um Kredit genommen, und noch mehr Kredit, und alle hatten sich zufrieden die Hände gerieben. Attikas Führer konnten weiter leben wie bisher, die europäischen Freunde gefällige Geschäfte machen, die Geldverleiher Teutonias und Gallias jubelten – kurz: Die Finanzgötter schienen der Sache gewogen.
Nun aber dämmert es. Nicht länger zu verleugnen ist, dass die Rückzahlung des Geliehenen die Schultern des Volkes allzu sehr beschwert. Immer mehr brechen zusammen, in drückendes Zaumzeug gespannt, unter den knallenden Peitschen der Schuldeintreiber, wissen kaum noch, woher Wasser und Brot nehmen. Fleisch, wie es selbst gewöhnliche Sterbliche früher nicht bloß an Festtagen zu köst-

lich würzigen Souflaki bereiteten, gibt es für die Masse der Armen längst nicht mehr.

„Hunger und Verzweiflung bevölkern Attikas einst blühende Metropole. Niemand, der Ohren hat, vermag das Seufzen und Klagen in den Straßen der Hauptstadt zu überhören", hebt denn der Tribun Ableges vor den versammelten europäischen Freunden des unierten Reichs an. Wer aber hinhöre, wende rasch sich entsetzt wieder ab, denn nicht zu ertragen sei das Flennen der Kinder und das Greinen der Alten. Die Verträge seien der Freundschaft nicht würdig, sie einzuhalten wider die guten Sitten, unermesslich das Leid, das sie über sein Volk bringen, spricht er. Der demos strebe – und auch die Iberer und andere Völker des Südens in der großen Union der Europa wollten folgen –, abzuschütteln das unerträglich gewordene Joch der Schuldknechtschaft, denn die gnadenlos berechneten Pflüge der Kreditoren erdrückten bloß die sprießenden Pflänzchen unter den Schollen, während sie den festgefahrenen Karren, statt ihn zu lösen, nur weiter und weiter in die Erde trieben.

Doch ohne Echo verhallen Ableges' Worte in der Runde der Freunde. Die Herren Europas, geleitet von Angelda Märkel, der mütterlichmächtigen Matrone des reichen teutonischen Landes im fernen Norden, und ihrem Schatzmeister, dem grimmigen Wolf Schaeble[1], verschließen Augen und Ohren. Ihre Münder bleiben stumm, ihre Herzen ungerührt. Verdächtig scheint ihnen der junge Mann, ein rechtloser Rebell in ihren Augen, der alles anders machen, ausscheren wolle und Misstöne bringe in den gemeinsamen, alle Gegenstimmen übertönenden neoliberalen Gesang.

Wieder und wieder schickt Ableges seinen Strategen, aufzurütteln die obersten Herren des Reichs. Logos, Einsicht in die Vernunft, solle der praktische Philosoph Kannes sie lehren. Der jedoch, aufrührerisch demokratisch, mehr aber noch aus Stolz, verweigert den zeremoniellen Kniefall vor der Herrschaft. Statt auf Knien kommt er aufrechten Hauptes, mit einem Schmunzeln der Überlegenheit gar. Dies erzürnt allen voran Wolf Schaeble, Teutonias gewichtigen Herren der steinhart glänzenden Münze.

In den Künsten von Rhetorik und Logik geschult, sucht Kannes, selbstgewiss, keiner könne seiner Rede widerstehen, den Kampf der Argumente und reizt mit seinem omnipotenten Gehabe Schatzmeister Schaeble noch mehr. Der alte Wolf, ein schlauer Fuchs, lässt sich auf kein Wortgefecht ein. Der Geldbeutel wiegt schwerer als jedes Argument. Diese Wahrheit der Ahnen genügt ihm. Unerbittlich spricht Wolf Schaeble, seiner Geringschätzung ebenso wie seiner mit

Gabriele Michalitsch

kapitalen Freunden gestählten Unantastbarkeit Ausdruck verleihend, kaum ein Wort. Bloß mit einer abfällig kühlen Handbewegung macht er unmissverständlich klar: entweder – oder, Gehorsam oder Verderben.

Das Angebot der vermeintlichen Freunde bietet die Wahl zwischen Pest und Cholera, zwischen sofortigem tosendem oder qualvoll langsamem Untergang. Während Kannes zurückreist in das heimatliche Attika, ruft Ableges Ziehpress sein Volk zu den Urnen, abzustimmen über den Vorschlag der unierten Freunde, die als Feinde sich gebärden. Unzweifelhaft, dass diesem sich nicht zu beugen ist, folgt der demos *seinem Wort und sagt: Nein!*

Eine Entscheidung muss fallen. Soll man das Land Ziehpress' verstoßen aus dem Bund und dem Untergang preisgeben oder doch mit neuen Gold- und Silberflüssen am Leben halten? An Stelle des bei den ehemaligen Freunden verhassten Kannes tritt nun der überaus bescheidene, stets leicht gebeugt wandelnde Euchlitt Wolf Schaeble gegenüber. Des Wolfs Urteil aber ist längst gefällt: Gehorsam – und sei es um den Preis des Zerfalls. Erneut wird in Europas unbenannter Hauptstadt verhandelt.

1. Einleitung

Kapitulation und Unterwerfung, Kreuzigung und *waterboarding*, Erniedrigung und Erpressung: In der Sprache des Krieges, von Folter und Verbrechen berichten internationale Medien über die ‚Eurokrise', als diese in die ganze Nacht andauernden Vorverhandlungen über ein drittes EU-Kreditprogramm für Griechenland am 12./13. Juli 2015 ihren Höhepunkt erreicht.[2] Die Alternative zu weiteren Krediten wäre ein vertraglich nicht vorgesehener, jedoch vom deutschen Finanzminister vorgeschlagener zwangsweiser Austritt des Landes aus der Eurozone – mit kaum abschätzbaren Folgen für das gesamte europäische Integrationsprojekt.

Die Metaphorik spiegelt den historischen Wendepunkt, an dem Europa in diesem Sommer 2015 zu stehen scheint. Vorstellungen von Frieden, Gemeinschaft und Vereinigung, von Demokratie, Solidarität und Transnationalität werden in der am Verhandlungstisch ausgetragenen ‚Schlacht von Brüssel' fundamental erschüttert. Gewiss maskieren diese gern feierlich beschworenen ‚europäischen Werte' in hohem Maße bloß uneingestandene Profitinteressen und nationale Führungsansprüche, doch im Zuge der Verhandlungen zwischen den Repräsentantinnen und Repräsentanten der Euro-Länder, der Europäischen Zentralbank

(EZB) und des Internationalen Währungsfonds (IWF) einerseits und der griechischen Regierung andererseits fällt der Schleier, der sie verhüllt. Nationale Hegemonie, politische Spaltungen, ökonomische Widersprüche und ideologische Kämpfe innerhalb Europas werden in der dramatischen Brüsseler Verhandlungsnacht erstaunlich offen artikuliert und somit öffentlich, dem medialen Publikum – zumindest außerhalb des deutschen Sprachraums – einsehbar.[3] Live-Ticker praktisch aller größeren Zeitungen eröffnen dabei via Internet den Blick auf die politische Bühne Europas, auf der die griechische Tragödie ihren vorläufigen Höhepunkt erreicht.

Leid und Furcht charakterisieren Aristoteles folgend die Tragödie, die durch „Nachahmung von Handelnden [...] Jammer und Schaudern hervorruft und hierdurch eine Reinigung von derartigen Erregungszuständen bewirkt".[4] Gleichwohl in ihrer Wirkung nicht auf affektive Katharsis beschränkt, ruft auch die europäische Griechenlandpolitik, keineswegs bloßes Schauspiel, „Jammer und Schaudern" in Gestalt sozialen Leids und politischer Furcht hervor. Diesen Elementen der politischen Tragödie Griechenlands, das in seinem Widerstand gegen die neoliberale europäische Politik ein ‚anderes' Europa repräsentiert, widmet sich der vorliegende Beitrag. Von den dramatischen Brüsseler Verhandlungen am 12./13. Juli 2015 ausgehend, stellt der Text zunächst die Konstellation ihrer zentralen Protagonistinnen und Protagonisten vor und resümiert Hintergründe und Verlauf der Verhandlungen, ehe deren soziale und politische Implikationen aufgezeigt werden. Daraus lässt sich letztlich erschließen, welche Kräfte hinter den Kulissen der politischen Bühne historische Regie führen und worin das ‚andere' Europa besteht.

2. Die ‚Schlacht von Brüssel'

Zentrale Protagonisten: Die europäische Familie

„The euro ‚family' has shown it is capable of real cruelty"[5], kommentieren internationale Medien die Brüsseler Verhandlungen. Die Konstellation der zentralen politischen Protagonistinnen und Protagonisten der ‚Schlacht von Brüssel' legt die Familienmetapher nahe. Der griechische Regierungschef Alexis Tsipras, in seiner Heimat „The Boy" genannt, verkörpert gleichsam den abtrünnigen Sohn, den jungen Rebellen, der den Aufstand gegen das elterliche Herrscherpaar des neoliberal vereinten Europas unter deutscher Führung probt. Die deutsche Kanzlerin Angela Merkel hingegen wird nicht nur in Deutschland vielfach als „Mutti" bezeichnet, sondern auch in den internationalen Medien, obgleich in der Substanz ebenso unnachgiebig wie ihr Finanzminister, deutlich verbindlicher, weicher und verständnisvoller, geradezu mütterlich gezeichnet. An ihrer Seite repräsentiert der deutsche Finanzminister Wolfgang Schäuble den strengen, übermächtigen, unerbittlichen Vater, der den missratenen Sohn mit „gesunder Härte"[6] diszipliniert. Wie schon während der Oxi-Kampagne auf Plakaten, so auch während der legendären Verhandlungsnacht auf Twitter mit Swastika abgebildet, avanciert er zum Gesicht eines undemokratischen Europas neoliberaler Tyrannei.[7] Schäuble, seit einem Attentat 1990 an den Rollstuhl gefesselt – in der klassischen Tragödie gilt das körperliche Gebrechen als Zeichen des Bösen –, figuriert als Inbegriff patriarchaler Herrschaft, die keiner Argumente bedarf. So berichtet Yanis Varoufakis, der als Finanzminister bis Ende Juni 2015 die Verhandlungen für Griechenland in der Eurogruppe führte, Schäuble habe jede ökonomische Auseinandersetzung verweigert: „[I]t was as if one had not spoken".[8] Die so ausgedrückte Verachtung gleicht der des Vaters, der – seiner Unantastbarkeit gewiss – dem rebellischen Sohn jede Anerkennung verwehrt. Die ‚Eurokrise' als bloßes Familiendrama zu fassen, hieße jedoch, die historische Tragweite europäischer Griechenlandpolitik auszublenden. Schließlich steht Schäuble mit Tsipras ein Vertreter einer den Fortbestand der neoliberalen Ordnung Europas bedrohenden Neuorientierung gegenüber.

Kontext und Verlauf der ‚Schlacht'
Im Zuge der Finanz- und Wirtschaftskrise 2008 gerät Griechenland angesichts seiner Staatsschulden in Höhe von 129 Prozent des Bruttoinlandsprodukts (BIP; 2009) – bei deren professioneller Verschleierung vor Aufnahme in die Eurozone 2001 von den global dominierenden Investmentbanken Goldman Sachs sowie JPMorgan beraten – zunehmend unter Druck des globalen Finanzsektors.[9] Die weltweit führenden Ratingagenturen Moody's, Standard & Poor's und Fitch stufen die Bonität griechischer Staatsanleihen wiederholt herab, was die Refinanzierungskosten für Griechenland und damit letztlich die griechischen Staatsschulden immer mehr in die Höhe treibt, bis Griechenland 2010 europäische Finanzhilfe beantragt.

Damit unterliegt Griechenland ab 2010 dem austeritätspolitischen Diktat der Troika von EU-Kommission, EZB und IWF. Das erste Kreditprogramm 2010, dem 2013 ein weiteres folgt, dient in hohem Maße der Schuldentilgung Griechenlands bei französischen und deutschen Banken. Verbindlichkeiten werden solcherart vorrangig von privaten auf öffentliche Gläubiger übertragen.[10]

Die griechische Tragödie des ‚anderen' Europa

Während die oktroyierte Austeritätspolitik in Griechenland zunehmend desaströse, von Massenarbeitslosigkeit und Verarmung weiter Teile der Bevölkerung geprägte soziale Folgen zeitigt, rekonfigurieren sich die politischen Kräfteverhältnisse im Land. Aus den im Januar 2015 stattfindenden Parlamentswahlen geht das linke Parteienbündnis SYRIZA mit 36,5 Prozent der Stimmen als Sieger hervor, während die bisher dominierenden Parteien, die sozialdemokratische PASOK und die konservative Nea Dimokratia, herbe Verluste erleiden. Zusammen mit der rechtspopulistischen ANEL bildet SYRIZA eine Koalitionsregierung, mit der eine neue, nicht zur alteingesessenen politischen Führungsschicht des Landes zählende Gruppe von Akteurinnen und Akteuren die Führung des Staates übernimmt und gegenüber den europäischen Institutionen eine Abkehr von der bisherigen Austeritätspolitik fordert.

Die Verhandlungen über die Auszahlung der letzten Tranche des zweiten EU-Kreditprogramms für Griechenland Ende Juni 2015 scheitern letztlich, als der griechische Regierungschef Alexis Tsipras für den 5. Juli ein Referendum über die von der Troika geforderten Kreditbedingungen ankündigt. Daraufhin stellt die EZB die laufenden Liquiditätshilfen für griechische Banken ein, die aufgrund fehlender Barmittel schließen müssen. Kapitalverkehrskontrollen werden eingeführt, um einen massiven Abzug von Kapital aus dem Land zu verhindern, das Wirtschaftsleben kommt weitgehend zum Erliegen.

Bei der am 5. Juli stattfindenden Volksabstimmung folgen 61,4 Prozent der Teilnehmenden der Nein-Empfehlung der Regierung und lehnen die Forderungen der Troika ab. Um weitere Verhandlungen mit den EU-Partnern nach dem Referendum zu erleichtern, tritt der bei den europäischen Verhandlungspartnern besonders unbeliebte griechische Finanzminister Yanis Varoufakis am 4. Juli zurück, sein Nachfolger wird Euclid Tsakalotos.

Die EZB-Liquiditätshilfen bleiben eingefroren, die Banken folglich geschlossen, das Land steht am Rand des völligen ökonomischen Zusammenbruchs – mit allen seinen sozialen Implikationen. Ein Artikel in der konservativen britischen Tageszeitung *The Telegraph* beschreibt die Situation:

> There is not enough cash left to cover ATM withdrawals of €60bn each day through this week, or to cover weekly payments of €120 to pensioners and the unemployed – that is the to say, the tiny fraction of the jobless who receive anything at all. Capital controls have led to an economic stand-still. Almost nothing is coming into the country. Firms are running down their last stocks of raw materials and vital imports. Hundreds of factories, mills, and processing plants

have already cut shifts and are preparing to shut down operations as soon as this week. Late tourist bookings have crashed by 30pc. Syriza faced a serious risk that the country would run out of imported food stocks by end of this month, with calamitous consequences at the peak of the tourist season. [...] We have also watched the EMU creditor powers bring a country to knees by cutting off the emergency liquidity (ELA) to the banking system. [...] [T]he fact remains that the ECB is by its acts dictating a political settlement, and serving as the enforcement arm of the creditors rather than upholding EU treaty law.[11]

Unter diesen Bedingungen werden am 11. Juli zunächst im Rahmen der Eurogruppe, der informellen Runde der – ausschließlich männlichen – Finanzminister, Vorverhandlungen über Bedingungen für ein drittes Kreditprogramm aufgenommen. Der deutsche Finanzminister Wolfgang Schäuble schlägt dabei einen *Grexit auf Zeit* vor, ein vorübergehendes Ausscheiden Griechenlands aus der Währungsunion. Damit erhöht er nicht nur den Druck auf Griechenland enorm, auch der Bestand der Eurozone scheint plötzlich fragwürdig.

Zwar hatte man auch in Griechenland eine solche als Plan B titulierte Option erwogen, doch eine entsprechende Abstimmung im Führungsgremium der Regierungspartei SYRIZA brachte letztlich vier zu zwei Stimmen gegen eine Euroentkoppelung. Die Unberechenbarkeit eines solchen Schritts, dessen potentielle Verteilungswirkungen sowie das Fehlen der für einen geordneten Grexit notwendigen Expertise und der für entsprechende Vorbereitungen erforderlichen Ressourcen waren die zentralen Argumente gegen einen Ausstieg aus der Eurozone.[12]

Die Verhandlungen der Eurogruppe bringen letztlich kein Ergebnis und werden am folgenden Tag im Rat der Staats- und Regierungschefs mit Beteiligung von IWF und EZB fortgesetzt, mehrfach unterbrochen von gesonderten Gesprächen insbesondere zwischen dem griechischen Regierungschef Tsipras und der deutschen Kanzlerin Merkel, in denen die wesentlichen Entscheidungen fallen. Die Verhandlungen ziehen sich bis zum Morgen des nächsten Tages. Als bereits während der Nacht nach und nach einzelne Verhandlungsergebnisse bekannt werden, erhebt sich ein Sturm der Empörung auf dem Kurznachrichtendienst Twitter. *This is a coup* wird nicht nur in Griechenland, sondern in zahlreichen Ländern Europas der häufigste Hashtag auf Twitter, ehe nach 17-stündigen Verhandlungen deren Ergebnis verkündet wird: ein radikalisiertes Austeritätsprogramm. Im Gegenzug erkennt der Europäische Rat einen Finanzbedarf Griechenlands in Höhe von 82 bis 86 Milliarden Euro an und schließt zugleich einen nominellen Schuldenschnitt aus. Zudem ist dieses Verhandlungsergebnis an ein Ultimatum geknüpft. Innerhalb von 48 Stunden, bis Mitternacht des 15. Juli, müssen die zentralen rechtlichen Grundlagen zur Erfüllung der Vereinbarung vom griechischen Parlament verabschiedet werden, ehe weitere Verhandlungen über europäische Kredite an Griechenland aufgenommen werden. Tsipras erklärt, das Abkommen für falsch zu halten, es jedoch umsetzen zu wollen, um dessen negative soziale Folgen zu minimieren.

Nachdem – begleitet von einem Generalstreik der öffentlich Bediensteten – das griechische Parlament das Ultimatum erfüllt und das Brüsseler Abkommen angenommen hat, unterstützt die EZB Griechenland wieder mit entsprechenden Liquiditätshilfen, so dass die Banken eine Woche später wieder öffnen. Griechenland ist damit vor dem unmittelbaren ökonomischen Kollaps bewahrt. Im August 2015 wird schließlich auf Grundlage der Euro-Gipfel-Vereinbarung ein drittes Kreditprogramm für Griechenland beschlossen.

Im Gefolge der Brüsseler Verhandlungsnacht spaltet sich die Regierungspartei SYRIZA, die Regierung Tsipras tritt zurück. Aus den Neuwahlen im September 2015 geht erneut SYRIZA als stimmenstärkste Partei hervor und bildet wieder mit ANEL eine Koalitionsregierung, die schließlich die oktroyierte Politik exekutiert.

3. Soziales Leid: Ökonomische Devastierung

Die Vereinbarung des Euro-Gipfels bedeutet eine verschärfte Fortführung der Griechenland seit 2010 auferlegten Austeritätspolitik: strikte Sparpolitik mit weitreichenden Kürzungen im öffentlichen Sektor, vorrangig im Sozialbereich, und umfangreiche Privatisierung öffentlichen Eigentums. Die deklarierten Ziele, insbesondere die Senkung der Staatsschulden und Wirtschaftswachstum, hat das austeritätspolitische Programm jedoch nicht erreicht. So ist die griechische Wirtschaft seit 2009 um knapp dreißig Prozent geschrumpft, die rezessive Entwicklung des Bruttoinlandsprodukts hält an, die Staatsschulden sind von 129 Prozent des BIP 2009 auf 177 Prozent 2015 gestiegen.[13] Nicht nur eine Vielzahl prominenter Ökonominnen und Ökonomen, selbst der IWF kritisiert den austeritätspolitischen Kurs als unhaltbar.[14] Offensichtlich scheint, „that it is not possible to outgrow this record debt. Especially not with more debt"[15].

Die Brüsseler Vereinbarung beinhaltet – wie bereits die beiden ersten Kreditprogramme – u. a. die sofortige Erhöhung der regressiv wirkenden Umsatzsteuer, die sofortige Kürzung von Pensionsleistungen sowie weitere automatische Ausgabenkürzungen bei Überschreiten des angepeilten Budgetprimärsaldos. Darüber hinaus sind ‚Gütermarktreformen' wie etwa die Ausweitung von Ladenöffnungszeiten an Sonntagen und weitreichende Liberalisierungsmaßnahmen in bis dato geschützten Bereichen, etwa dem Fährbetrieb, durchzuführen. Mit der auf den Arbeitsmarkt bezogenen Formel „rigorous reviews and modernisation of collective bargaining"[16] legt das *Euro-Summit*-Agreement eine weitere Deregulierung der Arbeitsverhältnisse und Einschränkung gewerkschaftlicher Rechte fest – und sichert solcherart billige Arbeitskräfte.

Ein weiteres Kernstück des Abkommens stellt ein ausgeweitetes, insgesamt Vermögenswerte von 50 Milliarden Euro umfassendes Privatisierungsprogramm dar, dessen Erträge in die Rekapitalisierung der Banken und die Rückzahlung der Staatsschulden fließen sollen. Die explizite Erwähnung des zu privatisierenden elektrischen Leitungsnetzes und des Energiesektors legt nahe, dass damit auch auf Konzessionen zur Ausbeutung der umfangreichen Erdöl- und Erdgaslager in der Ägäis gezielt wird. Die Kontrolle über das Privatisierungsprogramm wird einem Fonds übertragen, der von griechischen Behörden unter Aufsicht der Troika verwaltet wird. Die Troika wird folglich, nachdem die SYRIZA-Regierung ihre Inspektorinnen und Inspektoren des Landes verwiesen hatte, wieder in Athen die Implementierung des Programms überwachen.

Neben der völligen rechtlichen ‚Unabhängigkeit' der Statistikbehörde ELSTAT und umfangreichen Reformen zivilrechtlicher Verfahren müssen – mit Ausnahme der *humanitarian crisis bill* – sämtliche von vorherigen Kreditvereinbarungen abweichende Maßnahmen, die seit Antritt der SYRIZA-Regierung ergriffen wurden, im Sinne der Troika rückgängig gemacht werden. Schließlich ist jeder Gesetzesentwurf der Troika vorzulegen, ehe er ins griechische Parlament eingebracht wird. Wie schon in den vorangegangenen Kreditvereinbarungen bleiben die Militärausgaben unangetastet und die griechischen Reedereien von Besteuerung ausgenommen.

Die sozialen Folgen der Austeritätspolitik artikulieren sich in einer humanitären Krise, deren Ausmaß hier nur in einigen Aspekten angedeutet werden kann. Die austeritätsbedingt seit Jahren anhaltende Depression führte zu einem Anstieg der ausgewiesenen Arbeitslosigkeit auf über 27 Prozent im Jahr 2013 und knapp 25 Prozent 2015, der Jugendarbeitslosigkeit auf über 58 Prozent, während sozial völlig ungesicherte informelle Beschäftigung stark zunahm.[17] Gleichzeitig sanken die Löhne zwischen 2010 und 2014 um etwa ein Viertel, darüber hinaus haben „[n]ach Angaben der griechischen Arbeitsmarktaufsicht [...] bis zu 500 000 der zwei Millionen Festangestellten von privaten Unternehmen seit Monaten keine Löhne mehr bekommen"[18].

Als Folge der Arbeitsmarktsituation und der massiven Kürzungen von Sozialleistungen verarmen weite Teile der Bevölkerung. Nach offiziellen Angaben waren 2014 rund 36 Prozent der Bevölkerung armutsgefährdet oder erheblich materiell depriviert.[19] Die Obdachlosigkeit steigt dramatisch, Hunderttausende sind von Suppenküchen abhängig. „Eltern geben ihre Kinder bei SOS-Kinderdörfern ab, weil sie sie nicht mehr ernähren können."[20] Unterernährung wird zu einem verbreiteten Problem. So berichten internationale Medien wie etwa die *New York Times* von Schulkindern, die in Abfalleimern nach Essensresten suchen oder während des Unterrichts infolge von Hunger in Ohnmacht fallen.[21]

Überlebenskämpfe bestimmen den Alltag eines großen Teils der Bevölkerung, deren Folgen sich nicht zuletzt in der Zunahme von physischen wie psychischen Erkrankungen und einem rapiden Anstieg der Selbstmordrate manifestieren.[22] Gleichzeitig steht das Gesundheitssystem infolge der auferlegten Kürzungen am Rande des Zusammenbruchs. Viele Krankenhäuser wurden geschlossen, das Personal stark reduziert, die Löhne um bis zu vierzig Prozent gekürzt. Die massiven Einschnitte im Gesundheitssystem führen dazu, dass viele Griechinnen und Griechen „do not seek health or dental care examination or treatment even though they believe it is necessary for them, because of the cost, waiting time, travel distance, and other reasons"[23]. Etwa 2,5 Millionen Griechinnen und Griechen sind nicht mehr krankenversichert und können vielfach die Gebühren für medizinische Behandlungen und Medikamente nicht aufbringen. In weiterer Folge steigen die Mortalitätsrate, Säuglings- und Kindersterblichkeit.

Ein ähnlicher Notstand herrscht im Bildungssektor. Viele, vor allem gut ausgebildete Griechinnen und Griechen verlassen das Land, der damit verbundene Braindrain gefährdet neben der Entwertung von ‚Humankapital' durch Langzeitarbeitslosigkeit die langfristigen Entwicklungschancen des Landes.[24] Trotz all dieser sozialen Folgen auf der Fortführung der Austeritätspolitik zu bestehen, wirft nicht nur die Frage nach der Rationalität europäischer Politik auf, sondern evoziert auch Schaudern angesichts der Interessen, denen sie dient.

4. Politische Furcht: Autoritarismus und Zerfall

Ökonomische Rationalität

Aus keynesianischer Sicht kann die Austeritätspolitik aufgrund des ‚Sparparadoxons' keinesfalls zu mehr Wirtschaftswachstum führen, denn Ausgabensenkungen verringern die Nachfrage und führen in eine wirtschaftliche Negativspirale sinkender Einkommen, sinkender Beschäftigung und sinkender Produktion, was letztlich auch die Steuereinnahmen reduziert. Dem austeritätspolitischen Kurs stehen zudem etliche Alternativen gegenüber, nicht nur ein Schuldenschnitt, auch andere Formen der Entschuldung unter Einbeziehung der EZB wären möglich, etwa über die Ausgabe von Eurobonds, oder auch eine langfristige einnahmeseitige Defizitreduktion. Darüber hinaus liegen vielfältige Vorschläge zur Stabilisierung Griechenlands vor.[25]

Das folglich keinenfalls alternativlose austeritätspolitische Programm zielt jedoch auf den „transfer of wealth from the lower and middle classes to the classes above them"[26]. Die Privatisierung von öffentlichem Vermögen dient Kapitalinteressen. Unter von außen auferlegtem Privatisierungszwang wird öffentliches Vermögen meist weit unter seinem Marktwert verkauft. Insbesondere Energie- und Infrastrukturkonzerne dürfen demnach überaus günstig zu erstehende Konzessionen und Anlagen sowie profitable Ausweitungen ihrer Betätigungsfelder erwarten. Aber auch die Beratungsbranche profitiert in besonderem Maße von Privatisierungen.[27] Nicht zuletzt verbinden sich mit den Zinszahlungen Griechenlands einträgliche Geschäfte für die Gläubiger. Dass die Austeritätspolitik Griechenland keineswegs nachhaltig stabilisiert, stellt sicher, dass das Land auch mittelfristig ein für den Finanzsektor ertragreiches Spekulationsobjekt bleibt.

Zugleich verbindet sich mit dem griechischen Beispiel eine Warnung an andere südeuropäische Mitgliedsländer, die ebenfalls gegen das austeritätspolitische Diktat zu rebellieren drohen, insbesondere Spanien, wo die austeritätskritische Podemos-Bewegung regen Zulauf erhält.

Europäische Desintegration – deutsche Hegemonie

Nationale Annäherungen und zunehmende Verflechtungen galten im Rahmen des europäischen Einigungsprozesses bis dato als irreversibel. Doch im Zuge der ‚Schlacht von Brüssel', dominiert von nationalstaatlichen Interessen, scheinen sie fragwürdig geworden. Deutschlands und Griechenlands Repräsentantinnen und Repräsentanten stehen sich in offener Feindschaft gegenüber. Griechenland wird zum „europäischen Protektorat"[28], zu „neocolonial servitude"[29] degradiert. Die Distanz zwischen dem südlichen und dem nördlichen Europa wächst, die enge deutsch-französische Partnerschaft, Triebkraft des Integrationsprozesses, scheint aufgekündigt, der historische Gegensatz zwischen Frankreich und Deutschland tritt wieder hervor, Großbritannien steht vor dem Austritt aus der Europäischen Union.

Genau ein Vierteljahrhundert nach seiner Vereinigung hat Deutschland europaweit seine Dominanz etabliert. „[U]nashamedly revealing itself as Europe's chief disciplinarian", machte die deutsche Regierung im Zuge der ‚Eurokrise' „for the first time a manifest claim for German hegemony in Europe".[30] Wesentliche Grundlage der zunehmenden Vormachtstellung Deutschlands bilden nach seiner Vereinigung seine neomerkantilistische Politik und die Osterweiterung der Union. Die Aufnahme einer Reihe ökonomisch weitgehend von Deutschland abhängiger osteuropäischer Staaten stärkte die politische Position Deutschlands. Die neomerkantilistische Politik, die die Binnennachfrage mittels niedriger Löhne drückt und damit Exporte fördert, führt insbesondere seit Anfang der zweitausender Jahre zu massiven Ungleichgewichten der nationalstaatlichen Leistungsbilanzen innerhalb der Union. Deutschland erzielt hohe Überschüsse, während insbesondere die südeuropäischen EU-Mitgliedsländer hohe Defizite aufweisen. Die in der Europäischen Währungsunion angelegten strukturellen Probleme, im Vertrag von Maastricht 1992 rechtlich verankert, werden deutlich. Die Möglichkeit, zwischenstaatliche ökonomische Disparitäten durch eine währungspolitische Intervention auszugleichen, fehlt aufgrund des gemeinsamen Euro. Da eine Fiskalunion mit balancierenden Transfers zwischen den Mitgliedsländern, wesentliche Komponente einer politischen Union, nicht etabliert wurde, führt dies zu kumulativen Effekten, die bestehende wirtschaftliche Ungleichgewichte zwischen den Mitgliedsstaaten verstärken. „No political community can sustain such tension in the long run."[31] Nur eine politische Union kann demnach die Desintegration Europas verhindern.[32]

Antidemokratische Manifestationen
Das vom *Euro Summit* gestellte Ultimatum erzwang vom griechischen Parlament, eine Vielzahl weitreichender Gesetze ohne Vorbereitungszeit und ohne eingehende demokratische Diskussion zu verabschieden. Mit der *Euro-Summit*-Vereinbarung ist Griechenlands Souveränität weitgehend aufgehoben, schließlich sind ihr folgend nahezu alle Gesetzesentwürfe der Troika vorzulegen, ehe sie zur Beratung ins griechische Parlament eingebracht werden. Das griechische Parlament wird damit zum bloßen Vollzugsorgan europäischer Bedingungen degradiert. Dass der griechische *demos* der Politik der europäischen Institutionen in einem Referendum klar widersprochen hatte, bleibt ohne Folgen – eine bloße Fußnote der Geschichte.

Der von Deutschland dominierte Europäische Rat verfügt über nur sehr geringe indirekte Legitimation, die Eurogruppe agiert gänzlich im rechtsfreien Raum. Dass der Beschluss der Eurogruppe Ende Juni, die Verhandlungen abzubrechen, ohne Mitwirkung Griechenlands gefasst wurde, verstößt folglich gegen kein Regelwerk, denn ein solches existiert nicht. Darüber hinaus verfügen EZB wie IWF, beide wesentliche Akteure der Griechenlandpolitik, über keinerlei demokratische Legitimation.

Dabei charakterisieren offen antidemokratische Haltungen den politischen Zugang so mancher europäischer Repräsentantinnen und Repräsentanten. So twitterte der slowakische Finanzminister Peter Kažimir während der Verhandlungsnacht auf die Demokratiebewegungen des ‚Arabischen Frühlings' anspielend, das Verhandlungsergebnis sei „tough for Athens because it was the result of their ‚Greek Spring'"[33]. Mangelndes Demokratieverständnis charakterisiert aber auch die Diskussionskultur innerhalb der europäischen Institutionen. Varoufakis etwa beschreibt in einem Interview mit dem *New Statesman* den Verlauf der Verhandlungen in der Eurogruppe: Es gebe keinerlei rationale Auseinandersetzung mit ökonomischen Argumenten, es gehe überhaupt nicht um Argumente.[34]

Mediale Fronten
Der Mainstream der deutschsprachigen Medien hat bereits in den letzten Jahren neue nationale Stereotype geformt. Das Boulevardblatt *Bild* hatte schon im Frühjahr 2015 wiederholt Formulierungen wie „faule Griechen" und „gierige Griechen" in den Schlagzeilen, das Nachrichtenmagazin *Spiegel* titelte „Unsere Griechen – Eine Annäherung an ein seltsames Volk"[35]. Das soziale Elend in Griechenland wird hingegen selten thematisiert. Sofern es Eingang in den massenmedialen Strom findet, wird es kaum austeritätspolitisch kontextualisiert, sondern als ‚Einzelschicksal' präsentiert.

Im Kontext der ‚Eurokrise' erweist sich die deutschsprachige mediale Auseinandersetzung als zunehmend eingeschränkt – auch der Pluralismus des öffentlichen Diskurses aber stellt ein zentrales Kennzeichen von Demokratie dar. Deutsche Medien nehmen vorrangig Standpunkte der nationalen Regierung ein, eine die dominante Politik in Frage stellende Berichterstattung, Stimmen kritischer deutscher Intellektueller oder Ökonominnen und Ökonomen fehlen weitgehend. Jürgen Habermas' in einem *Guardian*-Interview geäußerte scharfe Kritik an der deutschen Regierung etwa wird in deutschen Medien weitgehend ignoriert, Habermas selbst nicht interviewt. Nach Abschluss der Verhandlungen treten Rechtfertigung und Exkulpierung der deutschen Regierung in den Vordergrund. So veröffentlicht beispielsweise die österreichische Tageszeitung *Der Standard* einen Artikel mit dem Titel *Wolfgang Schäuble: Europas Buhmann ist mit sich im Reinen* – ohne diesen überhaupt gefragt zu haben.[36] Die deutsche Wochenzeitung *Die Zeit* rechtfertigt die „neue Härte, die der Gemeinschaft guttut"[37]. Über Proteste gegen das Brüsseler Abkommen in Deutschland wird zwar in britischen, nicht aber in deutschen Medien berichtet. Die mediale Berichterstattung unterscheidet sich zwischen den Nationalstaaten erheblich, von einer europäischen Wahrnehmung, Deutung und Reflexion der Ereignisse kann keine Rede sein. Die schwere Krise Europas verschwindet zwei Tage nach Beschluss des griechischen Parlaments aus den deutschsprachigen Schlagzeilen, man geht zur Normalität über, als wäre nichts geschehen. Weiterführende Fragen werden nicht gestellt, Reflexion bleibt aus.

Historische Reminiszenzen
Schon in den Monaten vor der ‚Schlacht von Brüssel' waren historische Rechnungen aufgemacht worden. Man diskutierte die Reparationszahlungen Deutschlands an Griechenland nach den Zerstörungen durch Nazideutschland. Die Verhandlungen darüber waren von der deutschen Regierung bereits 1961 für abgeschlossen erklärt worden. Nun werden offene Forderungen gegen Kredite an Griechenland aufgerechnet.[38] Die bereits erwähnten Bilder Schäubles mit Swastika, die während der Oxi-Kampagne und der Brüsseler Verhandlungsnacht kursierten, aber auch Schlagzeilen wie „Griechenland in Auschwitz" oder „Schäuble führt Europa in Holocaust"[39] am Tag nach den Brüsseler Verhandlungen zeigen die Präsenz der Geschichte in der Krise.

Nicht nur der als griechischer Finanzminister zurückgetretene Ökonom Yanis Varoufakis, auch Wirtschaftsnobelpreisträger Amartya Sen vergleicht die Austeritätspolitik mit dem Versailler Vertrag und weckt damit historische Reminiszenzen, die, über die Invasion und das Wüten des nationalsozialistischen Regimes in Griechenland hinaus, an den Beginn des Weges in die Katastrophe von Shoah und Zweitem Weltkrieg gemahnen.

5. Vorläufiger Schluss: das ‚andere' Europa

Eine Politik, die vorrangig Kapitalinteressen dient und unermessliches menschliches Leid hervorruft, soziale und nationale Desintegration, die Herausbildung eines Hegemonen innerhalb der Union, die fortschreitende Aushöhlung von Demokratie, die Willfährigkeit des medialen Sektors: Die politische Tragödie Griechenlands verdeutlicht die vielfachen Brüche und Spaltungen des ‚einen' Europas. Die ‚Schlacht von

Brüssel' bedeutet eine weitere, vielleicht entscheidende Niederlage des ‚anderen' – des demokratischen, sozialen, solidarischen und transnationalen – Europas. Noch ist die Geschichte nicht entschieden, doch diese Niederlage gibt nicht nur im Hinblick auf die Zukunft Griechenlands, sondern der gesamten Europäischen Union begründeten Anlass für „Jammer und Schaudern". Wie die Tragödie als Form des Schauspiels im Griechenland der Antike scheint die politische Tragödie der Europäischen Union im Griechenland der Gegenwart ihren Anfang zu nehmen – und scheinbar unaufhaltsam ihrem Ende entgegenzueilen. „The day will finally come when interest rates rise sharply again. Then we will be entering into the final act."[40]

[1] Die konservative englische Tageszeitung *The Telegraph* schreibt im Zuge der Berichterstattung zur ‚Eurokrise' durchgängig „Schaeble" an Stelle von „Schäuble". Ob dies bloß als Fehler, als Anglisierung oder bewusste Verunglimpfung zu verstehen ist, lässt sich nicht eruieren.

[2] Die kriegerischen Formulierungen finden sich am 13. Juli 2015 beispielsweise in der *Financial Times, The Telegraph* und *The Guardian*. Der Terminus ‚Eurokrise' fokussiert auf die gemeinsame Währung, abstrahiert aber von der besonderen Exponiertheit Griechenlands und vor allem der akuten Not der griechischen Bevölkerung.

[3] Die mediale Berichterstattung in Deutschland unterscheidet sich erheblich von der im angelsächsischen Raum, siehe auch Abschnitt 4 des vorliegenden Beitrags.

[4] Aristoteles: *Poetik*, unter http://www.digbib.org/Aristoteles_384vChr/De_Poetik (zuletzt abgerufen am 2. Oktober 2016).

[5] Moore, Suzanne: „The euro ‚family' has shown it is capable of real cruelty", in: *The Guardian*, unter https://www.theguardian.com/commentisfree/2015/jul/13/euro-family-angela-merkel-greek-bailout, 13. Juli 2015 (zuletzt abgerufen am 25. Oktober 2016).

[6] Krupa, Matthias: „Europäische Union: Wie hat die Krise Europa verändert?", in: *Die Zeit*, unter http://www.zeit.meter.de/2015/29/europaeische-union-krise-veraenderung-bruessel, 16. Juli 2015 (zuletzt abgerufen am 20. Oktober 2016).

[7] Gemeint ist die Kampagne vor der griechischen Volksabstimmung über die von den europäischen Institutionen gestellten Kreditbedingungen.

[8] Varoufakis, Yanis: *Yanis Varoufakis full transcript: our battle to save Greece*, Interview von Harry Lambert, unter http://www.newstatesman.com/world-affairs/2015/07/yanis-varoufakis-full-transcript-our-battle-save-greece, 13. Juli 2015 (zuletzt abgerufen am 25. Oktober 2016).

[9] Als Beratungshonorar werden 600 Millionen Euro kolportiert.

[10] Erst dies ermöglicht, deutsche Wählerinnen und Wähler gegen griechische auszuspielen.

[11] Evans-Pritchard, Ambrose: „Greece is being treated like a hostile occupied state", in: *The Telegraph*, unter http://www.telegraph.co.uk/finance/economics/11736779/Greece-is-being-treated-like-a-hostile-occupied-state.html, 13. Juli 2015 (zuletzt abgerufen am 25. Oktober 2016).

[12] In Bezug auf die Verteilungswirkungen wurde befürchtet, dass die Wiedereinführung der Drachme, deren Wert deutlich unter dem des Euro zurückgeblieben wäre, es vor allem jenen Griechinnen und Griechen, die ihre Vermögen ins Ausland verschoben haben, erlaubt hätte, weitere Vermögenswerte von den Verarmten aufzukaufen. Vgl. auch Varoufakis: *Yanis Varoufakis*.

Die griechische Tragödie des ‚anderen' Europa

13   Vgl. Eurostat: *Government finance statistics,* unter http://ec.europa.eu/eurostat/statistics-explained/index.php/Government_finance_statistics, 21. Oktober 2016 (zuletzt abgerufen am 25. Oktober 2016).

14   Dazu zählen beispielsweise die Nobelpreisträger Paul Krugman, Amartya Sen und Joseph Stiglitz.

15   Höfer, Max: „There's no end in sight to the Greco-European drama", in: *The Guardian,* unter https://www.theguardian.com/commentisfree/2015/jul/15/greece-european-drama-disaster-eurozone, 15. Juli 2015 (zuletzt abgerufen am 25. Oktober 2016).

16   Euro Summit: *Euro Summit Statement,* Brüssel, 12. Juli 2015, SN 4070/15, S. 3.

17   Vgl. Eurostat (Hrsg.): *Total unemployment rate,* 11. August 2016, unter http://ec.europa.eu/eurostat/tgm/table.do?tab=table&init=1&plugin=1&pcode=tsdec450&language=en (zuletzt abgerufen am 25. Oktober 2016). Dabei wird das Ausmaß der Arbeitslosigkeit grob unterschätzt, da diese auf Basis des *Labor-force*-Konzepts berechnet wird und insbesondere bereits eine Wochenstunde Erwerbsarbeit im Referenzzeitraum ausreicht, um als beschäftigt klassifiziert zu werden.

18   Stefanidis, Alexandros: „Gestrandet", in: *Süddeutsche Zeitung Magazin 33* (2012), unter http://sz-magazin.sueddeutsche.de/texte/anzeigen/38001/Gestrandet (zuletzt abgerufen am 12. Oktober 2016). Vgl. auch Schulten, Thorsten: „Unemployment and wages in Europe: Current development trends under crisis conditions", in: Garrido, Diego López (Hrsg.): *The State of the European Union. How European citizens deal with these times of crisis,* Madrid 2014, S. 119–130, auch unter http://www.exlibrisediciones.com/alternativas/ingles/recursos_cd/pdf/INFORME_ESTADO_UE_final.pdf (zuletzt abgerufen am 14. Oktober 2016).

19   Vgl. Eurostat 2016, unter http://ec.europa.eu/eurostat/statistics-explained/index.php/File:Population_at-risk-of-poverty_or_social_exclusion,_2009%E2%80%9314_YB16-de.png (zuletzt abgerufen am 14. Oktober 2016).

20   Stefanidis: „Gestrandet".

21   Vgl. Alderman, Liz: „More Children in Greece Are Going Hungry", in: *New York Times,* 17. April 2013, auch unter http://www.nytimes.com/2013/04/18/world/europe/more-children-in-greece-start-to-go-hungry.html?_r=0 (zuletzt abgerufen am 28. Oktober 2016).

22   Vgl. Kentikelenis, Alexander/Karanikolos, Marina/Reeves, Aaron/McKee, Martin/Stuckler, David: „Greece's health crisis: from austerity to denialism", in: *The Lancet 9918* (2014), S. 748–753, auch unter http://linkinghub.elsevier.com/retrieve/pii/S0140673613622916 (zuletzt abgerufen am 14. Oktober 2016).

23   Ifanti, Amalia A./Argyriou, Andreas A./Kalofonou, Foteini H./Kalofonos, Haralabos P.: „Financial crisis and austerity measures in Greece: Their impact on health promotion policies and public health care", in: *Health Policy 113* (2013), S. 8–12, hier S. 10, auch unter http://linkinghub.elsevier.com/retrieve/pii/S0168851013001541 (zuletzt abgerufen am 25. Oktober 2016).

24   Vgl. Sen, Amartya: „The economic consequences of austerity", in: *New Statesman,* unter http://www.newstatesman.com/politics/2015/06/amartya-sen-economic-consequences-austerity, 4. Juni 2015 (zuletzt abgerufen am 25. Oktober 2016).

25   Vgl. Varoufakis, Yanis/Holland, Stuart/Galbraith, James K.: *A Modest Proposal for Resolving the Eurozone Crisis,* Juli 2013, unter https://yanisvaroufakis.eu/euro-crisis/modest-proposal/ (zuletzt abgerufen am 20. Oktober 2016).

26   Harvey, David: *On Syriza and Podemos,* Interview von Mike Watson, 19. März 2015, unter http://www.versobooks.com/blogs/1920-david-harvey-on-syriza-and-podemos (zuletzt abgerufen am 14. Oktober 2016).

27   Vgl. Höfer: „There's no end".

28 „[T]he de facto relegation of a member state to the status of a protectorate openly contradicts the democratic principles of the European Union." Habermas, Jürgen: „Jürgen Habermas's verdict on the EU/Greece debt deal – full transcript", Interview von Philip Oltermann, in: *The Guardian,* unter http://www.theguardian.com/commentisfree/ 2015/jul/16/jurgen-habermas-eu-greece-debt-deal, 13. Juli 2015 (zuletzt abgerufen am 10. Oktober 2016).

29 Evans-Pritchard, Ambrose: „Greek deal poisons Europe as backlash mounts against ‚neo-colonial servitude'", in: *The Telegraph,* unter http://www.telegraph.co.uk/finance/ economics/11737388/Greek-deal-poisons-Europe-as-backlash-mounts-against-neo-colonial-servitude.html, 13. Juli 2015 (zuletzt abgerufen am 10. Oktober 2016).

30 Habermas: „Jürgen Habermas's verdict".

31 Ebd.

32 Vgl. ebd.

33 *The Guardian,* Live-Ticker, unter http://www.theguardian.com/business/live/2015/jul/14/greek-crisis-tsipras-political-backlash-bailout-osborne-uk-live#block-55a56e3ce4b0f63008f13b65 (zuletzt abgerufen am 13. Juli 2015).

34 Vgl. Varoufakis: *Yanis Varoufakis.*

35 O. A.: „Keine weiteren Milliarden für die gierigen Griechen", in: *Bild,* 24. Februar 2015, S. 2. O. A.: „Unsere Griechen – Annäherung an ein seltsames Volk", in: *Der Spiegel 29* (2015), S. 1.

36 Vgl. Baumann, Birgit: „Wolfgang Schäuble: Europas Buhmann ist mit sich im Reinen", in: *Der Standard,* unter http://derstandard.at/2000019324730/Wolfgang-Schaeuble-Europas-Buhmann-ist-mit-sich-im-Reinen, 18. Juli 2015 (zuletzt abgerufen am 10. Oktober 2016).

37 Krupa: „Europäische Union".

38 Mit 278,7 Milliarden Euro beziffert der griechische Rechnungshof ausstehende Entschädigungszahlungen Deutschlands für die in Griechenland während des Zweiten Weltkriegs begangenen Naziverbrechen.

39 Aswestopoulos, Wassilis: *Tsipras kapituliert. Drittes Sparmemorandum für Griechenland, Syriza in Auflösung,* 13. Juli 2015, unter http://www.heise.de/tp/artikel/45/45432/1.html (zuletzt abgerufen am 13. Juli 2015).

40 Höfer: „There's no end".

Koku G. Nonoa

TRANSGRESSION IM EUROPÄISCHEN THEATERVERSTÄNDNIS?

Hermann Nitschs *Orgien Mysterien Theater* und
Christoph Schlingensiefs *Aktion 18, „tötet Politik"*

Einführung

Was macht heutzutage das europäische Theater aus? Lange bzw. überwiegend sei, so Anton Bierl, das europäische Theaterverständnis von Rezeptionsgewohnheiten im Theater geprägt, welche die Handlung, das Drama, psychologisch nachvollziehbare Charaktere und vor allem Spannung in den Vordergrund rücken.[1] Ihm zufolge gehen diese Rezeptionsgewohnheiten auf Aristoteles zurück, der nach der Blüte der Tragödie im 5. Jahrhundert v. Chr. in seiner *Poetik* das Drama ausschließlich als Lesetext festgelegt habe, so dass sich „dieses Bild, zum Teil vermittelt durch die Klassische Philologie, in unseren Köpfen verfestigt"[2] habe. Besteht aber das europäische Theater vorwiegend im Singular?

Der vorliegende Beitrag geht dieser Frage nach und nimmt dabei an, dass auch Theaterpraktiken kulturelle Ausdrucksformen und somit dynamische Träger einheitlicher Bedeutungen sowie Funktionen sind. Am Beispiel von Hermann Nitschs *Orgien Mysterien Theater*[3] und Christoph Schlingensiefs *Aktion 18, „tötet Politik"* soll in den Blick genommen werden, wie sich beide Theaterformen mit dem europäischen textzentrierten Theater auseinandersetzen. So erörtert dieser Beitrag erstens die Mitarbeit des Rezipienten im engen Theaterverständnis, zweitens die Theaterpraxis jenseits der Textzentriertheit, drittens die Mitarbeit des Rezipienten vor dem Paradigma Drama, viertens das *Orgien Mysterien Theater* als Urtheatralisierung und schließlich die *Aktion 18, „tötet Politik"* und Urtheatralisierung als politisches Ereignis.

Mitarbeit des Rezipienten im engen Theaterverständnis

Theaterformen reflektieren performativ kulturelle Selbstdarstellungen sowie -wahrnehmungen. Im Horizont eines theatralen Aufführungsmodells „formuliert eine Kultur in *cultural performances* ihr Selbstverständnis und Selbstbild, das sie vor ihren Mitgliedern ebenso wie vor Fremden dar- und ausstellt".[4] Wie ein Kunstwerk ist auch Theater ein „Medium für die Konstitution einer kulturellen, nationalen oder individuellen Identität".[5] Das textzentrierte Theater Europas ist z. B. eine eigenartige kulturelle Selbstverständlichkeit, die sich „im Laufe des 19. Jahrhunderts in europäischen Gesellschaften durchgesetzt und verfestigt" habe und „sich im Wesentlichen auf die überlieferten Texte bezog".[6] Unter dieser Voraussetzung bemerkt Hans-Thies Lehmann zu Recht, dass das dramatische Theater Europas eine Sonderentwicklung genommen habe.[7] Für ihn stehen die Theaterhäuser mitten in den Städten nicht nur als Aufführungsorte in einem institutionellen Rahmen. Sie seien auch steinerne (oder auch gläserne, metallene) Verkörperungen eines Theaterverständnisses, das bis ins 19. Jahrhundert zurückdatiere.[8]

Obgleich das textzentrierte Theater vor allem ein literarisches und organisches Werk voraussetzt, ist es für Interpretationen offen. Damit wird dem Rezipienten ermöglicht, das Werk und/oder die Aufführung kritisch neu zu erschaffen. In diesem Zusammenhang rücken die mitwirkende Rolle des Rezipienten und die gesellschaftliche Dimension von Theater in den Vordergrund.

Die aktive Mitarbeit der Rezipienten im textzentrierten Theaterverständnis lässt sich z. B. anhand von Kevin Rittbergers *Kassandra oder die Welt als Ende der Vorstellung*[9] veranschaulichen. Das literarisch-dramatische Theater erweist sich gerade dann für Denken, Wahrnehmung, Fühlen und Handeln offen, „wenn das Werk in der vom Autor vorgelegten Form dem Realitäts- und Lebensgefühl des Rezipienten entgegenkommt, wenn es ihm die Möglichkeit bietet, seine eigene Wirklichkeit in der des Werkes wenigstens partiell wiederzuerkennen".[10] Dann stimuliert der mediale Charakter der (geschriebenen oder gesprochenen) Sprache die kognitive Aktivität, die in einem doppelten Prozess das nicht unmittelbar Gegebene repräsentiert. Dies geschieht während der sogenannten dualen Repräsentation, die nach Wolfgang Prinz darin besteht, wahrgenommene sowie vergegenwärtigte Inhalte nebeneinander und funktional getrennt zu unterhalten, auf der Basis der kognitiven Organisation vorübergehend vergegenwärtigte Informationen im Vordergrund zu verarbeiten und zugleich im Hintergrund die Verarbeitung der aktuellen Wahrnehmungsinformationen fortzusetzen.[11] Der Akt der Wahrnehmung ist wiederum von allen Medien abhängig, die – so Hartmut Böhme und Klaus R. Scherpe – die „kulturelle Semantik von Gesellschaften sowohl erzeugen als auch distribuieren"[12], und d. h.: von den Formen und Darstellungen von Wahrnehmung, dem Denken, Fühlen und Handeln entsprechend geprägt seien.

So weckt Rittbergers Kassandra die Neugierde des Rezipienten, der nach Assoziationen mit diesem Namen sucht: Für ihn mag Kassandra im Titel dieses Theatertextes z. B. an die trojanische Seherin Kassandra in der *Orestie* von Aischylos erinnern. Bei seiner kognitiven Mitarbeit ist der Rezipient im vollen Modus der bereits angesprochenen dualen Repräsentation: Er vergegenwärtigt das Kassandra-Motiv der äschyleischen *Orestie* und stellt fest, dass es sich um eine Person handelt, die machtlos ihrem vorausgesehenen Schicksal ausgesetzt ist. In diesem besonderen Fall kommt das Wirklichkeitsbild des Rezipienten nicht unmittelbar von seiner Lebenswirklichkeit. Dennoch versucht er auf der Grundlage seiner kognitiven Organisation die gerade wahrgenommene Kassandra-Figur im Hintergrund vergleichend zu verarbeiten. Dann könnte ihm einfallen, dass Rittbergers Kassandra-Motiv den Schicksalsschlag einer Person in einer ausweglosen Situation vor Augen führt, deren verhängnisvoller Ausgang nicht vermieden werden kann: „Die Prophezeiung des Untergangs wird in die Realität übersetzt."[13] Dem Rezipienten wird klar, dass es auch um die Konstellation eines vielseitigen Dilemmas sowie solcher Situationen geht, in denen Aufklärung und Warnungen nutzlos sind und Hilfeleistungen sowie Maßnahmen eher weitere Probleme statt Lösungen hervorbringen. Die Protagonistin Blessing wird z. B. mehrmals gewarnt; dennoch unternimmt sie ihre Reise übers Meer nach Europa, nachdem sie sich prostituiert hatte, um die Überfahrt zu finanzieren; sie ertrinkt dann mit ihren beiden Kindern, bevor sie ihr Ziel erreicht. Aus dieser Perspektive ist der Rezipient imstande, diesen Tatbestand wiederum auf diejenigen Flüchtlinge zu projizieren, die sich auf keinen Fall abschrecken lassen, wenn Fernsehspots ertrinkende Menschen und Flüchtlingsschicksale zeigen.

Wie gezeigt wurde, bezieht sich die Mitarbeit des Rezipienten in Formen textzentrierten Theaters vorwiegend auf die mentale Aktivität. Das kognitive System des Rezipienten entwirft auf der Grundlage der geschriebenen/gesprochenen Sprache hypothetische Modellwirklichkeiten, die der Ausgangspunkt eines potentiell kritischen Hinterfragens sowohl des fiktiven Inhalts als auch der realen soziokulturellen Wirklichkeit sein können.[14] Und genau hier interveniert auch das textzentrierte europäische Theaterverständnis als Medium und Faktor einer sozialkritischen Reflexion über die bestehende Weltsicht. In diesem Zusammenhang ist Rittberger der Einsicht, „man müsste einen neuen Blick entwerfen! Dieser neue Blick dürfte nicht enteignet werden! Und er würde für alle lesbar sein!"[15]

Betrachtet jedoch ein interessierter Rezipient anhand des dramatischen Theatermaßstabs Nitschs *Orgien Mysterien Theater* und Schlingensiefs *Aktion 18, „tötet Politik"*, fällt ihm sofort manches auf: Erstens fehlt ein Werk/Theatertext für eine werkanaloge Aufführung; zweitens sieht es nach einem chaotischen Theaterphänomen voller Irritationen und Provokationen aus, und drittens ist nicht klar, ob es sich um Fiktion oder Realität handelt. „Daher die Schwierigkeiten, die ein großer Teil des traditionellen Theaterpublikums mit dem postdramatischen Theater erlebt".[16]

Theaterpraxis jenseits der Textzentriertheit
Im Gegensatz zum engen europäischen Theaterverständnis lenken Nitschs *Orgien Mysterien Theater* und Schlingensiefs *Aktion 18,* „tötet Politik" das Augenmerk auf eine andere Form theatraler Praxis.

Das „Orgien Mysterien Theater" ist das Lebenswerk des österreichischen Künstlers Hermann Nitsch. Hervorgegangen aus dem Umfeld des „Wiener Aktionismus" erstrebt das Mysterientheater die Integration diverser ästhetischer Komponenten (Aktionskunst, Musik, Installation, Malerei etc.) zu einem grenzüberschreitenden Gesamtkunstwerk. In der Theorie des „Orgien Mysterien Theaters" wird Berauschung und Narkotisierung ein zentraler Stellenwert im Hinblick auf dessen ästhetische und lebensphilosophische Ambitionen zugeschrieben. Dabei kommt ein zunehmend erweitertes Rauschverständnis zum Ausdruck: (1.) im autobiographischen Rückblick des Künstlers vom „geglückten" Alkoholrausch zur berauschenden Inspiration durch Literatur, Musik und Malerei; (2.) im Kunstprogramm vom auflockernden Weintrinken zur Überhöhung des Rausches im Sinne mythischer Lebensübersteigerung (Orgie versus Passion); sowie (3.) in der esoterischen Ausrichtung des Kunstwerks die Vertiefung des Rauschbegriffs im Sinne mystischer „Seinstrunkenheit". Das „Orgien Mysterien Theater" kann insofern als groß angelegter Versuch verstanden werden, die verschütteten historischen Wurzeln des Rausches in Mythos und Religion im Rahmen einer künstlerischen Utopie wieder zu beleben.[17]

AKTION 18
Theater der Welt, Duisburg | Düsseldorf | Köln | Bonn, 2002
Anlässlich der Bundestagswahl 2002 plagiiert die AKTION 18 den Wahlkampf der FDP, im Zuge dessen Parteigrößen wie Guido Westerwelle, Rainer Brüderle und Jürgen Möllemann das PROJEKT 18, das Erreichen von 18 Prozent der Wählerstimmen, propagieren. Während Westerwelle auf einen ausgedehnten Spaßwahlkampf setzt, bedient Möllemann mit israelfeindlichen Aussagen und Tiraden gegen prominente Deutsche jüdischen Glaubens antisemitische Ressentiments. Schlingensief nimmt diesen rundum populistischen Spagat auf. Zu

Beginn der AKTION 18 veranstaltet er am 23. Juni 2002 im Theater Duisburg eine Sonderausgabe des QUIZ 3000, seiner an sich schon politisch unkorrekten Adaption der TV-Show WER WIRD MILLIONÄR, und münzt sie zu einer aus dem Ruder laufenden Wahlkampfveranstaltung zugunsten der FDP um. [...] Auf dem Höhepunkt der Veranstaltung fordert er das Publikum auf, seinen Ausruf „Tötet ..." durch den Namen „Jürgen Möllemann" zu ergänzen. Flankiert von einem großen Polizei- und Presseaufgebot führt Schlingensief am Folgetag im Vorgarten von Möllemanns dubioser Exportberatungsfirma Web/Tec eine an Joseph Beuys angelehnte Aktion samt mitgebrachtem Klavier durch. [...] Unterdessen bittet Möllemann zu einer Pressekonferenz in den Düsseldorfer Landtag und beschuldigt Schlingensief aufgrund der Vorkommnisse im Duisburger Theater der „Volksverhetzung" und der „Anstiftung zu einer Straftat". [...] Eine von Schlingensief angekündigte „Bücherverbrennung" in den Düsseldorfer Rheinauen wird anschließend von Polizeihubschraubern observiert. Schlingensief legt in der Bonner Fußgängerzone ein Kondolenzbuch zum Tode der FDP aus und beendet daraufhin die AKTION 18 vorzeitig: „Es bedurfte nicht des angedachten Aktionszeitraums von sieben Tagen, um die so massiven und fadenscheinigen Reaktionen seitens der Politik, insbesondere der FDP, hervorzurufen. Es sind gerade diese Reaktionen, die uns in der Hoffnung bestärken, dass Kunst im politischen Raum noch Wirkung erzielen kann."[18]

Als Beispielformen postdramatischen Theaters entgehen beide den Beschreibungs- und Analysekategorien des dramatischen Theaters und dessen institutionellen Produktions- sowie Rahmenbedingungen: Sie weisen vorzugsweise „mehr Präsenz als Repräsentation, mehr geteilte als mitgeteilte Erfahrung, mehr Prozeß als Resultat, mehr Manifestation als Signifikation, mehr Energetik als Information"[19] auf. Damit geht auch eine Neuperspektivierung der Werkkategorie unweigerlich einher. Nach Lehmann gilt für das postdramatische Theater, dass der schriftlich und/oder mündlich dem Theater vorgegebene Text und der Text der Inszenierung im erweiterten Sinne des Wortes (mit Spielern, ihren paralinguistischen Ergänzungen, Reduktionen oder Deformationen des linguistischen Materials; mit Kostümen, Licht, Raum, eigener Zeitlichkeit usw.) von einer *veränderten Auffassung des Performancetextes* her neu bestimmt werden müssen.[20] Den Literaturwissenschaften kommen damit eine ernstzunehmende Aufgabe und eine Herausforderung zu, denn neben der klassisch fixierten Werkkategorie entsteht ein Werktypus, der sich mit einer ästhetischen Zäsur oder Einbindung des Realen stets neu formiert.

Ausgehend vom *radikalen Performanzkonzept* im Sinne von Sybille Krämer, sind das *Orgien Mysterien Theater* und die *Aktion 18, „tötet Politik"* als operativ-strategische Theatermethoden zu begreifen, die nicht nur die starre Werkauffassung destabilisieren;[21] sie erschüttern auch binäre bzw. dichotomische Denkmuster, Wahrnehmungsweisen, Begriffsbildungen und Differenzierungen (Autor/Rezipient, Produktion/Rezeption, Realität/Fiktion, Schauspieler/Zuschauer, Bühne/Zuschauerraum usw.) des dramatischen Theaters. Im postdramatischen Theater, wie es in diesen beiden Theateraktionen zum Ausdruck kommt, brechen eben alle „Elemente, als die wir uns die Form des dramatischen Theaters denken können, gleichsam"[22] auseinander.

Die Theaterlandschaft danach liegt uns wie eine Art Photographie *nach* jener Explosion vor Augen: [Wir] sehen auf dieser dergestalt im Bild angehaltenen Explosion die einzelnen Teile, fixiert in ihrem Auseinanderfliegen. Woraus das Theater sich zusammensetzte (Körper, Gesten, Organismen, Raum, Objekte, Architektur, Installationen, Zeit, Rhythmus, Dauer, Wiederholung, Stimme, Sprache, Klang, Musik …) – all dies hat sich nun verselbständigt, befindet sich im Moment der Aufnahme in unterschiedlicher Entfernung vom Zeit-Ort der Explosion, ist in unterschiedliche Richtungen auseinandergejagt, referiert auf seine Herkunft mehr oder weniger deutlich, geht aber zugleich neue fragmentarische Beziehungen ein. Die Einzelmoleküle verbinden sich untereinander und bilden zugleich Konstellationen mit anderen Elementen, die zuvor im Komplex Theater nicht vorkamen: Fortschritt hin zu einer Fülle von neuen Möglichkeiten, Kreation aus dem Zusammenbruch.[23]

Wie es Juliane Rebentisch richtig auf den Punkt bringt, treten Werke nun häufiger auf, die sich weder der Tradition einer Kunst allein zuordnen lassen noch überhaupt sich auf die traditionellen künstlerischen Medien beschränken. Ebenso sei bei diesen Werken nicht mehr erkennbar, wo die Grenze zu ihrem nichtkünstlerischen Außen verlaufe, denn diese werde vielmehr gezielt destabilisiert.[24] Wie der *performative turn* „die Aufmerksamkeit auf die Ausdrucksdimension von Handlungen und Handlungsereignissen bis hin zur sozialen Inszenierungskultur" lenkt, die „die praktische Dimension der Herstellung kultureller Bedeutungen und Erfahrungen"[25] hervorheben, wird eine Neubestimmung der traditionellen Werkkategorie entsprechend gefordert. Anders gesagt, geht die performative Wende nicht nur in den einzelnen Künsten mit einem Performativierungsschub, sondern auch mit der Herausbildung einer neuen Kunstgattung einher,[26] die eine Neuinterpretation des traditionellen organischen Werkbegriffs im Theater beansprucht. In ihrer Rezeption von Umberto Ecos Konzept einer Kunst in Bewegung bemerkt Juliane Rebentisch z. B., dass, anders als die (bedeutungs-)offenen Kunstwerke, solche Arbeiten – wie das *Orgien Mysterien Theater* und *Aktion 18, „tötet Politik"* – nicht allein die mentale Aktivität des Interpreten voraussetzen; sie verlangen überdies auch seine praktische Mitarbeit an ihrer Formwerdung.[27] In diesem Zusammenhang werden sie Koautoren des Werkes, die an seiner Entstehung beteiligt und in gewisser Hinsicht Teil des Produktionsprozesses sind.[28] Auf diese Art und Weise sind die Voraussetzungen klar gegeben, damit sich erlebte und gedachte Wirklichkeit miteinander verschränken – wie in den theatralen Rollendarstellungen der griechischen Antike, bevor das aristotelische Dramenparadigma Geltung beanspruchte.

Mitarbeit des Rezipienten vor dem Paradigma Drama
Wenn darüber Einigkeit herrscht, dass das literarische bzw. dramatische Theater Europas seinen Ursprung in den theatralen Kulturpraktiken der griechischen Antike hat, dann ist es kein Zufall, dass das *Orgien Mysterien Theater* und die *Aktion 18, „tötet Politik"* Affinitäten dazu aufweisen. David Wiles schreibt z. B., dass die antike griechische Kultur in der klassischen Periode vorwiegend eine orale Kultur gewesen sei, in der man weniger Wert auf die Schrift gelegt habe.[29] Die griechische Antike vor dem 6. bzw. 5. Jahrhundert v. Chr. ist insofern als eine vorwiegend orale Kultur zu denken: Nach Anton Bierl hat sie sehr stark auf Mündlichkeit und noch sehr viel stärker auf Bildlichkeit basiert als heutige Literaturen. Aber nicht nur Bilder, sondern auch mythische Inhalte sowie Tänze, Kleider und rituelle Praktiken seien von großer Bedeutung gewesen.[30] In seinem Aufsatz *Menschenopferfeste. Zur Figur des antiken Opfers, zu seinen Theorien und seinem Nachleben* richtet Martin Treml das Augenmerk darauf, dass im Zentrum der antiken mediterranen Stadtkultur Veranstaltungen gestanden hatten, deren Durchführung und Aufnahme von den Bürgern *Schau (theoria)* genannt wurden – das sorgfältige Beobachten, Wahrnehmen –, wie es zunächst ausschließlich der Kultsphäre zugehörig war.[31] Er schlussfolgert daraus, dass sich die Ordnung der Polis auf dieser (opfer-) kultischen Grundlage etabliert hat.[32]

Walter Burkert gelangt zu der Einsicht, niemand bestreite, „daß Bocksopfer eine besondere Rolle im Dionysoskult spielten [...]. Jedenfalls steht inmitten der Dionysischen Aufführungen der Hinweis aufs

Opfer."[33] Burkert verdeutlicht den Sinn des Bocksopfers als kulturelle Praxis in der griechischen Antike. Die Bedeutung der blutigen Opfertötung lässt sich zugleich auf den Sinn des *Orgien Mysterien Theaters* übertragen. Dabei wird auch die Eigenschaft der Mitarbeit des Rezipienten vor dem Paradigma Drama verständlich. Demnach ist die grundlegende Frage: „Was ist der Sinn eines Tieropfers, und im besonderen eines Bocksopfers im Kult des Dionysos?"[34] Nach Burkert sind zwei grundsätzlich verschiedene Arten des griechischen Opfers zu unterscheiden, das *olympische Speiseopfer* und das *chthonische Vernichtungsopfer*. Daher sei der Blick auf den gesamten Komplex zu richten.[35] Durch das rituelle Schlachten des Opfertieres solle der Mensch als Töter nach dem Willen der Gottheit den Tod verursachen und erfahren. Auf diese Art und Weise würden sich die Freude des Festes und der Schrecken des Todes im Opfermahl durchdringen. Die Ambivalenz der menschlichen Gefühle beim Vollzug dieser rituellen Tötung stellt die Spannung zwischen Tötungshemmung und der Tötungsnotwendigkeit her. Denn der Mensch, der nach dem Willen der Gottheit Opfer bringe, lasse sich auf die zwangsläufige und mächtige Tötungsnotwendigkeit als Grundvoraussetzung ein. Mit dem damit einhergehenden Empfinden von Schuld- und Reuegefühlen zeige er zugleich seine tiefverwurzelte *Ehrfurcht vor dem Leben*.[36] Obwohl dies auf den ersten Blick paradox erscheinen mag, verfolgt dieser opferrituelle Gestus eine Logik des kulturellen Zelebrierens in der griechischen Antike. Darüber hinaus gelten die blutigen Opferriten als ein Schock und Schuld auslösendes Medium, durch das die Tiefen der Seele, die Todesangst und der Tötungsrausch erregt werden sollten.[37] Zusammengebunden wird die Gemeinschaft durch die Teilhabe an der blutigen Kulthandlung und die dabei entstehende gemeinsame Schuld- sowie Schockerfahrung und schließlich durch das gemeinsame Verzehren des Opferfleischs. Die Durchführung dieses Zeremoniells findet kollektiv statt, indem die Teilhabenden aktiver und mitbestimmender Bestandteil des Opferereignisses sind.

Abgesehen davon zeigen die Opferrituale und deren kulturelle Funktion eine Nähe zum Mythos und zum Theater. Sie zeichnet sich dadurch aus, dass sich Mensch und Tier gegenseitig ersetzen: Für Burkert sind solche Szenen nicht nur Phantasie, denn sie sollen an die Grundlagen der menschlichen Existenz rühren.[38] Durch die sogenannte *Unschuldskomödie*, die das Tier zum *Sündenbock* macht, bleibt immerhin die Nähe dieses rituellen Brauchs zum Theater augenfällig. In Anbetracht dessen wird deutlich, dass Aischylos, Sophokles sowie Euripides und sogar Aristoteles die Grundelemente der Tragödie bzw.

des Dramas überhaupt nicht erfunden, sondern sie in der vorgegebenen kulturellen Praxis vorgefunden haben. Die Leistung dieser antiken Dramatiker soll durch diese Behauptung gar nicht in Abrede gestellt werden. Denn es ist doch ihr großes Verdienst, diese vorgefundenen Grundelemente auf das „Niveau hoher Literatur, mit den Formen der Chorlyrik und der Adaption des heroischen Mythos"[39], gehoben und sie transformiert bzw. modernisiert zu haben. Es handelt sich bei dieser Transformation um einen besonderen Prozess der Literarisierung von vorgegebenen Vorgängen der antiken griechischen Theaterkultur, die sowohl in zeremonielle Rituale als auch in die Alltagspraxis eingebettet waren. Das ist eine Theaterpraxis, die keine (strikte) Trennung von *Produzenten* und *Rezipienten* kennt, da alle zugleich an der Formwerdung bzw. der Produktion des gemeinsamen Ritualrahmens beteiligt sind.

Erst als dieser rituelle Rahmen allmählich unter dem Einfluß einer zunehmenden Verschriftlichung und Fiktionalisierung brüchig wird, und die Polis politische Selbstaussagen und -inszenierungen darüberlegt, ist man darauf bedacht, die Okkasion durch festere Gattungsnormen abzulösen und innerlich mit größerer Pointiertheit zu reproduzieren. [...] Diese haben bekanntlich im Zuge einer aktiven Religionspolitik die uralte Polisgottheit mitsamt ihren ländlichen Festen mit politischen Ritualen zu einem komplexen inszenatorischen Konglomerat verwoben. In der Tragödie wirken die politischen Implikationen der panhellenische Geltung beanspruchenden Polis Athen am deutlichsten. So entwickelt sich die ursprünglich einfache, noch auf das Lachen zielende Performance bald zur Feierlichkeit. Als Stoff übernimmt sie nun, wie der schon vorher generisch installierte chorlyrische Dithyrambos, den hehren, allen Griechen gemeinsamen Mythos. Die Tragödie ist dabei die erste dramatische Gattung, die in den neuen Festrahmen gestellt wird (ca. 534 v. Chr.). Der hohe Anspruch zum Ziel der pompösen Selbstdarstellung verbindet sich hier mit Mythen und inszenatorischen Darstellungen des Leidens, die von anderen Heroenkulten auf dieses Fest übertragen werden.[40]

Alle diese Elemente, die performative sowie körperzentrierte Rollendarstellungen im rituellen Kontext ausmachen, kennzeichnen das prädramatische bzw. das voraristotelische Theater und überlappen sich mit heutigen Interessen des Postdramatischen, wie am Beispiel des *Orgien Mysterien Theaters* und der *Aktion 18, „tötet Politik"* veranschaulicht werden soll.[41]

Orgien Mysterien Theater als Urtheatralisierung

Das blutige Opferritual und der Tod, den der Mensch verursacht und erfährt, stehen auch im Zentrum der Motivationen von *Orgien Mysterien Theater* in Form eines künstlerischen Ausdrucks:

> dass die gegebenheit des dionysischen und damit das abreaktionsbedürfnis mit der kunst aller zeiten sehr viel zu tun hat, ist offensichtlich. nach dem zweiten weltkrieg drängte sich das abreaktionsbedürfnis durch die informelle kunst stärker in den vordergrund. meine bemühungen gehen dahin, das reine abreaktionsereignis für die kunst zu verwerten, zum formalen ereignis werden zu lassen.[42]

In diesem Zusammenhang wird der aus dem Wort Urtheater abgeleitete Begriff *Urtheatralisierung* eingesetzt und deskriptiv verwendet: Urtheatralisierung bezeichnet die – unter veränderten geschichtlichen, soziokulturellen sowie institutionellen Rahmenbedingungen und Lebenslagen – wiederkehrenden Urtheaterformen bzw. voraristotelischen Theaterformen, die mit rituell affektvoller, sinnlich gebärdensprachlicher und nonverbaler Dramaturgie überladen waren. Blut, Tod und Opferrituale sind – wie schon veranschaulicht – die Bindeglieder zwischen antiker Kultur- sowie Theaterpraxis und rühren an die Grundlagen der menschlichen Existenz, und zwar in einem gültigen Kontext von Sitten und Bräuchen. Das *Orgien Mysterien Theater* als eines der Erscheinungsbeispiele des postdramatischen Theaters ist eine Urtheatralisierung dieser älteren Ästhetik.[43] In der Tat handelt es sich um Nachwirkungen uralter bzw. antiker Theaterformen. Im *Orgien Mysterien Theater* stehen Menschen und Tiere nicht nur als Symbole reziprok stellvertretender Blutsopfer da, sondern verschmelzen auch im Blutbad und verewigen sich dann in Schüttbildern sowie Reliquien. Das *Orgien Mysterien Theater Lesebuch,* das Gerhard Jaschke als „das reichhaltige literarisch-künstlerische werk nitschs"[44] bezeichnet, ist das Ergebnis dieser prozessualen Konstellation, und zwar als eine Werkkategorie, für deren Formwerdung die praktische Mitarbeit der Rezipierenden benötigt wurde.

Urtheatralisierung als politisches Ereignis: *Aktion 18, „tötet Politik"*

Wie im *Orgien Mysterien Theater* beobachtet man auch in der *Aktion 18, „tötet Politik"* eine Affinität zum Theater der antiken griechischen Polis. Dass das Rituelle und das Politische der Theaterpraxis inhärent sind, ist nicht neu in der Theatergeschichte: „Since theatre was both an act of worship of a god and a kind of surrogate political assembly, it was in its nature to explore this middle ground between politics and ritual."[45] Es ist nötig festzuhalten, dass die ursprüngliche Ausdrucksform der Tragödie in der Polis auch ein Surrogat der Behandlung ritueller und politischer Fragen ist. So gesehen ist die Tragödie per se ein Medium, das es möglich macht, dass sich das Volk in der Polis mit seinen Problemen kollektiv auseinandersetzt.[46]

Darüber hinaus merkt Wiles mit Recht an, dass es keine Bezeichnung in der antiken griechischen Sprache gegeben hat, um die Trennung von Kunst und anderen Tätigkeiten politischer und ritueller Natur zu bezeichnen, weil gerade Kunst bzw. Theater nicht von der Lebenspraxis abgehoben ist.[47] Diese Betrachtungsweise ist aufschlussreich für (das Verständnis von) Schlingensiefs Theateraktionen:

> In tragedy the poet spoke to the whole community, as well as outsiders who had come to view the community, so it was imperative that the plays should not be seen as partisan. The poet was a kind of appointed guru, and the space of the festival allowed him a special freedom of speech. This was a freedom to look into the void: to confront death, on occasion to confront also the possibility that an entire community might be extinguished; and to confront the moral void, where right meets right and there are no answers.[48]

Die *Aktion 18, „tötet Politik"* fand auch im Rahmen des Festivals *Theater der Welt* statt und Schlingensief kommt durchaus diesem *Guru* gleich. In einem Interview behauptet er, dass er bezwecke, seine Gedanken, die seine Arbeit berühren, öffentlich vorzutragen: „Bei meiner Aktion mit Möllemann wurde ganz klar, dass in der Politik, sobald man sie beim Wort nimmt, alles an Kanonen aufgefahren wird, was es gibt." Für ihn muss eben diese Politik, die „sich zum Funktionalismus hinreißen lässt", getötet werden. Ihm zufolge ist diese Politik eine riesige Inszenierung, in der die Bürger *Komparsen* seien. Er ist deswegen der Meinung, dass „der Begriff der Politik zerstört" und „die ,Polis', das Zusammenleben", extrem behindert sei, weil sich die Bürger „auf Werbeverkaufsduelle einlassen. Stimme abgeben, und das wars: Diesen Politikbegriff muss man doch abtöten!"[49] Der Aufruf „*tötet Möllemann*" ist im Sinne Schlingensiefs symbolisch gemeint für „*tötet Politik*", die in politischen Akteuren personifiziert und die zum Funktionalismus instrumentalisiert worden ist.[50] Der *Wir*-Begriff steht bei Schlingensief für die Bürgergemeinschaft, das Zusammenleben sowie die Polis; deswegen glaubt er, „dass man sich auch Themen öffnen sollte, die bedrohlich sind"[51]. *Aktion 18, „tötet Politik"*, wie viele andere schlingensiefsche

Aktionen, ist in mancherlei Hinsicht, genau wie die Tragödie aus prädramatischer Perspektive, voller Momente tragischer Erfahrung, und zwar angesichts der vielleicht *nicht bloß* phantasieartigen Anspielungen auf den Tod oder die Todesangst, die selbst Schlingensief sowie viele Rezipienten bzw. Teilhabende haben empfinden sollen:

> Schlingensief skizziert oft Krankheitsbilder, nicht nur die der anderen, sondern gern auch die eigenen. Krankheit fasziniert ihn als eine Möglichkeit der Entgrenzung, sogar als ein Weg zum Rausch. Das Zauberwort, unter das er seine jüngere Produktion stellt, lautet „Griemeln". Buñuel, sein großes Vorbild, habe beschrieben, was gemeint sei. Wenn Buñuel Einfälle suchte, setzte er sich in einen Sessel und trank Cognac, bis ihm Ideen durch den Kopf schossen. Und wenn er grinsen musste, schrieb er die Idee auf. Dieses Grinsen, Schlingensief nennt es Griemeln, das nicht abfällige, sondern erleuchtete innere Feixen über eine Erkenntnis, einen Einfall, einen Zusammenhang, sei das Glück seiner Produktion. [...] Dieses Griemeln fehle den Politikern vollständig. Griemeln hat also mit Todesnähe zu tun. [...] Ein Schlingensief-Wahlkampf müsste diese Sätze enthalten: Wir werden dennoch sterben, liebe Freundinnen und Freunde. Da ist der Tod. Aber wir arbeiten an seiner Abschaffung. Vorerst geht Schlingensief seinen eigenen Voodoo-Weg zur Abschaffung des Todes. Auch der Kampf gegen Möllemann sei natürlich keine Tötungsaufforderung gewesen, sondern eine Abwehrstrategie gegen das Böse.[52]

Damit fällt die Wechselbeziehung zu den bereits behandelten Motiven der griechischen Opferriten auf: Todesangst, individuelle und/oder gemeinsame Schockerfahrung sowie tragische Erfahrung, Schuld- und Reuegefühle, Ehrfurcht vor dem Leben.

Schluss
Das gegenwärtige Theater in Europa ist im Plural zu denken: Es ist zugleich literarisch-textzentriert und performativ-körperzentriert, Präsenz und Repräsentation, geteilte und mitgeteilte Erfahrung, Prozess und Resultat, Realität und Fiktion oder noch eine Verschmelzung von all dem. Auch wenn sich *Kassandra oder die Welt als Ende der Vorstellung* als Beispiel einer rezeptionsoffenen Werkkategorie erweist, findet die aktive Mitarbeit des Rezipierenden auf der Reflexionsebene statt: Es geht somit um ein Theater der epischen Repräsentation tragischer Erfahrung im Sinne der organischen Werkkategorie.

Im Gegensatz dazu können Nitschs *Orgien Mysterien Theater* und Schlingensiefs *Aktion 18, „tötet Politik"* je nach Betrachtungsweise als Transgression bzw. Provokation oder eine institutionskritische Auseinandersetzung mit der Vorherrschaft des europäischen textzentrierten Theaters fungieren. Beide Theaterformen referieren nämlich auf die opferrituellen und politisch stark gefärbten Theaterursprünge in der griechischen Antike. Sie sind eine Umkehrung sowie eine Destabilisierung der dominanten Analysekriterien, weil sie ins Reale einbrechen. Damit geht keine Verdrängung der klassischen organischen Werkkategorie, sondern eine Einladung zu einer Pluralisierung des Werkkonzepts einher.[53] Diesbezüglich betont Juliane Rebentisch, dass eine solche Umakzentuierung durchaus etwas mit der Poetik moderner und spätmoderner Kunst selbst zu tun hat, und was es im Horizont der offenen Kunstwerke zu bedenken gelte, sei die *wechselseitige* Verwiesenheit von Werk und Erfahrung. Es folgt daraus, dass ein Kunstwerk nicht nur in der geschlossenen bzw. organischen Form als vollendetes Werk, sondern auch als ein nichtorganisches Kunstwerk aufzufassen ist.

[1] Vgl. Bierl, Anton: „Die griechische Tragödie aus der Perspektive von Prä- und Postdramatik. Die Perser des Aischylos und die Bearbeitung von Müller/Witzmann", in: Müller-Schöll, Nikolaus/Goebbels, Heiner (Hrsg.): *Heiner Müller sprechen* (= Recherchen 69), Berlin 2009, S. 201–214, hier S. 201.

[2] Ebd.

[3] Für diese Schreibweise vgl. Badura-Triska, Eva/Klocker, Hubert (Hrsg.): *Wiener Aktionismus. Kunst und Aufbruch im Wien der 1960er-Jahre*, Köln, 2012; Karrer, Michael (Hrsg.): *Hermann Nitsch. Das Gesamtkunstwerk des Orgien Mysterien Theaters*, Köln, 2015.

[4] Fischer-Lichte, Erika: *Performativität. Eine Einführung*, Bielefeld 2012, S. 31 (Hervorh. i. O.).

[5] Zembylas, Tasos: *Kunst oder Nichtkunst. Über Bedingungen und Instanzen ästhetischer Beurteilung*, Wien 1997, S. 15.

[6] Fischer-Lichte: *Performativität*, S. 13.

[7] Vgl. Lehmann, Hans-Thies: „‚Für jeden Text das Theater neu erfinden': Gespräch mit Pia Janke, Karen Jürs-Mumby, Hans-Thies Lehmann, Monika Meister, Artur Pelka", in: Janke, Pia/Kovacs, Teresa (Hrsg.): *„Postdramatik". Reflexion und Revision*, Wien 2015, S. 33–45, hier S. 45.

[8] Vgl. Lehmann: *„GET DOWN AND PARTY. TOGETHER. Partizipation in der Kunst seit den Neunzigern"*. Bearbeitete Fassung des mündlichen Statements vom 1. April 2011 im Kölnischen Kunstverein im Rahmen von HEIM SPIEL 2011, 29. März bis 3. April, Theater, Workshops, Symposium, Festival, unter http://www.heimspiel2011.de/assets/media/dokumentation/pdf/HSP-Doku_D_Lehmann.pdf (zuletzt abgerufen am 29. Juli 2016).

[9] Dieser Theatertext stellt dokumentarisch die Geschichten afrikanischer Flüchtlinge dar, die übers Meer von Afrika nach Europa reisen. Außerdem geht es um die Problematik der Hilfe für die Migranten in den EU-Auffanglagern und die Massenabschiebungen durch Frontex-Beamte. Vgl. Rittberger, Kevin: *Kassandra oder die Welt als Ende der Vorstellung*, Frankfurt a. M. 2010.

10 Steinmetz, Horst: „Die Rolle des Lesers in Otto Ludwigs Konzeption des ‚Poetischen Realismus'", in: Grimm, Gunter (Hrsg.): *Literatur und Leser. Theorien und Modelle zur Rezeption literarischer Werke*, Stuttgart 1975, S. 223–239, hier S. 228.

11 Vgl. Prinz, Wolfgang: „Bewusstsein und Ich-Konstitution", in: Roth, Gerhard/Prinz (Hrsg.): *Kopf-Arbeit. Gehirnfunktionen und kognitive Leistungen*, Heidelberg/Berlin/Oxford 1996, S. 451–467, vgl. auch S. 458f.

12 Böhme, Harthut/Scherpe, Klaus R.: *Literatur und Kulturwissenschaften: Positionen, Theorien, Modelle*, Reinbek b. Hamburg 1996, S. 16f.

13 Rittberger: *Kassandra*, S. 3.

14 Vgl. Jäger, Ludwig: „Medialität und Mentalität. Die Sprache als Medium des Geistes", in: Krämer, Sybille/König, Ekkehard (Hrsg.): *Gibt es eine Sprache hinter dem Sprechen?*, Frankfurt a. M. 2002, S. 45–75, hier S. 57.

15 Rittberger: *Kassandra*, S. 25.

16 Lehmann: *Postdramatisches Theater*, Frankfurt a. M. 1999, S. 44.

17 Tauss, J. Martin: „Ein Fest tiefer Trunkenheit: Die Verherrlichung des Rausches im ‚Orgien Mysterien Theater' von Hermann Nitsch", in: *Wiener Zeitschrift für Suchtforschung 31* (2008), Nr. 1, S. 43–48, hier S. 43.

18 KW Institute for Contemporary Art (Hrsg.): *Christoph Schlingensief*, Katalog zur Ausstellung vom 1. Dezember 2013 bis zum 19. Januar 2014.

19 Lehmann: *Postdramatisches Theater*, S. 146.

20 Ebd., S. 145.

21 Vgl. Krämer: „Performance-Aisthesis. Überlegungen zu einer aisthetischen Akzentuierung im Performancekonzept", in: Böhler, Arno/Granzer, Susanne (Hrsg.): *Ereignis Denken. TheatReale – Performanz – Ereignis*, Wien 2009, S. 131–155, hier S. 134.

22 Lehmann: *Postdramatisches Theater*, S. 7.

23 Ebd.

24 Vgl. Rebentisch, Juliane: *Theorien der Gegenwartskunst zur Einführung*, Hamburg 2013, S. 15f.

25 Bachmann-Medick, Doris: „Performative Turn", in: dies.: *Cultural Turns. Neuorientierungen in den Kulturwissenschaften*, Reinbek b. Hamburg 2009, S. 334–340, hier S. 104.

26 Vgl. Fischer-Lichte: *Ästhetik des Performativen*, Frankfurt a. M. 2004, S. 22.

27 Vgl. Rebentisch: *Theorien*, S. 34; Eco, Umberto: *Das offene Kunstwerk*, Frankfurt a. M. 1977, S. 42.

28 Vgl. ebd., S. 41; Rebentisch: *Theorien*, S. 34.

29 Vgl. Wiles, David: *Greek Theatre Performance. An Introduction*, Cambridge 2000, S. 167.

30 Vgl. Bierl: „Die griechische Tragödie", S. 203.

31 Vgl. Treml, Martin: „Menschenopferfeste. Zur Figur des antiken Opfers, zu seinen Theorien und seinem Nachleben", in: Blamberger, Günter/Goth, Sebastian (Hrsg.): *Ökonomie des Opfers. Literatur im Zeichen des Suizids*, Bd. 14, München 2013, S. 39–61, hier S. 39.

32 Ebd.

33 Burkert, Walter: *Wilder Ursprung. Opferritual und Mythos bei den Griechen*, Berlin 1990, S. 13–39, hier S. 19f.

34 Ebd., S. 20.

35 Vgl. ebd.

[36] Vgl. ebd., S. 23.

[37] Vgl. ebd., S. 25.

[38] Vgl. ebd.

[39] Ebd., S. 26.

[40] Bierl: „Dionysos auf der Bühne. Gattungsspezifische Aspekte des Theatergottes in Tragödie, Satyrspiel und Komödie", in: Schlesier, Renate (Hrsg.): *A Different God? Dionysos and Ancient Polytheism*, Berlin/Boston 2011, S. 315–341, hier S. 318.

[41] Vgl. Bierl: „Die griechische Tragödie", S. 203.

[42] Nitsch, Hermann: *o. m. theater lesebuch*, Wien 1985, S. 73.

[43] Vgl. Lehmann: *Postdramatisches Theater*, S. 31.

[44] Jaschke, Gerard: *von der täglichen umdichtung des lebens alleingelassener singvögel in geschlossenen literaturapotheken am offenen mehr. innsbrucker poetik-vorlesungen 1990*, Institut für Germanistik, Innsbruck 1992, S. 91.

[45] Wiles: *Greek Theatre Performance*, S. 77.

[46] Vgl. ebd., S. 48.

[47] Vgl. ebd., S. 172.

[48] Ebd., S. 35.

[49] Schlingensief, Christoph: *Politik braucht Voodoo*, Interview von Maike Schiller, 14. September 2002, unter: http://www.abendblatt.de/kultur-live/article107209225/Politik-braucht-Voodoo.html (zuletzt abgerufen am 27. Januar 2016).

[50] Vgl. Kümmel, Peter: „Selber Gott werden!", in: *Die Zeit 40* (2002), unter http://www.zeit.de/2002/40/Selber_Gott_werden_ (zuletzt abgerufen am 27. Januar 2016).

[51] Schlingensief: *Politik*.

[52] Kümmel: „Selber Gott werden!"

[53] Vgl. Rebentisch: *Theorien*, S. 45f.

Katja Hagedorn

WIE VIEL EUROPA STECKT IN EINEM MENSCHEN?

Zur Entstehung und Konzeption von *Hausbesuch Europa* von Rimini Protokoll

> Wir leben in einem Europa ohne Europäer. Man hat die mögliche Katastrophe Europas aus der Perspektive der Wirtschaft, der politischen Institutionen, der Regierungen, des Rechts analysiert, aber nicht aus der Perspektive des Individuums. Was heißt Europa für den einzelnen Menschen, was bindet den Einzelnen an Europa? Ist es nicht verwunderlich, dass diese Frage nach dem gelebten Europa so gut wie gar nicht vorkommt? Wir haben das abstrakte Haus der europäischen Institutionen, aber die Zimmer dieses Hauses sind menschenleer.[1]

Am 6. Mai 2015 hatte *Haubesuch Europa* von Rimini Protokoll am Hebbel am Ufer in Berlin Premiere. Seitdem tourt die Inszenierung durch Europa. Dabei versucht *Hausbesuch Europa* im wahrsten Sinne des Wortes, die von Ulrich Beck oben erwähnten Zimmer des europäischen Hauses zu füllen, indem die Aufführung ihre Zuschauer in immer neuen Städten in Privatwohnungen versammelt. Das besondere Format, in dem *Hausbesuch Europa* seit 2015 zu sehen ist (15 Zuschauer spielen in einem Wohnzimmer einer Privatwohnung ein Spiel miteinander, das ihre persönlichen Geschichten und die Mechanismen des politischen Europas miteinander verzahnt), ist das Ergebnis eines ungefähr zweijährigen Entwicklungsprozesses, von dem man sagen kann, dass in seinem Verlauf in bemerkenswert viele Richtungen recherchiert wurde und ungewöhnlich viele künstlerische Konzepte entwickelt, getestet und wieder verworfen wurden – bemerkenswert und ungewöhnlich selbst für ein Theaterkollektiv wie Rimini Protokoll, das für seine extensiven Recherchen und seine große Experimentierfreude bekannt ist.[2]

Dieser Artikel will in einem ersten Teil den Entwicklungsprozess von *Hausbesuch Europa* nachzeichnen und in einem zweiten Teil die inhaltlichen und ästhetischen Strategien der Aufführung analysieren, um darüber nachzudenken, inwieweit die dem Begriff Europa inhärenten Fragestellungen und Widersprüche die besondere Genese des Projekts beeinflusst und sich in den künstlerischen Entscheidungen von Rimini Protokoll niedergeschlagen haben.

Zur Genese einer Theateraufführung, die sich im Handgepäck transportieren lässt

Hausbesuch Europa ist eine Auftragsarbeit des europäischen Theaternetzwerks House on Fire, ein Zusammenschluss zehn europäischer Theater und Festivals. 2013 fragte House on Fire bei Rimini Protokoll an, ob sie Lust hätten, ein Projekt zum Thema Europa zu entwickeln. Beim Nachdenken darüber, von welchem Europa an einem Theaterabend von Rimini Protokoll die Rede sein könnte, kam schnell die Abstraktheit und Vieldeutigkeit des Begriffs selbst in den Blick. Versuche, Europa zu definieren, reichen bis in die Antike zurück, und bis heute werden immer wieder mehr oder weniger erfolgreich Anstrengungen unternommen, den Begriff geographisch, kulturell, wirtschaftlich oder politisch zu fassen.[3] So besteht beispielsweise bis heute keine Einigkeit darüber, wo genau die geographische Ostgrenze des Kontinents verläuft.[4] Die Bestimmung einer kollektiven europäischen Identität war spätestens seit den zweitausender Jahren Gegenstand einer händeringenden Suche von Politikern und Intellektuellen, die sich allerdings immer in einem einig sind: Europa ist mehr als ein Wirtschaftsraum.[5] Und die politische Definition Europas als Europäische Union schließt Länder wie die Schweiz, Norwegen oder in naher Zukunft wohl auch Großbritannien aus.

Rimini Protokoll gingen für *Hausbesuch Europa* zunächst von einer konkreten räumlichen Idee aus: Die Aufführung sollte in Privatwohnungen spielen, mit einer beschränkten Zuschauerzahl von höchstens zwanzig. Diese Setzung gewährleistete die Mobilität eines Projekts, das in mindestens zehn verschiedenen Städten und Theatern gezeigt werden sollte (und bei Redaktionsschluss in bereits über zwanzig Städten zu sehen war). Es würde aber zu kurz greifen, die Entscheidung für den Aufführungsort lediglich als Reaktion auf die Europäisierung des Projekts durch ein europaweites Produzentennetzwerk zu beschreiben. An der Bewegung in die Intimität einer Privatwohnung interessierte die Regisseure u. a. der Kontrast zu der vielfach beklagten Abstraktheit des europäischen Diskurses, die für Jürgen Habermas und andere Denker einer der Gründe für die mangelnde Identifikation der Bürger mit Europa ist und dadurch ihrer politischen Partizipation im Wege stehe.[6] Diese Abstraktheit sollte durch die Intimität des Aufführungsorts und den überschaubaren Zuschauerkreis konterkariert werden. Wenn man auf das Bild von Ulrich Beck aus dem Eingangszitat zurückgreifen möchte, könnte die Entscheidung für die Privatwohnung einen Versuch darstellen, die leeren Zimmer des abstrakten Europahauses zu beleben. Es war 2013 allerdings noch offen, womit diese Räume belebt werden sollten. So war zu diesem Zeitpunkt keineswegs ausgeschlossen, mit „Experten des Alltags"[7] zu arbeiten. Im Gegenteil hielten die Mitglieder des künstlerischen Teams bei Recherchegesprächen die Augen nach geeigneten Experten offen. Dass am Ende kein einziger Experte bei *Hausbesuch Europa* auf der Bühne steht, sondern sich die Zuschauer um einen Wohnzimmertisch versammeln und selbst zu Akteuren werden, ist nicht nur, aber auch der Herausforderung geschuldet, ein europaweit inhaltlich und logistisch spielbares Projekt *über* Europa zu entwickeln. Dabei entstanden in Reaktion auf diese Herausforderungen mitunter verschiedene konzeptionelle Ideen parallel, die sich dann wiederum gegenseitig beeinflussten und zu neuen Schwerpunktsetzungen führten. Die Genese des Projekts verlief manchmal entsprechend auf verschiedenen Ebenen zeitgleich, unüberschaubar und wuchernd und nicht so linear, wie es die Form dieses Artikels im Folgenden vielleicht nahelegen mag.

Obwohl 2013, als die Recherchen zu *Hausbesuch Europa* begannen, schon feststand, dass sich unter den Koproduzenten von *Hausbesuch Europa* ein Theater in Norwegen, und damit einem Nicht-EU-Mitgliedsstaat, befinden würde, entwickelte sich die Suchrichtung zunächst schnell in Richtung Europäische Union – vielleicht, weil das politische Europa der Europäischen Union unmittelbar auf die aktuelle Lebenswirklichkeit des europäischen Bürgers verweist (auch wenn dieser es nicht immer so empfindet): Entscheidungen auf EU-Ebene können das Leben des einzelnen Europäers nachhaltig beeinflussen. Rimini Protokoll überprüften entsprechend verschiedene Debatten und Diskurse auf EU-Ebene daraufhin, ob – und wenn ja wie – von ihnen im Rahmen von *Hausbesuch Europa* erzählt werden könnte, und führten zu diesem Zweck Ende 2013 und Anfang 2014 Recherchen durch, u. a. zur europäischen Energiepolitik, der europäischen Datenschutzgesetzgebung oder der Eurokrise.

Bei der näheren Beschäftigung mit den verschiedenen Themenfeldern ergaben sich erneut Definitionsschwierigkeiten. Da es nicht das Ziel war, ein Projekt zum Thema Datenschutz oder Energiepolitik zu entwickeln, sondern ein Theaterabend über Europa entstehen sollte, stellte sich die Frage, was an den einzelnen Inhalten ‚europäisch' sei und ob manche Themen als ‚europäischer' gelten sollten als andere. Parallel zu der Suche nach den inhaltlichen Schwerpunkten dachten Rimini Protokoll über den Einsatz von Experten nach. Bei der Diskussion über mögliche Experten (es tauchte z. B. ein interessanter Kandidat im Deutschen Bundesfinanzministerium im Rahmen der Recherchen zur Eurokrise auf) stellten sich einerseits logistische Herausforderungen: (Mindestens) Zehn europäische Spielorte verlangen von vornherein eine hohe Mobilität und zeitliche Flexibilität, die nicht jeder Experte leisten kann. Aufgrund der begrenzten Zuschauerzahl sollte es außerdem möglich sein, in einer Stadt pro Tag mehrere Vorstellungen in mehreren Wohnungen parallel zu zeigen. Da ein Experte nur in einer Wohnung zur Zeit würde agieren können, hätte sich die benötigte Zahl an Experten drastisch erhöht. Auch wäre der Einsatz von Dolmetschern in einem solchen Konzept unvermeidbar gewesen. Diese in erster Linie durch die Europäisierung des Projekts bedingten logistischen Herausforderungen wären wohl nicht unlösbar gewesen. Hinzu kamen aber auch inhaltliche Fragen, z. B. im Hinblick auf die Perspektive: Welcher Experte sollte in welchem Land über welche Themen reden? Sollte wirklich ein deutscher Finanzexperte in Portugal über die Eurokrise sprechen (unter den Koproduktionspartnern war auch ein portugiesisches Theater)? Und wäre nicht jede Expertenperspektive immer auch eine nationale Perspektive oder würde in bestimmten Kontexten als solche rezipiert?

Der inhaltliche Schwerpunkt von *Hausbesuch Europa* hat sich nicht nur, aber auch wegen solcher Überlegungen von der Beschäftigung mit spezifischen politischen Debatten zur Untersuchung der Organisationsform des europäischen politischen Systems selbst verschoben. Fragen danach, wie die damals 28 Mitgliedstaaten überhaupt zu Einigungen finden und wie die Prozesse ihrer Entscheidungsfindung verlaufen, schienen vielversprechend, weil so die Funktionsweise des Systems sichtbar wird. Die immer wieder wechselnden Allianzen innerhalb der Union, die Kräfteverhältnisse zwischen wirtschaftsstarken und -schwachen Staaten und die sich daraus ergebenden Hierarchien, die Abstimmungsverhältnisse innerhalb der verschiedenen EU-Organe, die im Laufe der Geschichte des Staatenverbunds immer wieder neu vertraglich angepasst wurden (und die offenen und heimlichen Profiteure dieser Veränderungen), oder die Spannungen zwischen nationalen und supranationalen Zuständigkeiten und Verantwortlichkeiten kamen in den Blick.

Allerdings führte auch diese neue inhaltliche Ausrichtung nicht zu einer Arbeit mit Experten. Bei Proben in Privatwohnungen blieb das Material, das in den Recherchegesprächen zur Funktionsweise der EU gewonnen worden war, oft didaktisch, was aber weniger an den Experten als vielmehr an den Inhalten und ihrer Präsentationsform lag: Vor einer Runde von 15 gemütlich um einen Wohnzimmertisch versammelten Zuschauern wirkten die Expertenausführungen zur politischen Organisation der Union entweder wie hochkomplexe Fachvorträge oder wie aus Brüssel lancierte Informationsveranstaltungen und blieben dabei genauso abstrakt und unsinnig wie diese. Das stand aber genau

Katja Hagedorn

im Gegensatz zu dem Anliegen, einen Theaterabend zu entwickeln, der die Abstraktheit der Materie in eine sinnliche Erfahrung überführt. Rimini Protokoll verabschiedeten sich daher Mitte 2014 ganz von der Idee, in *Hausbesuch Europa* mit Experten zu arbeiten, und begannen stattdessen, über partizipative Formate nachzudenken: Durch ein höheres Maß an Zuschauerinvolvierung sollte ein wie auch immer geartetes Wissen zur Funktionsweise des europäischen Staatenverbunds nicht passiv konsumiert werden. Vielmehr sollten die recherchierten politischen Prozesse und Mechanismen direkt erlebbar werden.

Ab Mitte 2014 wurden für *Hausbesuch Europa* regelmäßig Proben in Privatwohnungen durchgeführt, in denen mit unterschiedlichen Formen der Zuschauerpartizipation und Interaktion experimentiert wurde, oft im Rahmen von Planspielkonzepten. Planspiele simulieren komplexe (z. B. politische) Systeme. Auf der Grundlage eines Szenarios übernimmt jeder Teilnehmende eine Rolle und versucht, die Interessen seiner Rolle zu vertreten. Es wurden während dieser Probenphase verschiedene Planspiele gespielt, um ihre Verfahren anschließend auf ihre Brauchbarkeit für *Hausbesuch Europa* zu überprüfen. So wurde z. B. in einem fiktiven Rahmen und in Anlehnung an die Ukrainekrise eine Sitzung des EU-Rats für Auswärtige Angelegenheiten simuliert. (Spielziel dieses von dem Berliner Büro planpolitik entwickelten Spiels mit dem Titel *Umstrittene Wahlen in Fontanien* ist die Verabschiedung eines Abkommens, das den Umgang des fiktiven Staatenverbunds der „Inotischen Union" mit den Wahlen in „Fontanien" regeln soll.) Des Weiteren wurde eine EU-Haushaltsdebatte simuliert, in der jeder Zuschauer die Rolle eines (in diesem Fall real existierenden) Abgeordneten des europäischen Parlaments übernehmen sollte, sowie eine EU-Ratssitzung, in der die Zuschauer als Ländervertreter zu agieren hatten.

Die Experimente mit den Planspielen waren produktiv. Dass 15 Menschen in einem Wohnzimmer ein Spiel über Europa miteinander spielen und dabei eine Erfahrung machen, bei der sie selbst zu Akteuren werden, schien in die richtige Richtung zu gehen. Nichtsdestotrotz blieb die Planspielanlage für die Zwecke von *Haubesuch Europa* ungenügend. Für die Simulation eines komplexen Systems braucht man Zeit und auch Platz.[8] Da aber in Privatwohnungen gespielt werden sollte, konnten und sollten die Gastgeber höchstens zwei Stunden in Anspruch genommen werden. Der begrenzte zeitliche und räumliche Rahmen führte zudem notwendigerweise zu Konzepten mit einem hohen Abstraktionsgrad und dadurch zu Verallgemeinerungen. Zu guter Letzt waren Rimini Protokoll auch unzufrieden mit der Beziehung zwischen Planspiel und Raum. Wer die Inszenierungen von Rimini Protokoll kennt, weiß, wie

Probenfoto *Hausbesuch Europa*, 2014. Planspielanordnung in einer Berliner Privatwohnung.
Foto: Rimini Protokoll

genau sie über das Potential der Räume nachdenken, wenn sie außerhalb des klassischen Theaterraums arbeiten. In diesem Fall stand die besondere Intimität der Privatwohnung im Gegensatz zu den anonymen und/oder repräsentativen Räumen, in denen üblicherweise politische Sitzungen stattfinden. In einem nächsten Schritt wurde daher versucht, den partizipativen Ansatz weiterzudenken und dabei gleichzeitig die Spezifizität des Privatraums stärker zu nutzen – mit dem Ergebnis, das seit 2015 zu sehen ist.

Zum Konzept einer Theateraufführung, bei der die Zuschauer zum Spielmaterial werden

Bei *Hausbesuch Europa* handelt es sich um ein Spiel in fünf Levels, für das sich 15 Zuschauer unter der Leitung eines Spielleiters in einer Privatwohnung um einen Tisch versammeln. Der Taktgeber des Abends ist eine kleine, multifunktionale Maschine, in deren Innerem sich u. a. ein kleiner Rechner und ein Bondrucker befinden. Diese Maschine wird in den ersten drei Levels reihum von einem Mitspieler zum anderen gereicht. Ein akustisches Signal ist das Zeichen, um auf einen Knopf zu drücken und sich einen Bon ausdrucken zu lassen, auf dem eine Frage oder Anweisung steht, die meistens laut vorgelesen wird. Sie beziehen sich zunächst alle auf die konkrete Situation vor Ort, auf den Gastgeber, seine Wohnung oder die Mitspieler. Es handelt sich z. B. um Fragen wie:

Katja Hagedorn

Hausbesuch Europa in Berlin, 5. Mai 2015. Foto: Pigi Psimenou

„Wer engagiert sich in einer NGO? Wenn ja, in welcher? Bitte melden." Oder: „Wer am Tisch hat eine Arbeit, von der er oder sie leben kann? Bitte aufstehen!" Oder: „Wer fühlt sich mehr als Europäer denn als Bürger seines eigenen Landes?" Oder: „Wer hat Angst vor der Zukunft?"

Auf dem Tisch ist zu Spielbeginn außerdem eine Europakarte eingerichtet. Die Zuschauer werden kurz nach ihrer Ankunft gebeten, drei Orte auf der Karte zu markieren, die außerhalb des Landes liegen, in dem der Hausbesuch stattfindet, und mit denen sie persönlich etwas verbindet. Später werden sie aufgefordert, zu erzählen, welche Geschichten sich hinter den Einträgen verbergen.

Die ersten Levels dienen u. a. der Gruppenbildung. Die Spieler lernen sich kennen und werden warm miteinander. Sie erhalten anhand ihrer Antworten aber auch Informationen über die Finanzkraft, die politische Orientierung oder das europäische Netzwerk der anderen. Dadurch bilden sich schnell Sympathien, Antipathien und Hierarchien. Es werden auch schon Entscheidungssituationen simuliert, z. B. mit der Anweisung: „Jetzt wird eine Weile still gesessen und geschwiegen. Wie lange, bestimmt die Gruppe. Hebt die Hand, wenn ihr das Schweigen brechen wollt. Erst, wenn alle Hände oben sind, drücke ich den Knopf."

Was die Spieler zu diesem Zeitpunkt noch nicht wissen, ist, dass ihre Antworten später für die Bildung von Teams ausgewertet werden. Denn ab Level vier wird in Zweierteams gegeneinander gespielt. Die Maschine ist dann abgespielt, jedes Team bekommt ein Tablet, mit dessen Hilfe es Entscheidungen treffen, aber auch anderen Spielern anonym Punkte geben oder abziehen kann. Es wird ab jetzt um einen Kuchen gespielt, der zu Beginn der Vorstellung in den Ofen geschoben wurde. Der Punktestand am Ende des Stücks entscheidet darüber, wer ein Stück vom Kuchen bekommt und wie groß es ist.

In *Hausbesuch Europa* werden in einem Spiel für 15 Personen Abstimmungsverhältnisse simuliert, Allianzen geschlossen und sogenannte interaktive Entscheidungssituationen herbeigeführt, bei denen es sich der spieltheoretischen Definition nach um Entscheidungen handelt, welche (wie im Fall des europäischen Staatenverbundes) die Reaktion der anderen Akteure berücksichtigen oder antizipieren.[9] (Treffen die Akteure wie in der EU nicht einmalig, sondern immer wieder für neue Entscheidungen zusammen, kann man von wiederholten Interaktionen sprechen.[10]) Die von Rimini Protokoll erfundenen Spiel- und Entscheidungssituationen in *Hausbesuch Europa* verarbeiten zum Teil solche Rechercheergebnisse, indem sie die Mechanismen des politischen Europas spielerisch auf eine um einen Wohnzimmertisch versammelte Gruppe übersetzen. Interessanter als die eigentlichen Rechercheergebnisse ist aber wahrscheinlich die Art ihrer Simulation und die sich daraus ergebenden Konsequenzen für den Zuschauer: Jede Entscheidungssituation, jeder Einigungsversuch und jede Bewertung der Mitspieler ergibt sich aus den individuellen Biographien und Spielentscheidungen der Zuschauer selbst. Gespielt wird mit ihren persönlichen Europaerfahrungen, mit ihrem Grad an Solidarität oder ihrem Aggressionspotential. So wird in Level vier gefragt: „Soll das Team der Person, die vorhin am längsten das Schweigen gehalten hat, dafür belohnt werden, dass sie radikal war? Oder soll sie mit Punktabzug dafür bestraft werden, dass sie alle so lange hingehalten hat?" (Ein Beispiel für eine wiederholte Interaktion, in der das Verhalten in der Vergangenheit Konsequenzen in der Gegenwart hat.) Simuliert wird diese interaktive Entscheidungssituation anhand des konkreten Spielverhaltens eines Teilnehmenden.

Die Zuschauer in *Hausbesuch Europa* machen Erfahrungen politischer Mechanismen, aber sie machen sie nicht wie in einem Planspiel in der Rolle eines Ländervertreters oder Parlamentsabgeordneten, und sie verschmelzen auch nicht wie in *Situation Rooms*, einer anderen Arbeit von Rimini Protokoll, mit einem Experten. Sie machen die Erfahrung als sie selbst. Das lässt sich u. a. an der simplen Tatsache ablesen, dass sie zu Spielbeginn ihre eigenen Namen in ein Feld vor sich auf die Tischdecke schreiben.

Das Skript von *Hausbesuch Europa* reguliert die Inszenierung ein Stück weit, indem es Spielvorgaben macht und Spielregeln aufstellt, enthält aber kalkuliert offene Stellen, die der Zuschauer mit sich selbst füllen muss, damit der Theaterabend überhaupt stattfinden kann. Abgesehen davon, dass die Regisseure das Skript von Zeit zu Zeit leicht an national- oder europapolitische Entwicklungen oder nationale Eigenarten anpassen, integriert die Inszenierung das politische Geschehen also besonders dann, wenn es Teil der Lebenswirklichkeit des Einzelnen ist. In Aubervilliers in Frankreich begannen die Hausbesuche zwei Wochen nach den Pariser Terroranschlägen vom 13. November 2015. Aubervilliers ist ein Stadtteil von Paris, der an St. Denis grenzt: Man ist zu Fuß in zehn Minuten am Stade de France. Einige Gastgeber haben ihre Hausbesuche nach den Anschlägen abgesagt, weil sie sich nicht mehr vorstellen konnten, Fremde in ihre Wohnung zu lassen. Andere wollten die Hausbesuche im Sinne einer Geste unbedingt durchführen. Ein Spielleiter berichtete nach einer Probe in Aubervilliers von einer Gastgeberin, die Halbfranzösin und Halbtunesierin war. Jeder Gastgeber von *Hausbesuch Europa* kann zwei Gäste umsonst einladen, und sie hatte zwei junge maghrebinische Flüchtlinge eingeladen, für die sie ins Arabische dolmetschte. Der Spielleiter hat diesen Hausbesuch, der dreieinhalb Stunden dauerte, als sehr angespannt und zugleich als eine echte Anstrengung aller Beteiligten erlebt, sich einander zu öffnen.

Hausbesuch Europa konfrontiert den Zuschauer nicht mit einem fertigen Werk, sondern lässt die Aufführung erst entstehen, indem der Zuschauer sich selbst als Spielmaterial zur Verfügung stellt. Der Zuschauer bringt die Wirklichkeit der Aufführung also erst hervor, wobei sich diese Wirklichkeit gerade aufgrund der Tatsache, dass sie auf den individuellen Biographien und Entscheidungen der Spielenden beruht, jedes Mal komplett anders darstellt. Denkt man diese ästhetischen Befunde mit den inhaltlichen Fragestellungen rund um das Thema Europa zusammen, lässt sich *Hausbesuch Europa* als ein Gebilde beschreiben, dessen Narrativ ohne die Partizipation der Teilnehmenden nicht zu haben ist. Dieses Narrativ muss immer wieder neu hervorgebracht werden und wird gleichzeitig als radikal subjektiv ausgewiesen. Das Narrativ liegt damit auch in der Verantwortlichkeit der Teilnehmenden selbst – wobei diese Verantwortlichkeit ihre Grenzen sicherlich in dem Regelwerk der Gesamtkonstruktion findet: Im Fall der EU wären dies die Organisationsform des politischen Systems und die Partizipationsmöglichkeiten, die es anbietet; im Fall eines Theaterabends das Skript der Theatermacher, das die Partizipation und damit auch das Narrativ ein Stück weit lenkt, oder, wie es in einem Interview mit Rimini Protokoll heißt, dem Zuschauer „Verführungsangebote"[11] macht.

Hausbesuch Europa endet nicht mit der Bekanntgabe des Punktestands, den die einzelnen Teams erreicht haben, und auch nicht mit der entsprechenden Verteilung des Kuchens am Ende der Vorstellung. Teil der Inszenierung ist darüber hinaus ein Onlinearchiv, in dem die Hausbesuche unter www.homevisiteurope.org auf verschiedenen Ebenen dokumentiert werden. Die Startseite zeigt dem Besucher eine Europakarte. Dort findet er die Antworten auf die während der Vorstellung gestellten Fragen, ausgewertet in Prozent. (Man erfährt so z. B., dass zwanzig Prozent der Zuschauer in Prag sich in einer Nichtregierungsorganisation engagieren.) Natürlich sind diese Zahlen weder für die einzelnen Länder noch für die europäische Bevölkerung repräsentativ und haben auch gar nicht diesen Anspruch. Nichtsdestotrotz werden durch manche Antworten anderweitig belegte Tendenzen bestätigt. Es gibt auch Antworten, die nachdenklich machen. Wenn man sich z. B. die Antwort auf die Frage „Wer arbeitet regelmäßig außerhalb des Landes, in dem er/sie hauptsächlich lebt?" anschaut, überrascht es nicht, dass Polen einen höheren Wert als andere Länder hat. Erstaunlich scheint aber zunächst, dass bei der Antwort auf die Frage „Wer hat Angst vor der Zukunft?" mit vierzig Prozent eines der wohlhabendsten Länder Europas weit vorne liegt (Norwegen). Wenn sich der Besucher der Website näher für eine Stadt interessiert, kann er sie anklicken und sich einzelne Hausbesuche genauer ansehen. So findet man z. B. in Lissabon einen Hausbesuch, bei dem fast alle Teilnehmer eine existenzsichernde Arbeit haben und gleichzeitig angeben, Angst vor der Zukunft zu haben, und sich keiner (mit Ausnahme des Gastgebers) mehr als Europäer denn als Bürger seines eigenen Landes fühlt. Neben solchen Auswertungen sind Diagramme zu sehen, die das individuelle Spielverhalten der Gruppe nachzeichnen (z. B. ein Tortendiagramm, das die Verteilung des Kuchens am Ende des Abends visualisiert), sowie Fotos der einzelnen Hausbesuche, die die Teilnehmer, den Blick aus dem Fenster oder Besonderheiten der Wohnung dokumentieren.

Über das Archiv werden den Zuschauern nach dem Ende ihres eigenen Hausbesuchs andere Hausbesuche in ganz Europa zugänglich. Es bietet Vergleichsmöglichkeiten und bringt so die Diversität der Hausbesuche zum Ausdruck. Die Website visualisiert das Netz, das die Aufführung über den Kontinent spinnt. Sie bildet die Karte einer kleinen theatralen Verschwörung ab, in der über Europa verteilte Gruppen ihre individuelle Erzählung von Europa hervorbringen, die nicht von Brüssel oder europäischen Politikern geschrieben wurde, sondern ganz auf den persönlichen Beziehungen und Biographien der Teilnehmenden beruht.[12]

Europa figuriert in *Hausbesuch Europa* nicht nur als thematischer Schwerpunkt und als zu bereisender Kontinent. In Anbetracht der Tatsache, dass es sich bei der Inszenierung um das Auftragswerk eines euro-

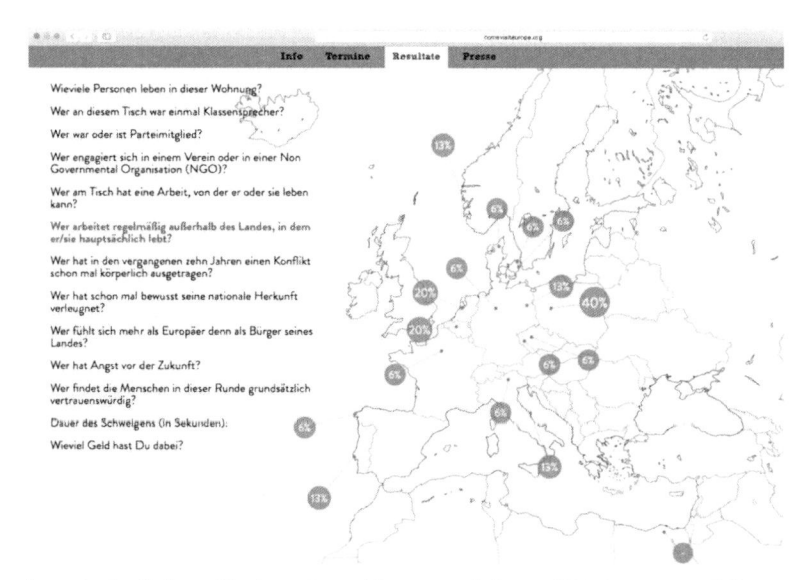

Startseite des Onlinearchivs (www.homevisiteurope.org), August 2016. Antworten auf die Frage „Wer arbeitet regelmäßig außerhalb des Landes, in dem er/sie hauptsächlich lebt?", ausgewertet in Prozent. © Design der Website: Tawan Arun

päischen Theaternetzwerks handelt, könnte man weiterhin von einer Europäisierung des Projekts sprechen, die nicht nur die über den Kontinent verstreuten Spielorte meint. Die Vertreter der zehn koproduzierenden europäischen Theater hatten durchaus unterschiedliche Ansichten darüber, was ein Projekt zum Thema Europa beinhalten und wie es aussehen sollte, und kommunizierten im Laufe des Probenprozesses darüber. Die Feedbackrunden zu manchen Proben ähnelten selbst politischen Sitzungen, in denen um die Definition dessen, was Europa sei, gerungen und gleichzeitig versucht wurde, die eigenen Ansprüche diesbezüglich durchzusetzen. Dabei war ein Diskussionspunkt unter den Produzenten sowie zwischen den Produzenten und dem Regieteam die EU-Freundlichkeit oder -Feindlichkeit des Projekts. Im Laufe der Recherchen über die Funktionsweise der EU hatte sich bei aller möglichen Kritik das Bild einer Europäischen Union herauskristallisiert, die, was ihre organisatorischen Prozesse anbelangt, zwar nicht in jeder, aber in mancherlei Hinsicht besser ist als ihr Ruf. Robert Menasse hat in seinem Buch *Der europäische Landbote* eindrücklich belegt, dass gerade der Vorwurf, bei der EU handle es sich um einen aufgeblähten, teuren und intransparenten bürokratischen Apparat, nicht gerechtfertigt ist.[13] Menasse erfasst die Union außerdem als einen Staatenverbund, dessen Konstruktion ein ständiger Konflikt zwischen nationalen und supranationalen Strukturen, eigenen und allgemeinen Interessen eingeschrieben ist. Er macht transparent, wie die Vertreter der Nationalstaaten regelmäßig europäische Entscheidungen blockieren, die daraus entstehende Handlungsunfähigkeit zu Hause aber als Scheitern Europas verkaufen. Er betont so das, was in *Hausbesuch Europa* auf einer spielerischen Ebene direkt erlebbar wird: Es handelt sich bei einem Gebilde wie der EU nicht einfach um eine abstrakte Größe, sondern um die Summe der Entscheidungen oder Nichtentscheidungen seiner Mitglieder, die für diese Verantwortung tragen.

Mit *Hausbesuch Europa* ist im Mai 2015 ein Theaterabend zur Premiere gekommen, in dem 15 Menschen bei meist relativ guter Stimmung ein Spiel miteinander spielen. Dass die Europakritik in *Hausbesuch Europa* nicht schärfer ausfällt, erscheint angesichts der politischen Ereignisse der letzten Jahre nur dann verwunderlich, wenn man den utopischen Zug übersieht, der dem Projekt neben seinem dokumentarischen Zugriff auch innewohnt. In den Worten von Stefan Kaegi von Rimini Protokoll:

> Auch wenn wir dokumentarisches Theater machen, versuchen wir nicht nur das nachzubauen, was war. Die Möglichkeit, etwas zu konstruieren, zu gestalten, was sein könnte, finden wir zunehmend interessant. Die Utopie eines Zusammenseins für zwei oder drei, vielleicht auch mal zehn Stunden. Im Grunde geht es wohl mehr darum, Zutaten dafür bereitzustellen, was sein könnte.[14]

In diesem Sinne wäre *Hausbesuch Europa* auch die Bereitstellung einer Utopie, in der Menschen die Türen ihrer Wohnungen öffnen, um ihnen fremde Menschen in ihr Zuhause einzuladen und mit ihnen an einer gemeinsamen europäischen Erzählung zu arbeiten.

---

[1] Beck, Ulrich: „Mehr Willy Brandt wagen. Ulrich Beck und Martin Schulz über die Zukunft Europas", unter http://www.faz.net/aktuell/feuilleton/debatten/europas-zukunft/ulrich-beck-und-martin-schulz-ueber-die-zukunft-europas-mehr-willy-brandt-wagen-12191490.html, 24. Mai 2013 (zuletzt abgerufen am 05. Dezember 2016).

[2] Rimini Protokoll ist das Label, unter dem Helgard Haug, Stefan Kaegi und Daniel Wetzel seit 2002 als Regiekollektiv zusammenarbeiten. Sie gelten als Begründer und prominente Vertreter einer Theaterform, die dokumentarisch auf die Wirklichkeit zugreift und dabei gleichzeitig mit Techniken der Fiktionalisierung arbeitet.

[3] Vgl. Le Goff, Jacques: „Grundlagen europäischer Identität", in: Alfred Herrhausen Gesellschaft für internationalen Dialog (Hrsg.): *Europa leidenschaftlich gesucht*, München/Zürich 2003, S. 169–197.

[4] Vgl. ebd.

[5] Vgl. Quenzel, Gudrun: *Konstruktionen von Europa. Die europäische Identität und die Kulturpolitik der Europäischen Union*, Bielefeld 2005, S. 10ff. Vgl. auch die Europarede von Lionel Jospin am 28. Mai 2001, in der der ehemalige französische Premierminister

sagt: „Denn Europa ist viel mehr als nur ein Markt. Es steht für ein Gesellschaftsmodell, das geschichtlich gewachsen ist […]. Es gibt eine europäische ‚Lebensweise'." Unter http://www.leforum.de/de/de-traite-jospineurope2001.htm (zuletzt abgerufen am 05. Dezember 2016).

6 Habermas, Jürgen: „Warum braucht Europa eine Verfassung?", unter http://www.zeit.de/2001/27/Warum_braucht_Europa_eine_Verfassung_, 28. Juni 2011 (zuletzt abgerufen am 07. Dezember 2016).

7 Rimini Protokoll sind u. a. für ihre Inszenierungen mit sogenannten Experten des Alltags bekannt, in denen keine Schauspieler auf der Bühne stehen, sondern Menschen, die aufgrund ihrer Biographie ein Spezialwissen zu einem bestimmten Thema vermitteln. Darüber hinaus macht das Theaterkollektiv immer wieder durch die Entwicklung partizipativer und interaktiver Formate auf sich aufmerksam.

8 Planspiele dauern in der Regel mehrere Stunden. Komplexe Planspiele bedürfen außerdem oft einer Vorbereitung der Mitspielenden und können sich über mehrere Tage erstrecken, wie z. B. die jährlich stattfindende einwöchige Simulation europäischer Gesetzgebungsprozesse in Straßburg, die von Model European Union Strasbourg (MEUS) durchgeführt wird.

9 Vgl. Dieckmann, Andreas: *Spieltheorie. Einführung, Beispiele, Experimente* (= rowohlts enzyklopädie), Hamburg 2009, S. 9ff.

10 Vgl. ebd., S. 134ff.

11 Klaeui, Andreas: „Suchbewegungen in verschiedene Richtungen", in: *Mimos 15: Rimini Protokoll*, hrsg. v. Anne Fournier/Paola Gilardi/Andreas Härter/Claudia Maeder (= Schweizer Theater Jahrbuch 10), Bern 2015, S. 31–43, hier S. 32.

12 Dabei sollte vielleicht nicht unterschlagen werden, dass sich die oben genannte Diversität natürlich nur innerhalb einer begrenzten Gruppe abbildet, nämlich der des europäischen Theaterpublikums. Wenn man die Antworten auf der Website auswertet, wird deutlich, dass das Publikum von *Hausbesuch Europa* überwiegend links wählt, einen hohen Solidaritätsanspruch an sich selbst hat und demokratiefreundlich denkt. Andere Zuschauersegmente scheinen den Weg in die Aufführung gar nicht erst zu finden. Das ist ein neuralgischer Punkt, der an *Hausbesuch Europa* zwar sichtbar wird, aber mir nicht spezifisch für diese Aufführung erscheint. Die Frage nach der Reichweite und Wirkungsmacht von Theater, die hier in den Blick kommt, betrifft das zeitgenössische Theater im Allgemeinen und steht angesichts der aktuellen politischen Entwicklungen wieder vermehrt im Zentrum von Theaterdebatten.

13 Vgl. Menasse, Robert: *Der europäische Landbote. Die Wut der Bürger und der Friede Europas*, Wien 2012.

14 Klaeui: „Suchbewegungen", S. 42.

André Studt

EUROPA ALS EGOTRIP

Oder: Wie eine Interrail-Reise mit der Inszenierung
eines Brecht-Textes zusammenhängt

Schon zu Beginn meines Vortrags im Rahmen der Tagung „Vorstellung Europa – Performing Europe" musste ich eingestehen, dass die Zuspitzung von Krisenmomenten, denen sich die EU augenblicklich sowohl institutionell als auch ideell ausgesetzt sieht, ein gewisses Einschüchterungspotential besitzt, das mich befangen sein lässt. Und seither ist es nicht besser geworden: Die Vorstellung, die Europa dabei aktuell als politische Idee aufführt bzw. als Phantasma anbietet, ist geprägt durch eskalierende, eng aufeinander bezogene Konflikte. Diese verschärfen eine ohnehin schon problematische Situation der EU, eine europäische Identität in einem postnationalen Raum ohne *das* verbindlich erscheinende, narrative Konzept etablieren zu wollen. Selbst während ich diesen Text schreibe, wirken die nationalen Impulse, die sich exemplarisch im gerade per Referendum beschlossenen ‚Brexit' oder im Beharren einiger Länder auf der Rückkehr zu Grenzkontrollen und partiellen Grenzschließungen artikulieren, als Zentrifugalkraft auf die Einigungsidee Europas und seiner Institutionen. Es zeigt sich, dass der notwendige Schritt von einer subjektiven Identifikation mit Europa zu einer europäischen Identitätskonstruktion, d. h. der Wechsel vom Stand eines individuellen Bekenntnisses in einen politisch wirksamen Aggregatzustand – und damit auch hin zu der Möglichkeit, einer subjektiven Befangenheit produktiv zu begegnen –, noch nicht gemacht ist. Dazu müsste nämlich, folgt man der makrosoziologischen Argumentation von Klaus Eder, die „Idee der Aggregation von Geschichten" durch die „Idee der kommunikativen Zirkulation dieser Geschichten" ersetzt werden, um eine Situation zu etablieren, die „eine permanente Fortsetzung des Erzählens notwendig macht. Kollektive Identität sind Momente relativer Stabilität in der Verknüpfung existierender Geschichten in ein Narrativ, das diese Geschichten in eine narrative Sequenz bringt."[1] Aktuell scheint die Kommunikation eher ein rauschendes Nebeneinander anstelle eines gerichteten Miteinanders zu dominieren – was letztlich auch den Anschein erweckt, dass die Egoismen Einzelner die politische Agenda bestimmen und zwar permanent gesprochen, dabei aber zu wenig erzählt wird.

André Studt

Diesem Dilemma könnte durch das Theater begegnet werden, nutzte man es als spezifischen Ort einer mentalen Selbstvergewisserung. Dort wäre potentiell ein Instrument zur Genese von Storys gegeben, die als narrative Konstruktionen Impulse für das Verstehen und Nachvollziehen liefern, um damit eine Identifikation mit Europa als Effekt zu zeitigen.[2] So hat auch Christopher Balme mit Blick auf die Frage des ambivalenten Zusammenhangs von europäischen Identitäten und deren pluralistisch ausbuchstabierten Repertoires, das Theater bzw. die mit ihm verbundenen Praktiken mit dieser Potenz versehen und wie folgt beschrieben:

> In the theatre, the darkened room of concentrated attention, we must practice the art of listening and watching attentively. It is the laboratory where we can demonstrate, experience and understand diversity in its difficulties and potentialities. For this reason alone European identity is crucially tied to the practice of theatre.[3]

Diesem optimistischen Gedanken möchte ich im Folgenden nachgehen, auch wenn ich (noch) unsicher bin, ob er angemessen ist. Dazu lenke ich meinen Blick auf die Praxis einer eigenen Inszenierungsarbeit und verschaffe mir so einerseits eine Gelegenheit, meine eingangs eingestandene Bangigkeit mit einer spezifischen, erfahrungsgesättigten Betroffenheit zu kontrastieren. Andererseits versuche ich auf diese Weise, die damals aufgetretenen und im Arbeitsprozess konkret ausgetragenen Konflikte, die vor allem im Spannungsfeld national unterschiedlich geprägter Theaterverständnisse und der anhängigen Frage nach der Relevanz von nationaler Identität und historischem Bewusstsein angesiedelt waren, zu Exempeln gegenwärtiger Diskussionen über eine angemessene Vorstellung von Europa zu machen. Mit meiner essayistischen Rekonstruktion dieses Prozesses begebe ich mich in das Archiv meiner professionellen Biographie und damit in das Risiko einer punktuellen Unsachlichkeit, auch wenn mein Blick auf das Material bzw. dessen affektive Ladung mit einem Abstand von mehr als zehn Jahren deutlich abgekühlt sind: Bevor ich zu einem Theaterwissenschaftler wurde, arbeitete ich als Regisseur und war u. a. am Noord Nederlands Toneel (NNT) im niederländischen Groningen aktiv. Dort war ich – gemeinsam mit meinem Regiekollegen Marc Becker – in der Spielzeit 2001/02 für eine szenische Fassung der brechtschen Hitler-Parabel *Der aufhaltsame Aufstieg des Arturo Ui* (vielmehr: *De weerstanbare opkomst van Arturo Ui*) verantwortlich, die zwar keiner dezidiert europäischen Agenda folgte, wohl aber im Spannungsfeld von national geprägten Subjekten und deren konkreter Vernetzung in einem vielschichtigen, multinationalen Geflecht aus Erzählungen, Erinnerungen und Erwartungen angesiedelt war, denen man durchaus eine europäische Dimension attestieren kann. Zudem, und das soll meine erste Annäherung einer Rekonstruktion dieser Inszenierung sein, hatte diese Arbeit eine Vorgeschichte, die maßgebliche Impulse für die konzeptionelle Ausrichtung lieferte – nämlich eine in der Jugend unternommene Europareise per Eisenbahn.

Reisen als Egotrip

Im Jahr 1972 wurde von einigen europäischen Bahngesellschaften das Interrail-Ticket eingeführt. Diese Fahrkarte ermöglichte, aus westlicher Perspektive, nicht nur den Besuch von Ländern jenseits des Eisernen Vorhangs (z. B. der DDR, Ungarn und Jugoslawien), sondern bot gleichermaßen ein dezidiert individualistisches Reiseformat, das für die Modellierung eines Selbst-Bewusstseins in der Adoleszenz, eines veritablen postpubertären Egos, einen nicht zu unterschätzenden Beitrag leistete. Anfangs wurde dieses Angebot im deutschsprachigen Raum mit dem Slogan „Jugend trifft sich in Europa" beworben, u. a. mit einem Plakat, das ein stilisiertes Pärchen zeigte, einen jungen Mann mit Gitarrenkoffer und eine ebenso junge Blondine im Op-Art-Kleid, dessen Ikonographie unmissverständliche Gesten einer gesellschaftlichen Liberalisierung seit Ende der sechziger Jahre visualisierte und eine Weltentdeckungssehnsucht zielgruppenaffin zum Ausdruck gebracht haben dürfte. Diesen Eindruck bestätigt auch das Filmfeature *Mit dem Rucksack durch Europa – Mythos Interrail,* eine sehenswerte und mit einigem Sentiment aufwartende WDR-Dokumentation von Jörg Stolpe, in der konstatiert wird, dass diese Reiseform eine „Alternative zum Familienurlaub in Bettenburgen mit Vollpension"[4] darstelle. So fungierte dieses Billett, neben seinem Potential einer Selbstverwirklichung jenseits gegebener, vor allem familiär geprägter Ordnungsvorstellungen, als Eintrittskarte zu einem informellen europäischen Jugendaustausch und bot die Möglichkeit einer kontrollierten Form der Befremdung in der Begegnung mit Menschen aus anderen Ländern.[5]

Eng verbunden mit dieser besonderen Vorstellung von Europa, die man auf dieser Reise bekam oder sich durch konkrete Erfahrungen machen konnte, ist eine Form der romantischen Verklärung des Reisens selbst: Im eben erwähnten Film *Mythos Interrail* werden die deutschen Käufer dieses Tickets zu jungen Europäern, die relativ unbelastet von der Schuld ihrer Vorgängergenerationen, insbesondere der Vertreter deutscher Verbrechen des 20. Jahrhunderts, an problematische Orte der Geschichte kommen und in der Begegnung mit den Einheimischen eine

André Studt

Art der Entlastung erfahren. Europa bzw. das Bekenntnis zu Europa kann hier als Anti-Identität wirksam werden, was gerade für Deutschland (und seine Bewohnerinnen und Bewohner) im Hinblick auf seine offensiv betriebene Einbindung in europäische Kontexte immer noch von einiger Bedeutung sein dürfte.[6] Auf diesen Umstand machte jüngst ein vieldiskutierter Essay der dänischen Schriftstellerin Janne Teller aufmerksam, der das (Regierungs-)Handeln der Deutschen angesichts des hohen Migrationsdrucks auf Europa als Reaktion auf eigene Geschichtsinhalte interpretierte und dazu aufforderte,

> auch dem restlichen Europa eindringlich vor Augen zu führen, welch eine Last historische Schuld darstellt – eine Last, die man gewiss nicht wird tragen wollen, wenn die unmittelbare Krise vorüber ist und nüchterne Augen erkennen müssen, welchen Blick der Spiegel zurückwirft; eine Last, die an zukünftige Generationen weiterzureichen aber auch keine Regierung wünschen sollte oder sittlich berechtigt wäre. Alle europäischen Regierungen haben die Pflicht, die Schuld der Unmenschlichkeit nicht zum Erbteil unserer Zeit für die Zukunft ihrer Länder, die Zukunft Europas, zu machen.[7]

Der Film (und wohl auch der Appell von Teller) hat zweifellos einen idealistischen Kern, müssen doch die Begegnungen zwischen Reisenden und Einheimischen nicht immer im Modus der Verständigung laufen: Mir wurde auf meiner ersten Tour per Interrail 1987 in Rotterdam, der zweitgrößten Stadt der Niederlande, deren Innenstadt im Mai 1940 durch einen deutschen Luftangriff fast vollständig zerstört worden war, ziemlich unmissverständlich deutlich gemacht, was man von mir und meiner deutschen Herkunft hielt: nämlich nicht viel. Diese – mich lange Zeit prägende – Zusammenkunft lässt sich im Nachhinein trefflich als Kollision meines damaligen, einigermaßen naiven, europäischen Identitätsentwurfs mit dem kollektiven Nationalgedächtnis eines durch die Vertreter meines Landes maßgeblich verursachten Vorbehalts und Misstrauens bezeichnen. Da half es dann auch nicht, dass ich seinerzeit ‚meinem' Land ebenfalls mit Skepsis begegnete, was durch bestimmte Aspekte meiner politischen Sozialisation begründet war. Dabei markierte vor allem die ab 1982 ausgerufene „geistig-moralische Wende" unter der konservativen Regierung des Kanzlers Helmut Kohl – jedenfalls in meiner Wahrnehmung – eine Wiederbelebung eines affektiven Patriotismus, der vor allem durch die Bedienung von revanchistischen Motiven gekennzeichnet war. So war dann auch der kohlsche Ausspruch einer „Gnade der späten Geburt", der als politische Formel seine Generation und die Nachkommen von einer Mitschuld an den Verbrechen des Naziregimes entlasten sollte (eine rhetorische Strategie, die u. a. den sogenannten ‚Historikerstreit' zur Folge hatte), in diesem Zusammenhang zu sehen.

Mit dem Fall der Mauer und der Wiedervereinigung steigerte sich diese Distanz weiter; man musste zur Kenntnis nehmen, dass die Vergrößerung der alten Bundesrepublik, die u. a. durch den Gewinn der Fußballweltmeisterschaft 1990 eine symbolische Form der Repräsentation fand, nicht nur Anlass zur Freude bot: So sind mir nicht nur die von heftigem Schwenken der Nationalfahnen (wo kamen die plötzlich her?) begleiteten öffentlichen (und für mich befremdlichen) Jubelarien nach dem Finale in Erinnerung, sondern vor allem das Viertelfinale in Mailand, wo es im Spiel Deutschland gegen die Niederlande zu einer Auseinandersetzung von Frank Rijkaard und Rudi Völler kam, die das Spannungsfeld im Verhältnis dieser beiden Länder sichtbar machte: Nach einem Eckball, der nichts einbrachte, kam es zwischen den beiden Spielern zu einem Wortgefecht, das darin endete, dass der niederländische Verteidiger den deutschen Stürmer anspuckte – und schlussendlich beide vorzeitig durch rote Karten vom Spielfeld geschickt wurden.

Der ‚hässliche Deutsche' zeigte sich dann auch bald wieder an anderer Stelle; er trug dabei bezeichnenderweise das Trikot der Weltmeistermannschaft: Das bekannteste Bild des Pressefotografen Martin Langer zeigt zwei Männer, ein Namenloser lächelt, der andere, Harald Ewert, ein arbeitsloser Bauschlosser, in eingenässter Jogginghose und den Arm zum Hitlergruß erhoben.[8] Dieses Foto wurde zur visuellen Chiffre für die Pogrome in Rostock-Lichtenhagen zwischen dem 22. und 26. August 1992, als ein rechtsradikaler Mob tagelang ein Wohnheim für ehemalige DDR-Vertragsarbeiter angegriffen hatte, den bis dahin massivsten rassistisch motivierten Ausschreitungen der deutschen Nachkriegsgeschichte. Bedauerlicherweise sind auch gegenwärtig fremdenfeindliche Ausschreitungen und Anschläge auf Flüchtlingsunterkünfte wieder an der Tagesordnung; die Auseinandersetzungen der neunziger Jahre können als Vorgeschichte eines bis jetzt andauernden Prozesses einer Neudefinition des Verhältnisses von Bürger und Staat, von ‚Volk' und Nation gedeutet werden. Der Befund des Politologen Klaus von Beyme, dass „[e]in Rest von affektivem Patriotismus, in Verbindung mit einem rationalen Verfassungspatriotismus […] in konsolidierten Demokratien nicht mehr als Gefahr" erscheint, mutet angesichts der gegenwärtigen politischen Gemengelage als eher zu optimistisch formuliert an, zumal der Autor anschließend mit einiger Brisanz konstatiert: „Dieser Rest könnte als Kompensation für mangelnde emotionale Identifika-

André Studt

tionsmöglichkeiten mit einer fernen, für die meisten schwer durchschaubaren Europäischen Union, sogar an Bedeutung gewinnen."⁹ Dies scheint sich mit Blick auf die aktuelle politische Krisensituation zu bewahrheiten, die von rechtspopulistischen Parteien in ganz Europa gegen dessen Institutionen instrumentalisiert wird und zur Wiederbelebung von nationalistischen Ansätzen führt.

Ein gewisser Abstand zu Europa, seinen Akteuren, Institutionen und Errungenschaften prägt auch die theoretische Beschäftigung mit dem Begriff Europa. Diese ist durch einen heterogenen Charakter gekennzeichnet und führt konsequenterweise zu sehr unterschiedlichen Vorstellungen von Europa: Entweder wird ein einigermaßen klar zu fassender geographischer, historischer, politischer, ökonomischer, ideeller bzw. kultureller Raum skizziert, auf den man sich – trotz unterschiedlicher Ausprägungen und Genesen – jeweils einigen kann, oder man fasst diesen Begriff als identitätsstiftende Kategorie, deren Kennzeichen eine historische Zeitdimension und einen Bezug auf transnationale Wissensbestände darstellen.[10] Vielen dieser Überlegungen ist gemein, dass sie ein institutionelles Zentrum von Europa definieren, um das die Argumente und dort benannte Aktivitäten kreisen. So sind dann auch die Aussagen und Deutungen einer europäischen Kulturidee und deren Politiken davon durchdrungen. Die vielfältigen Textsorten, Absichtserklärungen und Einrichtungen der Förderung bzw. Realisierung einer europäischen Kulturpolitik sind geprägt von der Ambivalenz, nationalstaatliche Formen der Institutionalisierung von Kultur mit supranationalen bzw. intergouvernementalen Aspekten zu vereinbaren. Dies zeigt sich exemplarisch im Artikel 167, Absatz 1 des Vertrages über die Arbeitsweise der Europäischen Union: „Die Union leistet einen Beitrag zur Entfaltung der Kulturen der Mitgliedstaaten unter Wahrung ihrer nationalen und regionalen Vielfalt sowie gleichzeitiger Hervorhebung des gemeinsamen kulturellen Erbes."[11] Hier sehen wir zentralistische, parastaatliche sowie föderale Organisationsformen der Kulturpolitik kombiniert, was eine funktionale Differenzierung in ein ideelles Zentrum und dessen mehrschichtigen und mannigfaltigen Peripherien zur Folge hat. Im Ergebnis führt dieser Politikansatz, grob vereinfacht gesagt, zu repräsentativ ausgerichteten (und mit EU-Mitteln ausgestatteten) Spektakeln einer europäischen Einheitsidee, die beispielsweise in den Aktivitäten des Programms zur *Europäischen Kulturhauptstadt* oder dezidiert europäisch ausgerichteten Festivals und deren Akteuren zum Ausdruck kommt, was im Kontext der Tagung durch die Beiträge von Michael Bachmann und Ian De Toffoli exemplarisch aufgezeigt wurde.

Demgegenüber scheint eine Regiearbeit von zwei jungen, deutschen Regisseuren an einem niederländischen Theater in diesem Zusammenhang deplatziert zu sein; sie wird wenigstens theoretisch interessanter, wenn man die Überlegungen zum Verhältnis von Zentrum und Peripherie in den Blick nimmt, denn während die offizielle Kulturpolitik der EU sich an den Vorgaben eines Zentrums orientiert, bietet eine Tätigkeit in der Peripherie „den Vorteil, daß hier noch gar nicht kollektiv bindend entschieden werden kann, so daß ein größerer Spielraum für Wunschvorstellungen und klientelorientierte Dramatisierungen gegeben ist"[12]. Wenn ich nun anschließend meinen Blick auf die inszenatorischen Vorüberlegungen und deren konzeptionelle Einpassung bzw. den Transfer von einem deutschen in einen niederländischen/europäischen Mentalraum richte, wird deutlich, dass wir uns seinerzeit daran versuchten, diesen Spielraum – und wohl auch die angesprochenen Wunschvorstellungen – zu nutzen. Die Gründe für die Auswahl eines Brecht-Textes hatten strategische, inhaltliche und biographische Dimensionen; zudem kann als wesentlicher Ausgangspunkt unseres Agierens die Orientierung an einer (deutschen) Idee von Regie bezeichnet werden, der man ein hohes Maß an Subjektivität bzw. einem ästhetisch motivierten Egoismus unterstellen darf.[13]

Regie als Egotrip

Als Koos Terpstra, der damalige Intendant des NNT, die Einladung an meinen Kollegen Marc Becker und mich aussprach, eine Inszenierung an ‚seinem' Theater zu verantworten, gab er uns bei der Wahl des Stückes völlig freie Hand. Diese Freiheit, die eine eigene, hier nicht wiederzugebende Vorgeschichte hat bzw. durch die Zufälligkeit des Kennen- und Schätzenlernens zusätzlich staunenswert war, verursachte uns zunächst einige Schwierigkeiten, da uns derartig libertäre Rahmungen aus dem Getriebe des deutschen Stadttheatersystems nicht vertraut waren, das einer impliziten Agenda des Spielplans und dessen expliziten Logiken folgt und in das wir als junge, provinzielle Theatermacher uns langsam hineinarbeiteten. Dementsprechend orientierten wir uns an unseren eigenen Prägungen.

Wir diskutierten bei unserer Suche nach einem geeigneten Spieltext, denn ein Text sollte es schon sein, von Beginn an die Möglichkeit, mit diesem Material das Verhältnis zwischen uns, als Deutsche, und dem niederländischen bzw. flämischen Ensemble (als Adressat einer Inszenierungsidee) bzw. dem angenommenen Publikum (als Adressat eines aus dieser Idee abzuleitenden Kommunikationsangebots im Sinne eines Metatextes) zu thematisieren.[14] Damit befolgten wir explizit die Tradition eines literarisch dominierten Regietheaters, wie sie sich im deutschsprachigen Mentalraum herausgebildet und ihre Wirksamkeit historisch vor allem im Umgang mit dramatischen Texten nachgewiesen hat. Als weiteres Kriterium berücksichtigten wir, einigermaßen naiv und vielleicht in Ermangelung eines erarbeiteten und – im Sinne einer Marke – reproduzierbaren Regiestils, den Anspruch auf ein persönliches Interesse, das mit der Regiearbeit in diesem Umfeld verbunden sein sollte. So fielen Texte eines europäischen Kanons, wie Shakespeare oder Molière, für uns schnell aus – und wir konzentrierten uns auf einen Deutschen, der jedoch auch zu diesem Kanon gezählt werden kann: Bertolt Brecht. Ermutigend dabei war, dass auch Terpstra bzw. das NNT seinerzeit ein starkes Interesse an Brecht und seiner Art, Theater zu denken, hatten.

Unsere Wahl des *Arturo Ui* kann des Weiteren auch noch aus zwei korrespondierenden Wahrnehmungen erklärt werden, die man als Impuls (bzw. Reflex) eines didaktischen Moments im Regietheater interpretieren kann. Dies steht wiederum in der deutschsprachigen Tradition, Theater produktions- und wirkungsästhetisch als moralische Anstalt bzw. als Institution einer Bildung(-sbürgerlichkeit) anzusehen: Zum einen tauchten in der weltgeschichtlichen Situation (Stichwort 9/11) plötzlich wieder konfrontative Rhetoriken auf – so sprach der damalige Präsident der USA, George W. Bush jun., im Zuge seines *war on terror* ziemlich totalitär von einem „Wer nicht für uns ist, ist gegen uns" (und zitierte damit Brecht – freilich ohne es zu wissen)[15], zum anderen erinnerten wir uns an unabhängig voneinander gemachte Erfahrungen auf Interrail-Reisen, die uns – wie beschrieben – auch in die Niederlande geführt hatten. Wie wäre es, so die noch naivere Frage, die wir uns damals stellten, wenn wir den Spieß einmal umdrehten und den Vorwurf, den wir als Deutsche auf einer Reise in die Niederlande erfahren hatten, in die andere Richtung wendeten – ergo: Wie wäre es, einen Niederländer Hitler spielen zu lassen?

Die Wahl war getroffen (und wurde von Terpstra seinerzeit mit einem Lächeln goutiert), weitere Arbeitsschritte wurden geplant, die allesamt einen Transfer der von Brecht verhandelten und in ihrem Gehalt sehr auf die deutsche Geschichte bezogenen Thematik in einen assoziativen (europäischen?, transnationalen?) Raum des gemeinsam in Proben Auszuhandelnden fokussierten. Dramaturgisch konzentrierten wir uns dabei auf die Erarbeitung von Strukturanalogien, die an einer partiellen Überwindung bestimmter geschichtsdidaktischer Momente des Stückes orientiert war und den Text dabei an eine (freilich von uns angenommene) Lebenswelt der niederländischen/flämischen Darsteller bzw. Zuschauer anpassen sollte. Allerdings – und gleichsam als Antipode zu diesem Ansatz – führte bei der Erarbeitung des Inszenierungskonzepts für uns kein Weg an der Funktion des Theaters als kulturelles Gedächtnis vorbei. Zwar erhofften wir uns die Möglichkeit eines freieren Umgangs mit dem Text in der Peripherie (fern vom Zentrum der Brecht-Erben), jedoch war uns klar, dass eine Arbeit an und mit diesem Text sich mit den bereits erfolgten Inszenierungen auseinandersetzen musste. Gerade als Deutsche kamen wir nicht umhin, den speziellen west- bzw. ostdeutschen Aufführungstraditionen eine reflektierte Referenz zu erweisen, vor allem ob des Umstands, dass dieser Text 1995 von Heiner Müller in einer Weise inszeniert wurde, die das kunstpolitische Exempel der 1959, also ein Jahr nach der westdeutschen Uraufführung in Stuttgart, von Peter Palitzsch und Manfred Wekwerth am (Ost-)Berliner Ensemble entstandenen Inszenierung eines antifaschistischen und -kapitalistischen Grundverständnisses fortschrieb.

In solcher Lesart lässt sich dieser Brecht-Text dezidiert als deutsche Geschichtsstunde verstehen – so richten sich in unserer Wahrnehmung vor allem die Zeilen des Epilogs („Der Schoß ist fruchtbar noch, aus dem das kroch") vornehmlich an ein deutsches Nachkriegspublikum; in diesem Befund ergab sich für uns am deutlichsten, dass eine umstandslose Übertragung der Aussagen des Brecht-Textes in eine niederländische Aufführung schwer möglich sein würde. Überraschenderweise zeigte unser Blick in die niederländische Aufführungsgeschichte dieses Stücks einen Hang zum eher affirmativen Umgang mit dem Text: Die niederländische Erstaufführung wurde 1961 durch die Toneelgroep Arnheim realisiert, weitere Inszenierungen stammen aus den Jahren 1976 (Onafhankelijk Toneel), 1983 (Publiekstheater – die Regie führte dort Fritz Marquardt, was sich als Import einer Brecht-Expertise verstehen lässt) und 1989 (RO Theater). Das erhaltene Material zu diesen Aufführungen ist spärlich[16] – die uns damals vorliegende Übersetzung, sie stammt aus der Feder von Gus Reekers, der diese zur Inszenierung von Marquardt angefertigt hatte, schien uns mit einiger Patina belegt. Demzufolge nahmen wir in unserem Bestreben, das Stück für das junge Ensemble des NNT sprech- und spielbar zu machen, in enger Zusammenarbeit mit unserem Übersetzer Jan van den Berg einige sprachliche Aktualisierungen und inhaltliche Anpassungen vor: So probierten wir für einige Rollen eine Annäherung an den popkulturell geprägten Sprachduktus des frühen 21. Jahrhunderts, den Einbau einer (ebenfalls von uns unterstellten) landestypischen Phraseologie des sogenannten Poldermodells bzw. den Werbe- und Unterhaltungsslogans einer Mediengesellschaft, wie sie exemplarisch in den Fernsehformaten des niederländischen Endemol-Konzerns in diversen Game- und Castingshows zum Ausdruck kamen. Die anspielende Übertragung des brechtschen Personals, wo Ähnlichkeiten zu historischen Politakteuren in ästhetischem Abstand intendiert sind, wurde so nicht nur zurückblickend, sondern auch tagesaktuell gefasst: In unserer Version wies die Figur des Dogsborough, dessen historisches Double bekanntlich der greise Reichspräsident Paul von Hindenburg gewesen ist, deutliche Parallelen zu Prins Bernhard auf, dem Gemahl der niederländischen Königinmutter Juliana, was uns angesichts dessen biographischer Verwobenheit mit dem nationalsozialistischen Regime als passend erschien.[17]

Bei der Konzeption des Bühnenbildes (Madeleine Hümer) orientierten wir uns primär an der eindrucksvollen Inszenierung des Deutschen Pavillons auf der 45. Biennale di Venezia aus dem Jahre 1993, in der Hans Haacke u. a. den Boden des Gebäudes aufbrechen ließ – und damit auf die Brüchigkeit des eigenen Geschichtsbildes und die ‚Bodenlosigkeit' der historischen Verbindung von Faschismus und Nationalsozialismus hinwies.[18] Zudem gebrauchten wir ikonische Anleihen aus dem Erscheinungsbild des Nürnberger Reichsparteitagsgeländes; so wurden modellhafte Stelen der Tribüne des Zeppelinfeldes, also genau des Ortes, an dem Adolf Hitler seine Reden hielt, umgekippt ins Bild gefügt (abgesehen von drei stehenden Säulen, die im zweiten Teil der Aufführung den Schriftzug UI bildeten und im Schlussbild Feuer spuckten, was sich sowohl auf die Bildmetaphorik der NS-Parteitage als auch auf die Architektur der zum Einsturz gebrachten Gebäude des WTC in New York beziehen ließ). Darüber hinaus waren diese liegenden Säulen in acht (europäischen) Sprachen mit dem ersten Satz des ersten Grundgesetzartikels, „Die Würde des Menschen ist unantastbar", bedruckt. Unsere Absicht, im Bühnenbild klare visuelle Bezüge zu den Themenfeldern des Textes zu etablieren, wurde nicht nur dahingehend gewendet, die nationalsozialistische Monumentalarchitektur zu zitieren, sondern weitergehend auch bereits erfolgte Ausdeutungen, Konsequenzen und Kommentare der NS-Zeit als Geschichtsinhalt bzw. Übertragungen in andere thematische Sphären zu ermöglichen. Zusätzlich generierten wir ein mehrere Ebenen aufweisendes Spielfeld, in dem die Positionierung der Schauspieler in Tableaus möglich war, was uns wiederum in der bereits thematisierten Bezugnahme zur deutschen Aufführungsgeschichte wichtig war, von der vor allem die stilbildende Inszenierung des Stoffes durch Heiner Müller eine Referenz erhalten sollte. Das Kostümbild (Maja Schröder) widmete sich ebenfalls dieser Gemengelage – wobei

Europa als Egotrip

hier eher die aus dem Jahre 1958 stammende Uraufführung in Stuttgart deutlicher zitiert wurde – und brachte den Bezug zum Gangstermilieu, in dem Brecht sein Stück angesiedelt hatte, vor allem modisch durch den Einsatz von Gabardine-Nadelstreifen mit breitem Revers und Flapper-Girl-Kostümen voll zum Tragen.

So kamen wir, wie wir meinten, damals gut vorbereitet und mit attraktiven Ideen und Angeboten, die einen deutschen Stoff in einen europäischen Kontext stellen sollten, zu den ersten Proben. Genützt hat uns das zunächst nicht.

Theatermachen im Spagat zwischen Egoismus und Ensemble
Die konzeptionelle Zusammenführung von unseren beiden egoistischen Motiven – nämlich der Verbindung eines konkreten Reiseerlebnisses mit einer Inszenierungsidee – kollabierte bereits in den ersten Momenten der Begegnung. Das führte dazu, dass die Arbeit von massiven Konflikten geprägt war, die man wie folgt systematisieren könnte – und die eng aufeinander bezogen sind:

– Streit um das Verständnis von Geschichte,
– Streit um die Relevanz der (Tages-)Politik und
– Streit um das Verständnis von Theater(-praxis).

Die ersten beiden Punkte äußerten sich als prinzipieller Unwille, unserer Vorgabe nachzukommen, einen Niederländer Arturo Ui als Hitler spielen zu lassen; Hitler sei „unser" Problem, das man sich nicht zu eigen machen wollte. Hier stand unsere Haltung einer ‚Übererfüllung' des historischen Erinnerungsgebots einer relativen Bewusstlosigkeit des Ensembles entgegen, worin sich der von Eric Hobsbawm beschriebene Umstand zeigte, dass die

> Zerstörung der Vergangenheit, oder vielmehr die jenes sozialen Mechanismus, der die Gegenwartserfahrung mit derjenigen früherer Generationen verknüpft, [...] eines der charakteristischen und unheimlichsten Phänomene des späten 20. Jahrhunderts [ist]. Die meisten jungen Menschen am Ende dieses Jahrhunderts wachsen in einer Art permanenten Gegenwart auf, der jegliche organische Verbindung zur Vergangenheit ihrer eigenen Lebenszeit fehlt.[19]

So war es nur folgerichtig, dass unsere kritische Meinung zu bestimmten innenpolitischen Fragen – das Phänomen Pim Fortuyn entfaltete sich gerade im politischen Diskursraum der Niederlande, worin wir Mög-

André Studt

lichkeiten einer aktuellen Bezugnahme auf das im Stück Verhandelte sahen – auf starke Ablehnung stieß und als tendenziell übergriffig angesehen wurde. Einer unserer Schauspieler, Waldemar Torenstra, äußerte sich dazu in einem Interview wie folgt:

> Met onze regisseurs hadden we het ook over de Nederlandse actualiteit, mentaliteit en het poldermodel. Dat was toch onze nationale trots. Het oordeel van de Duitsers was vernietigend. Ze noemten het de dictatuur van de middelmatigheid. Verder vonden ze het politieke besef van de gemiddelde Nederlander van een bedroevend laag niveau. En ook over onze zogenaamte tolerantie hadden ze geen goed woord over. Dat was nogal ontnuchterend. Maar de kijk van buitenstanders op ons land werkte tegelijk erg verfrissend.[20]

Unsere – zugegebenermaßen polemischen – Zuspitzungen, die wir für unser Gegenüber fanden, können im Nachhinein als Reaktion auf das eigentliche Problem bzw. die eskalierenden Krisen unserer gemeinsamen Arbeit verstanden werden: So steht in den Niederlanden das Regieführen als auktoriale Geste seit der 1969 geschehenen, sogenannten *Aktie Tomaat* unter dem Verdacht, eine unangemessene Form der Hierarchisierung von Produktionsabläufen zu betreiben.[21] Statt mit uns zu probieren, wurden sämtliche Angebote, die wir machten, in Frage gestellt – alles fand in der Tradition der Befragung eines ‚Was', ‚Warum', ‚Wie' und ‚Für wen' des Spielens statt und zeigte ein stark partizipierendes Ensemble, das die Möglichkeit zu eigenständigen Entscheidungen für sich reklamierte. In den Momenten, wo wir einen künstlerischen Führungsanspruch im Sinne einer formalen Strenge der Regie (und im Hinblick auf unser konzeptionell gefasstes Narrativ) formulierten, begegneten uns die Schauspieler wie die Bewohner eines (immer noch) von Deutschen besetzten Landes.

Epilog: Europa und (mein) Ego
Dass sich diese verfahrene Situation noch auflösen ließ, hat viel mit einer Überwindung von Egoismen zu tun. So kam nicht nur die Probenzeit an ein gedeihliches Ende[22], sondern auch die eingenommenen Haltungen veränderten sich durch das Zulassen von Diversität. Natürlich, und das relativiert die eingangs geschilderte Perspektive von Christopher Balme, ändert eine einzelne Theaterarbeit nicht viel an der grundsätzlichen Sicht, die Menschen auf Menschen einnehmen. Aber in diesem Fall sorgte die Begegnung im Theater dafür, dass bestimmte Kontroversen, die vor Jahrzehnten noch auf den Schlachtfeldern Europas ausgetragen

wurden, nun als domestizierter Streit im Probenraum und als offene, szenische Befragung organisiert waren. Bei einigen der Aufführungen gab es Gesprächsformate, denen ich mich, da ich des Niederländischen in den permanenten Diskussionen immer mächtiger geworden war, mit einiger Nervosität stellte.[23] Gerade im Hinblick auf den unsere Arbeit provozierenden Impuls – mein aktualisiertes Rotterdamerlebnis fiel 2001, also dem Zeitpunkt unserer Premiere, in das Jahr, in dem Rotterdam als *Europäische Kulturhauptstadt* amtierte – war ich unsicher, inwieweit ich dort dieses ‚Trauma' nachvollziehbar als Anstoß, aber eben nicht als anstößig vermittelt bekäme. Die damaligen Reaktionen waren ermutigend – ich hoffe, dass die in diesem Text versammelten Gedanken in eine ähnliche Richtung gehen.

[1] Eder, Klaus: „Kollektive Identitäten als Netzwerke. Der Fall Europa", in: Junge, Kay/Suber, Daniel/Gerber, Gerold (Hrsg.): *Erleben, Erleiden, Erfahren. Die Konstitution sozialen Sinns jenseits instrumenteller Vernunft*, Bielefeld 2008, S. 433–463, hier S. 453f.

[2] Vgl. ebd., S. 445–448.

[3] Balme, Christopher: „Perform Diversity: European Identities in Theatre", in: Münchner Kammerspiele (Hrsg.): *Mitten in der Welt*, München 2014, S. 140f., hier S. 141.

[4] Der Film ist im Internet unter https://www.youtube.com/watch?v=C6wQLdM9GR0 verfügbar (zuletzt abgerufen am 10. August 2016).

[5] Vgl. dazu Schönhammer, Rainer: „Interrail. Zur Phänomenologie des Jugendtourismus", in: Kagelmann, Hans-Jürgen/Granzow, Stefan (Hrsg.): *Tourismuswissenschaft: soziologische, sozialpsychologische und sozialanthropologische Untersuchungen*, München 1993, S. 127–143.

[6] Vgl. dazu Klein, Michael: *Die nationale Identität der Deutschen. Commitment, Grenzkonstruktionen und Werte zu Beginn des 21. Jahrhunderts*, Wiesbaden 2014, S. 123–146; sowie Zifonun, Dariuš: *Gedenken und Identität. Der deutsche Erinnerungsdiskurs*, Frankfurt a. M./New York 2004, S. 99ff.

[7] Teller, Janne: „Wie das deutsche Schuldgefühl die europäische Ehre rettet", in: *Frankfurter Allgemeine Zeitung*, 9. Mai 2016, S. 27.

[8] Vgl. dazu https://de.wikipedia.org/wiki/Harald_Ewert (zuletzt abgerufen am 10. August 2016).

[9] Beyme, Klaus von: *Kulturpolitik und nationale Identität*, Opladen/Wiesbaden 1998, S. 91.

[10] Vgl. dazu Le Goff, Jacques: „Grundlagen europäischer Identität", in: Alfred Herrhausen Gesellschaft für den internationalen Dialog (Hrsg.): *Europa leidenschaftlich gesucht*, München 2003, S. 169–179.

[11] Unter http://www.aeuv.de/aeuv/dritter-teil/titel-xiii/art-167.html (zuletzt abgerufen am 7. November 2016).

[12] Niklas Luhmann zit. n. Hahn, Alois: „Zentrum und Peripherie", in: Junge/Suber/Gerber: *Erleben*, S. 411–431, hier S. 420.

[13] Vgl. dazu Studt, André: „Suspekte Subjekte. Die Normativität der Theater-Regie", in: Steiner, Anne/Radvan, Florian (Hrsg.): *Grenzspiele. Theaterdidaktische Perspektiven auf Normen und Normbrüche im Drama und auf der Bühne*, Baltmannsweiler 2016, S. 15–30.

[14] Damit ist eine Orientierung an Pavis gemeint: vgl. Pavis, Patrice: „Die Inszenierung zwischen Text und Aufführung", in: *Zeitschrift für Semiotik 11* (1989), H. 1, S. 13–27.

André Studt

15 Vgl. „UI: [...] Wer ist für mich? Und wie ich nebenbei erwähnen will: Wer da nicht für mich ist, ist gegen mich und wird für diese Haltung die Folgen selbst sich zuzuschreiben haben." (Brecht, Bertolt: *Der aufhaltsame Aufstieg des Arturo Ui,* Berlin 1965, S. 120.)

16 Ein Verzeichnis der Aufführungen und weniges Material findet sich unter http://theaterencyclopedie.nl/wiki/Der_aufhaltsame_Aufstieg_des_Arturo_Ui (zuletzt abgerufen am 10. August 2016).

17 Bei der Wiederaufnahme der Inszenierung in der Saison 2002/03 für eine landesweite Tournee wurde der Spieltext – sowohl sprachlich als auch im Hinblick auf das Personal – mit weitaus brisanteren Momenten aus der Tagespolitik aktualisiert: So betrat 2001/02 mit Pim Fortuyn ein Politiker die Bühne, der durch sein konfrontatives Auftreten die gängigen Muster des auf Ausgleich und Kompromiss angelegten Poldermodells durchbrach. Seine vehementen Vorbehalte über (von Einzelpersonen) artikulierte Ansichten des Islams machen ihn in gewisser Weise zum Vorläufer gegenwärtiger Rechtspopulisten. Fortuyn wurde am 6. Mai 2002 ermordet; dieses Attentat markiert eine Wende in der niederländischen Innenpolitik und wurde von Politikern als schlimmster politischer Vorfall der Nachkriegsgeschichte bezeichnet. Vgl. dazu Wielenga, Friso: „Konsens im Polder?", in: ders./Taute, Ilona/Bundeszentrale für Politische Bildung (Hrsg.): *Länderbericht Niederlande: Geschichte – Wirtschaft – Gesellschaft,* Bonn 2004, S. 108f.

18 In seinem Beitrag im Ausstellungskatalog zu dieser Arbeit hat Hans Haacke auf diese Dimension aufmerksam gemacht: Vgl. Bussmann, Klaus/Matzner, Florian (Hrsg.): *Hans Haacke, bodenlos/Biennale Venedig 1993, Deutscher Pavillon,* Stuttgart 1993, o. S. Interessant sind auch die Anmerkungen der Kunstkritikerin Petra Kipphoff, wo sie darauf hinweist, dass „Hans Haackes Arbeit [...] eines jener zeitgenössischen Kunstwerke [ist] die nicht im Museum, sondern im Kopf und in der Dokumentation überleben werden, das wir nicht besitzen, sondern brauchen. Daß diese installierte Demontage, eine Metapher von aggressiver Knappheit, in diesen Tagen ganz besonders anerkennend aufgenommen wird, vor allem auch von Nicht-Deutschen, ist eine Tatsache, deren Zusammenhänge Haacke nicht wirklich voraussehen konnte. Deutschland, ein Scherbenhaufen, so soll es sein, auch in den vernichtendsten Selbstdemütigung sind die Deutschen Meister." Kipphoff, Petra: „Bodenlos in den Gärten der Kunst", in: *Die Zeit,* 18. Juni 1993, auch unter http://www.zeit.de/1993/25/bodenlos-in-den-gaerten-der-kunst (zuletzt abgerufen am 10. August 2016).

19 Hobsbawm, Eric: *Das Zeitalter der Extreme. Weltgeschichte des 20. Jahrhunderts,* München 1998, S. 17.

20 Torenstra, Waldemar: *Ik schaamde me eigentlijk rot,* Interview unter http://www.nicodeboerteksten.nl/waldemar-torenstra-ik-schaamde-me-eigenlijk-rot/ (zuletzt abgerufen am 10. August 2016): „Wir diskutierten mit unseren Regisseuren oft über die niederländische Situation, Mentalität und das Poldermodell. Das macht doch unseren Nationalstolz aus. Jedoch fiel das Urteil der Deutschen für uns verheerend aus: Sie nannten es Diktatur des Mittelmaßes und fanden ohnehin den Grad des politischen Bewusstseins des gewöhnlichen Niederländers erschreckend unterkomplex. Und sie hatten kein gutes Wort für unsere sogenannte Toleranz übrig. Das alles war schon ziemlich ernüchternd. Zugleich wirkte dieser Blick von Außenstehenden auf unser Land aber auch sehr erfrischend."

21 Mit der *Aktie Tomaat* wird eine Protestaktion von Schauspielstudierenden bezeichnet, die 1969 während einer Premiere von Shakespeares *Der Sturm* an der Nederlandse Comedie Tomaten auf die Schauspieler warfen. Damit sollte auf ein fehlendes Verhältnis von Theater und Gesellschaft hingewiesen werden, da der subventionierte und von Persönlichkeiten dominierte Theaterbetrieb als elitär empfunden wurde. Die Nachwirkungen dieser Aktion stellten seinerzeit das gesamte Gefüge des niederländischen Theatersystems in Frage und sorgten für eine Pluralisierung der formalen, inhaltlichen und ästhetischen Strategien des Theatermachens. Vgl. Frey, Martin: *Creatieve Marge: Die Entwicklung des Niederländischen OFF-Theaters,* Wien/Köln 1991, S. 37–56.

22 Der Theaterkritiker und Essayist Loek Zonneveld bemerkte in einer Kritik: „Brecht is hier niet afgestoft, meer met een Black&Decker bewerkt. Het kán hier in Nederland dus ook – een oneerbietige visie op Brecht. Al moeten we er wel tijdelijk een paar Duitsers voor importeren." („Brecht wird hier nicht abgestaubt, sondern mehr mit einem Vor-

schlaghammer bearbeitet. Es geht also auch in den Niederlanden: eine unverkrampfte Sicht auf Brecht. Allerdings müssen wir anscheinend dafür von Zeit zu Zeit ein paar Deutsche einladen."). Zonneveld, Loek: „Stofzuigen", in: *De Groene Amsterdammer*, 17. August 2002, S. 19. Damit macht Zonneveld implizit auf die Aufführungstradition von Brecht-Texten in den Niederlanden aufmerksam – und macht den von Torenstra (Anm. 20) angesprochenen Blick von Außen produktiv.

[23] Der Frage, welche Rolle die Sprache bei dieser Arbeit gespielt hat (und im Kontext einer europäischen Erzählung spielen müsste) – wir nutzten Englisch als Arbeitssprache, wobei in den Krisenmomenten und Auseinandersetzungen die nationalen Sprachen (vor allem das Niederländische) dominierten –, kann an dieser Stelle leider nicht nachgegangen werden.

Yvonne Griesel

BABEL AUF DER BÜHNE
Translation zwischen Ästhetik und Pragmatik

Yael Ronen, eine israelische Regisseurin, die derzeit in Berlin lebt, noch Deutsch lernt, inszeniert 2016 an den Münchner Kammerspielen *point of no return* mit der Schauspielerin Jelena Kuljić, deren Muttersprache Serbisch ist und die ebenso Teil des Ensembles der Kammerspiele ist wie Damian Rebgetz, der aus Australien stammt, Deutsch spricht, dessen Muttersprache aber Englisch ist. Neben den beiden deutschsprachigen Ensemblemitgliedern Niels Bormann und Wiebke Puls spielt auch Dejan Bućin als Gastschauspieler mit, der in Serbien geboren ist und die Schauspielschule in Deutschland abgeschlossen hat. Der Text der Inszenierung entsteht während der Proben, die auf Englisch stattfinden. Damian spricht Englisch auf der Bühne, die anderen Deutsch, teilweise wird Serbisch gesprochen. Alles wird ins Englische und Deutsche übertitelt, nur das Serbische bleibt unübersetzt als sprachliches Stilmittel.

Noch vor einigen Jahren undenkbar im deutschen Stadttheater, ist die Mehrsprachigkeit auf der Bühne mittlerweile ebenso Realität, wie es für die Münchner Kammerspiele seit 2015 normal ist, für internationales Publikum alle Inszenierungen ins Englische übertiteln zu lassen. Theater wird internationaler.

Babylonische Vielfalt
Die Sprachenvielfalt ist auf vielen Ebenen im Theater angekommen: auf der Bühne, im Probenprozess und auch im Publikum. Theater spiegelt immer auch gesellschaftliche Entwicklung wider; so nimmt es nicht wunder, dass neuerdings Arabisch vermehrt auf deutschen Bühnen zu hören ist, sei es auf Festivals, aber auch im Repertoire. Rabih Mroué, ein wichtiger Regisseur aus dem Libanon, lebt ebenso in Berlin wie der Grieche Anestis Azas, der an der Hochschule für Schauspielkunst „Ernst Busch" in Berlin Regie studiert hat, jetzt das Nationaltheater in Athen leitet, aber auch am Ballhaus Naunynstraße in Berlin inszeniert. Auch Dries Verhoeven, der niederländische Regisseur, arbeitet eng mit dem Berliner Theater Hebbel am Ufer zusammen und hat einen zweiten Wohnsitz in Berlin, um hier nur einige wenige Beispiele zu nennen.

Auch das Publikum hat sich verändert. Was in Luxemburg schon lange gang und gäbe ist, entwickelt sich nun auch in Deutschland. Das klassische deutschsprachige Bildungsbürgertum sitzt nicht mehr allein im Publikum. Deutsche Großstädte wachsen, der Berliner Senat prognostiziert, dass die Bevölkerung Berlins bis 2020 bereits auf vier Millionen angewachsen sein wird, in München leben seit 2015 bereits 1,5 Millionen Menschen. In den neunziger Jahren kamen beispielsweise viele russischsprachige Menschen nach Deutschland, die traditionell eine starke Theaterkultur haben und sich unter das Theaterpublikum mischten. Menschen aus dem ehemaligen Jugoslawien, die erst Zuflucht, dann eine neue Heimat in Deutschland gefunden haben, stehen heute auf der Bühne. Aktuell zieht es verstärkt die junge Generation aus Südeuropa in die strukturstärkeren Länder, vor allem nach Deutschland, auch sie finden sich im Publikum. Der Krieg in Syrien hat Künstlerinnen und Künstler und auch Zuschauerinnen und Zuschauer an die deutschen Theater gebracht. Rabih Mroué und Lina Majdalanie erzählen Geschichten auf der Bühne, die in Deutschland so zuvor nicht zu hören waren. Sie erzählen sie teilweise auf Englisch, teilweise auf Arabisch oder auch mal auf Deutsch. Das Maxim Gorki Theater hat mit Shermin Langhoff eine Intendantin, die als Kind aus der Türkei nach Deutschland gekommen ist und heute mit ihrem vielsprachigen Ensemble neue Wege beschreitet. Von Anfang an hat sie alle Vorstellungen ins Englische übertiteln lassen und so das neue Publikum zu sich ins Theater eingeladen. Matthias Lilienthal macht dies an den Kammerspielen in München ebenso wie die Belgierin Annemie Vanackere, die das Hebbel am Ufer in Berlin leitet, das internationale Festivalreihen konzipiert. Langsam, aber sicher folgen viele Theater ihrem Beispiel.

Der Turmbau zu Babel hat auch im Theater stattgefunden. Die Kunst wollte hoch hinaus, aber es scheint dem Theatergott missfallen zu haben, und so zerfiel der Turm. Sprachengewirr war die Folge. In Babel wurde so verhindert, dass weitergebaut wurde. Im europäischen Theater wird zum Glück weitergewerkelt. Es gibt viele Möglichkeiten der Translation im Theater – wie die Übertitelung, die es seit etwa zwanzig Jahren gibt –, die aber noch viel Entwicklungspotential haben. Derzeit fristen sie noch eine Randexistenz im Getriebe des Theaters, noch steht aus, dass man sie als künstlerisches Element akzeptiert, dass der Mehrsprachigkeit auf allen Ebenen professionell begegnet wird. Dann wird Babel endgültig ein Gewinn, so wie wir es auf verschiedenen Bühnen in den letzten Jahren schon mehrfach erleben durften.

Aufbau
Um internationales Theater einem anderssprachigen Publikum verständlich zu machen, braucht man Fingerspitzengefühl und Professionalität, also eine gute Translation; Dramenübersetzungen, Übertitel im

Theater, Synopsen, Verdolmetschungen usw. Aber in erster Linie braucht es zum Verstehen der anderen Kultur eine sinnliche Brücke, wie sie z. B. Roberto Ciulli seit Jahren in seinem Theater an der Ruhr in Mülheim baut, indem er, wenn eine fremdsprachige Inszenierung eingeladen ist, das Publikum einstimmt und fünf Minuten in Kultur und Aufführung einführt.

> Es ist besser, wenn jemand persönlich in den Inhalt einführt, kurz eine sinnliche Brücke baut. Das Theater muss immer eine emotionale Brücke im Moment des Erlebens bauen. Wenn das jemand gut macht, dann ist das Publikum schon mit dem Kopf in der Vorstellung und bereit, sich darauf einzulassen.[1]

Auf die Frage, ob er davon ausgehe, dass Übertitel, Einsprechen und auch Synopsen ein bisschen die Kreativität des Publikums abtöten, antwortete er:

> Die Kreativität des Zuschauers in Gang zu setzen, ist die eigentliche Aufgabe des Theaters. Wenn das Publikum nach der Vorstellung mit Rätseln konfrontiert ist, dann hat es Bilder, die verschieden interpretiert werden können. Und es ist wunderbar zu sehen, wie viele verschiedene Möglichkeiten die Phantasie bereit hält.[2]

Manchmal sind es einfach englische Übertitel oder es ist eine sensible Verdolmetschung, die eingesprochen wird und so ganz unauffällig über Kulturklippen hinweghilft, ein Brief, der in einer Inszenierung von Ariane Mnouchkine und ihrem Kollektiv Théâtre du Soleil bei der Ruhrtriennale auf Arabisch vorgelesen wird, während der deutsche Text, mit einem Füller geschrieben, auf der Bühnenwand erscheint.

> In *Le Dernier Caravansérail* gab es diesen Brief, der in einem bestimmten Rhythmus verlesen wurde, nämlich im Rhythmus des Schreibens. Man muss natürlich aufpassen, dass es nicht dekorativ wird. Ich glaube, alles übersetzt sich durch die Schrift, die Syntax, aber auch die richtige Typographie. [...] Man muss akzeptieren, dass die Übertitel Teil der Form sind. Übertitel sind ein Verständigungsmittel, eine Hilfe für das Publikum, sie leisten Beistand und sind ein zusätzliches Vergnügen.[3]

Ariane Mnouchkine hat es im Interview, das ich mit ihr über die Übertitelung geführt habe, auf den Punkt gebracht: „Schön muss es sein!" Und es gibt einige schöne Beispiele, wie die Translation im Theater ein integraler Teil der Inszenierung geworden ist. Das passiert immer dann, wenn Regisseurinnen und Regisseure sie als einen solchen Teil begreifen und in ihrem Konzept mitdenken. Das muss nicht von Anfang an sein. Es reicht meist, sich gemeinsam einige Wochen vor der Vorstellung vor einem anderssprachigen Publikum gemeinsam eine ästhetische, pragmatische und sprachliche Lösung auszudenken. Immer mehr Regisseurinnen und Regisseure spielen mit den Möglichkeiten des Sprachtransfers. Dmitry Krymov setzte beispielsweise in seiner Inszenierung *Russian Blues* auf der *Wiesbadener Biennale* 2016 einen dolmetschenden Schauspieler zum russischen Sprecher auf die Bühne, der dann vom Russischen ins Deutsche dolmetschte. Zusätzlich wurden andere Teile der Inszenierung übertitelt, für die eine aktive Verdolmetschung seiner Meinung nach einen zu starken Eingriff dargestellt hätte. All das können adäquate Möglichkeiten der Translation im Theater sein.

Translation – der Mörtel
Häufig findet man in Programmheften: „mit Übertitelung" oder „mit Simultanübersetzung" oder „eingesprochen". Dass häufig die Übertitelung versachlicht wird und der Name der Übersetzerinnen und Übersetzer sowie Übertitlerinnen und Übertitler fehlt, zeigt die mangelnde Beachtung, die dieser Tätigkeit ebenso wie dem Begriff Simultanübersetzen, den es streng genommen gar nicht gibt, oft immer noch zuteilwird. Dolmetschen findet zeitgleich, meist mündlich statt, Übersetzen hingegen ist nicht situativ gebunden. Bei der Translation im Theater vermischen sich aber auch Tätigkeitsbereiche, daher ist es angezeigt, von Translation zu sprechen.

Translation ist der Überbegriff für Übersetzen und Dolmetschen und wurde wissenschaftlich bereits 1968 von der Leipziger Schule eingeführt.[4] Wie eingangs beschrieben, findet Translation überall im Theater statt, mittels Übertitelung, Synopsen oder sinnlichen Brücken im weiteren Sinn. Für diese Formen des Sprachtransfers sind traditionelle Definitionen von Übersetzen nicht ausreichend. Daher ist es nötig, auf eine weiterentwickelte, dynamische Definition zurückzugreifen, die die *kulturelle Wende* in der Translationswissenschaft ermöglicht hat. Sie umfasst den gesamten Translationsprozess: „Unter Translation verstehen wir jede konventionalisierte, interlinguale und transkulturelle Interaktion."[5] Notwendig ist diese Einordnung, da häufig gesagt wird, internationales Theater könne man nicht übersetzen, übertragen oder transferieren. Man kann es und ich tue es täglich seit 15 Jahren.

Translation im Theater ist immer eine Translation zwischen Ästhetik und Pragmatik. Jede Inszenierung hat ihre Spezifika. Eine Inszenierung von René Pollesch stellt ganz andere Ansprüche an eine Translation oder Übertitelung als eine Inszenierung von Christoph Marthaler, Katie Mitchell, Klaßen und Gintersdorfer oder Rabih Mroué. Auf der Bühne kann man etwas auf viele Arten sagen – leise, laut oder stumm –, und was gesagt wird, ist auch sehr unterschiedlich. Umberto Eco schreibt in seinem Buch *Über das Übersetzen:*

> Was heißt übersetzen? Die erste und einfachste Antwort könnte lauten: dasselbe in einer anderen Sprache sagen. Nur ist es leider so, daß wir erstens nicht ohne weiteres angeben können, was es heißt, das *selbe* zu sagen. […] Zweitens wissen wir angesichts eines zu übersetzenden Textes nicht immer, was eigentlich da gesagt werden soll. Und drittens ist in manchen Fällen auch ungewiß, was sagen heißt.[6]

Und ob wir dasselbe mithilfe von Übertiteln, durch Dolmetschen, Synopsen oder anderes zum Ausdruck bringen können, was überhaupt dasselbe ist und wie man Dinge eigentlich sagen kann, sind Fragen, die sich immer wieder stellen, wenn man eine Inszenierung in eine andere Kultur überträgt.

Man kann internationales Theater übersetzen – aber es gibt kein Richtig oder Falsch. Ebenso wenig gibt es die perfekte Art der Sprachübertragung, die für alle Inszenierungen passt. Jede Übersetzung ist zweckgebunden – gemäß der *Skopostheorie,* die Hans J. Vermeer in den achtziger Jahren formuliert hat. Jede Übersetzung ist ein Transfer von einer Ausgangssprache in eine Zielsprache zu einem bestimmten Zweck – sehr verkürzt dargelegt. „Die Dominante aller Translation ist deren Zweck."[7]

Bei der Translation im Theater verhält es sich auch so. Eine Dramenübersetzung ist zum Sprechen geschrieben, eine Übertitelung daraus zu machen, verfolgt wieder einen anderen Skopos, den des schnellen Lesens. Übertitel für Gehörlose, Touristinnen und Touristen oder Kulturschaffende haben alle leicht veränderte Zielvorgaben und nach diesen unterschiedlichen Skopoi richtet sich auch eine adäquate Translation. Ganz einfach ausgedrückt: „Für Translation gilt: ‚Der Zweck heiligt die Mittel'".[8]

Translation im Theater
Auch bei Inszenierungen lässt sich die Skopostheorie anwenden. Zunächst sollte immer die Frage geklärt werden, welchen Zweck müssen

die Übertitel, die Verdolmetschung, die Synopse usw. erfüllen? Wer ist das Zielpublikum? Auf wie viele Rezipientinnen und Rezipienten sind die Übertitel ausgerichtet, und wo sollten diese im Theater am besten sitzen, damit sie die Titel bequem lesen können. Die Translation ist immer nur Teil des Gesamtkunstwerkes, das sie ergänzen und nicht übertönen soll. Manchmal kann keine Übersetzung die bessere Wahl sein. Man stelle sich ein Bühnenbild von Robert Wilson vor – gut möglich, dass Übertitel ästhetisch keinen Platz darin finden. Oder es wird ein klassisches Stück aus dem Kanon inszeniert, wie *Tartuffe* von Ariane Mnouchkine. Man kann sich zunutze machen, dass das Publikum Molière im kulturellen Gedächtnis gespeichert hat, und die Translation reduzieren und eine zusammenfassende Übersetzung austeilen.[9] Eine Übertitelung muss einer Inszenierung ebenso auf den Leib geschneidert werden wie eine Verdolmetschung oder eine Synopse. Jede Inszenierung ist einzigartig und übersetzbar, erfordert aber jeweils ihre spezifische Art der Translation. Keine Form ist überlegen, es gibt lediglich die passende für die jeweilige Inszenierung.

> Man kann Kleider in verschieden große Koffer packen, die Art des Packens muß jeweils der Form des Koffers angepasst werden. Das Einzige jedoch, das zählt, sei, daß die Kleider wohlbehalten an den Zielort gelangen.[10]

Bei der Übertitelung handelt es sich beispielsweise um eine spezielle Form der Dramenübersetzung, die nicht dem Primat der Spielbarkeit und Sprechbarkeit folgt, sondern bei der die schnelle Rezeption im Vordergrund steht, was allerdings nicht dazu führen darf, dass die literarische Qualität des Originaltextes verfälscht wird.[11]

Der *Skopos*[12] (das Ziel der Translation) ist ein anderer, nichtsdestotrotz muss die Übersetzung auch dem Autor, in diesem Fall dem Dramatiker gegenüber loyal bleiben. Es ist teilweise notwendig, den Text um bis zu fünfzig Prozent zu kürzen, um möglich zu machen, dass man ihn lesen kann, und gleichzeitig noch das Bühnengeschehen verfolgen kann. Der Kürzungsgrad variiert je nach Textgattung, Sprechgeschwindigkeit, Sprachenpaar usw.[13]

Oft wird die Translation im Theater nicht als literarische Übersetzung angesehen. Das ist so nicht haltbar, da die Translation im Theater selbstverständlich mit Dramenübersetzungen arbeitet, die zugrunde gelegt werden, neu übersetzt werden oder auch als Originale in die Übertitelung einfließen. Eine intensive Beschäftigung mit den Texten sowie eine profunde Kenntnis des literarischen Kanons sind unabdingbar. Daher sollte es auch immer eine enge Zusammenarbeit mit der Dramaturgie geben. Nicht zuletzt wird die Tätigkeit der Übertitlerinnen und Übertitler seit 2014 in Deutschland von der Künstlersozialkasse als künstlerischer Beruf im Spektrum der literarischen Übersetzerinnen und Übersetzer angesehen.

Was aber die Dramenübersetzung von der Translation im Theater hauptsächlich unterscheidet, ist, dass Erstere der *inneren und äußeren Kommunikation*, wohingegen die Translation im Theater der *äußeren Kommunikation* mit dem Publikum dient.[14] Zudem wird die Dramenübersetzung von deutschsprachigen Schauspielerinnen und Schauspielern gesprochen, und somit gibt es die Möglichkeit zu entscheiden, ob die Übersetzung mehr zieltextorientiert sein oder ob der Ausgangstext noch durchscheinen soll, ob man also – im übertragenen Sinn – den Teppich eher von oben mit der schönen ebenmäßigen Seite zeigt oder ob es einen eher reizt, die Knüpfstruktur noch zu erkennen, und ihn von unten betrachtet. Jiří Levý teilt in die *illusionistische* und *antiillusionistische Übersetzungsmethode* ein und sagt, der illusionistische Übersetzer verbirgt sich hinter dem Original, sein Werk soll aussehen wie die Vorlage. Der Lesende soll sich der Illusion hingeben, er habe ein originales Werk vor sich. Die antiillusionistische Strategie führt zu einer ausgangssprachlichen Version, die die Leserinnen und Leser in jeder Hinsicht merken lässt, dass sie es mit einer Nachbildung zu tun haben, die die fremde Kultur durchscheinen lässt.[15] Ein ganz plastisches Beispiel im Theater ist die Übersetzung von *Romeo und Julia* von August Wilhelm Schlegel aus dem Jahr 1796, die Shakespeare in die deutsche Romantik versetzt und aus Romeo einen romantischen Helden macht und alle Anzüglichkeiten im Text nivelliert.[16]

Eine Translation im Theater hingegen bezieht sich auf die gesamte Inszenierung und ist immer gleichzeitig mit der Inszenierung sichtbar. Die fremdsprachige Inszenierung ist zu hören und zu sehen, es muss versucht werden, die Illusion, die Theater ausmacht, zu erhalten. Die Translation im Theater kann sich aber nicht verstecken, kann niemals eine illusionistische Übersetzung sein, die die Illusion erzeugt, man lese oder höre etwas in der Muttersprache.

Translation im Theater ist immer eine *additive Translation*.[17] Die linguistischen Zeichen, nach Erika Fischer-Lichte akustisch, transitorisch und schauspielerbezogen, sind bei der Übertitelung aufgespalten in akustisch und visuell, schauspielerbezogen und raumbezogen.[18] Sprache, Gestik und Mimik bleiben in der Ausgangssprache immer präsent. Somit fügt die Translation der Inszenierung ein eigenständiges Zeichen hinzu, überschreibt akustische Zeichen, ergänzt, kann unter Umständen Textunsicherheiten der Schauspielerinnen und Schauspieler aufdecken oder Improvisationen. Verstecken kann man die Translation nicht, somit wird sie zu einem von vielen theatralen Zeichen, aus denen sich eine Inszenierung zusammensetzt. Vernachlässigt man die Translation, entwickelt sie sich unter Umständen zu einem eigenständigen Störfaktor, der Pointen vorwegnimmt, die Aufmerksamkeit des Publikums bindet, Lichtkonzepte stört, die Sprache des Autors oder der Autorin verfälscht usw.

Daher sollte man diese theatralen und translatorischen Zeichen genauso wie alle anderen ernst nehmen und einbeziehen in die künstlerische Konzeption. Wird diese sichtbare Translation, die gleichzeitig mit dem Bühnengeschehen zu rezipieren ist, sorgfältig und adäquat durchgeführt, gleicht sie im Idealfall einem Farbtropfen einer anderen Kultur, der in die Inszenierung hineinfällt. Das Publikum nimmt sie kaum wahr, die Inszenierung erhält aber dadurch eine neue Schattierung. Tut man dies nicht und beschäftigt sich nicht mit der Platzierung im Bühnenbild, der Qualität der Übersetzung, gewährleistet nicht die Rezipierbarkeit im Verhältnis zur Sprechgeschwindigkeit, dem Einblendrhythmus, dem Umgang mit Improvisationen, so wird die Translation sehr schnell zum Störfaktor und allzu sichtbar im negativen Sinn. Das wird einem leider immer dann vor Augen geführt, wenn sie unprofessionell ausgeführt wird.

Offene Bauweise

Die Übertitelung soll nicht ersetzen, sondern ergänzen. Wo Verständnis fehlt, kann sie sich einfügen. Die Möglichkeiten der Übertitelung sind vielfältig, die Grenzen liegen vor allem in der unprofessionellen Anwendung begründet. Man kann also viele Wege gehen, und ich bin sicher, dass das Publikum sie mitgehen wird – aber gewiss nicht blind.

Der Dolmetscher oder die Sprachmittlerin gilt seit der Antike als Zwitterwesen zwischen Herrscher und Bote, nicht zu dem einen, nicht zu dem anderen zugehörig, als einer, dem man ein wenig misstraut, da man ihn nicht versteht. Dieser alte Zweifel sitzt auch in uns, ganz tief in unserem Innern. Der additive Charakter der Übertitelung fördert das zutage, wenn die Zuschauerinnen und Zuschauer im Theater sitzen und ein wenig von der Sprache, die auf der Bühne verwendet wird, verstehen und in den Übertiteln ein anderes Bild oder fehlende Worte entdecken. Diesem Zweifel muss man mit Offenheit begegnen und erklären, was Übertitel und Übersetzung leisten können, welchen Zweck sie verfolgen, wie sie funktionieren und wem sie dienen.

Das unterstreicht für mich ganz natürlich die Richtigkeit einer Forderung der modernen Translationswissenschaft: der nach *Transparenz*.[19] Für jede Art der Translation und jede Übertitelung gilt, dass diejenigen, die sie ausführen, ihr Tun transparent machen sollten, damit ein besseres Verstehen gewährleistet werden kann. Es schafft Vertrauen, dass jemand sich die Mühe gemacht hat, Verständlichkeit zu erzeugen, dass er weiß, was er tut. Und es kann zu einer gewissen Gelassenheit führen, zu einer Art Urvertrauen, dass man eine Übertitelung erhält, die rezipierbar ist und nach gewissen Prinzipien funktioniert. Die Schauspielerin Bettina Stucky, die sehr viel auf internationalen Bühnen arbeitet, beschreibt sehr treffend, was die Folge sein könnte, wenn man den Zuschauerinnen und Zuschauern erklärt, wie die Übertitel funktionieren, was übersetzt wird und was nicht.

Den Sprachfetischisten, die auf dem Standpunkt stehen, sie müssten alles übersetzt bekommen, könnte man so vielleicht sagen: Entspannt euch, es wird funktionieren und ihr verliert nichts, wenn ihr nicht den kompletten Text versteht.[20]

Übertitel sind ein starker visueller Eingriff, daher sollte man sie mit Bedacht einsetzen und auch künstlerisch einbeziehen in die Inszenierung. Es gibt noch viel kreatives Potential in diesem Bereich, aber ein großer Schritt zur Professionalisierung ist bereits getan.

Übertitel müssen pragmatischen, aber auch literarischen Ansprüchen genügen. Sie müssen innerhalb einer bestimmten Zeit lesbar sein, also kurz und prägnant formuliert werden, aber der Sprachstil des Autors oder der Autorin muss gewahrt bleiben. Eine zusätzliche Schwierigkeit ist, dass Theatertexte wie die von Goethe, Shakespeare oder Tschechow teilweise im kulturellen Gedächtnis des Publikums verankert sind. Darauf muss etwa bei Kürzungen Rücksicht genommen werden. Für diesen Spagat zwischen räumlichen und zeitlichen Zwängen und literarischen Ansprüchen benötigen Übertitlerinnen und Übertitler viel Fingerspitzengefühl, Sprachkompetenz, translatorische Fähigkeiten und Wissen um Theaterkulturen.

Einblicke in die Ziegelei

Bei der Übertitelung handelt es sich um eine Dramenübersetzung, die während der Aufführung mit einer speziellen Software eingespielt wird. Häufig wird mit MS PowerPoint gearbeitet, es gibt aber auch spezielle Programme für Theaterübertitelung wie EasyTitles, Glypheo, [SPECTITULAR], Maestro u. a. m. Die Programme haben alle Stärken und Schwächen. Eine ideale Software ist bislang noch nicht entwickelt worden, es gibt aber verschiedene Projekte und Universitäten, die an einer Entwicklung einer Software arbeiten.

Der Text der Inszenierung wird übersetzt und in Übertitel umgearbeitet. Ganz wichtig ist, dass die Inszenierung der Ausgangstext ist, nicht der Dramentext, sondern eine Aufzeichnung der Aufführung. Alle semiotischen Zeichen der Inszenierung sind zu übersetzen. Wenn wir uns Fischer-Lichtes *Semiotik des Theaters* noch einmal vergegenwärtigen, gibt es eben nicht nur linguistische Zeichen, sondern auch eingeblendete Texte, Gestik. Das Bühnengeschehen wird als Ganzes rezipiert, und redundante Informationen werden nicht in die Übertitel aufgenommen. Wird beispielsweise ein Kopf geschüttelt, kann man sich ein „Nein" im Übertitel sparen. Wird ein Satz immer wiederholt, so kann man ihn dem Publikum in den Übertiteln nach der zweiten Wiederholung ersparen.

Das Festival, das die fremdsprachige Inszenierung einlädt, oder die Theatergruppe selbst geben beispielsweise eine Übertitelung in Auftrag. Die Übertitlerin oder der Übertitler erhält eine DVD der Inszenierung und das Textbuch und gleicht beides miteinander ab. Entspricht das Textbuch der Aufzeichnung der Probe oder Aufführung, die auf DVD zur Verfügung gestellt worden ist? Gibt es Abweichungen im Text, die auf Improvisation zurückzuführen sind, oder hat man eine veraltete Fassung? Diese Fragen werden mit der Regieassistenz und der Dramaturgie besprochen. Wenn möglich, sieht man sich eine Aufführung an, bespricht, wo die Übertitel im Bühnenbild ihren Platz finden könnten, wobei die letzte Entscheidung hier natürlich bei Bühnenbild und Regie liegt. Die Übertitlerin oder der Übertitler kann beratend tätig sein, wenn sie oder er das Vertrauen der künstlerischen Leitung genießt und über Erfahrung verfügt. Der Dramentext wird nun anhand des Ausgangstextes, des auf der Bühne (DVD) gesprochenen Textes, übersetzt, oder es wird besprochen, mit welcher vorhandenen Übersetzung des literarischen Kanons gearbeitet werden soll. Auch hier ist eine enge Zusammenarbeit mit dem Theater angeraten.

Dann wird eine Übertitelfassung erstellt, entweder zunächst in der Ausgangssprache als Matrix oder direkt in der Zielsprache. Wichtig ist hier die angemessene Kürzung. Der Rhythmus der Inszenierung muss respektiert werden. Jede Inszenierung hat eine unsichtbare Übertitelmatrix in sich, und diese zu finden, ist Aufgabe der Übertitelung. Es geht in erster Linie um den Rhythmus der Inszenierung, die Spannung, stilistischen Brüche, die Sprachebene, die Differenzierung der unterschiedlichen Figurenrede und vieles mehr. Die adäquate Übersetzung des dramatischen Textes und die Umsetzung einer Übertitelung sind literarische Aufgaben, die Sprachkenntnisse und sowohl übersetzerische als auch dramaturgische Fähigkeiten erfordern.

Ein weiterer Aufgabenbereich ist die technische Umsetzung der Übertitelung gemeinsam mit den technischen Abteilungen, wie Video, Ton, Licht, sowie das Einpflegen in die entsprechende Software. Theater haben oft ihre eigene Software. Ist das nicht der Fall, bringen die Übertitlerinnen und Übertitler ihre Software mit. Sie müssen flexibel sein und sich schnell in unterschiedliche Programme einarbeiten können. Es gibt üblicherweise eine Übertitelprobe, danach korrigiert man seine Vorlage. Die Korrektur ist ein integraler Bestandteil der Arbeit. Da Theater lebendig ist, ändern sich häufig Rhythmus, Betonungen, Pausen oder Repliken, und so wird die Vorlage nach jeder Vorstellung erneut angepasst.

Bei der Premiere blendet man seine Übertitel ein und hofft auf wenig Improvisationen oder Texthänger auf der Bühne. Sollten sie doch eintreten, reagiert man auf die Improvisationen und begleitet die Akteurinnen und Akteure auf der Bühne so gut es geht. Im absoluten Notfall wird der Shutter vor dem Projektor geschlossen, so dass man in Ruhe wieder seinen Einsatz finden kann. Wichtig ist vor allem der Rhythmus der Einblendungen. Dabei haben Übertitlerinnen und Übertitler eine jeweils eigene Handschrift, manche blenden ganz simultan ein. Andere verzögern, damit das Publikum erst sehen kann, wer den Mund öffnet. Manche lassen die Titel länger stehen, manche kürzer. Man muss mit der Inszenierung atmen lernen, dann hat das Publikum das Gefühl, gut begleitet zu werden. Die höchste Form der Anerkennung in diesem Beruf besteht darin, nach der Vorstellung gefragt zu werden: „Ach, du hast die Übertitel gemacht? Das wäre nicht nötig gewesen, ich hätte auch so alles verstanden." Nach der Premiere bespricht man sich mit der Regie oder der Dramaturgie, nimmt die Kritik auf und verbessert seine Übertitelung entsprechend.

Jeder Übertitler und jede Übertitlerin haben eigene Qualitäten und eine eigene Art zu übertiteln. Es arbeiten unterschiedliche Menschen mit unterschiedlichen Ausbildungen in diesem Bereich. Simultandolmetscherinnen und Simultandolmetscher können mit der Simultanität der Situation sehr gut umgehen. Es gibt aber auch wunderbare literarische Übersetzer, die Übertitel fahren können, oder Dramaturginnen, Schauspieler, Quereinsteigerinnen usw. Es gibt noch keine Ausbildung für diesen Beruf, aber auf jeden Fall braucht man, neben der Theatererfahrung und einem Gespür für Literatur, Ruhe und Gelassenheit in Live-Situationen. Man sollte gerne vor großem Publikum arbeiten. Ein guter Blick für die Bühne ist ebenso wichtig wie ein sicherer Umgang mit Software und Bühnentechnik. Eine pragmatische Arbeitshaltung erleichtert es, den nötigen Mut zur Kürzung teilweise als heilig angesehener literarischer Werke zu finden. Da man im Getriebe der Gewerke eines Theaters nur ein Rädchen ist, muss man sehr teamfähig sein und seine Rolle im Ensemble akzeptieren. Sie ist nicht sehr weit oben, sondern eher im technischen Bereich angesiedelt. Gleichzeitig arbeitet man aber in enger Absprache mit der Dramaturgie und der Regieassistenz – ein Spagat zwischen Kunst und Technik, der die Tätigkeit sehr gut beschreibt.

Die Übertitelung ist immer Teil der Inszenierung und teilweise im Bühnenbild sehr präsent. Es ist wichtig, sie ästhetisch zu integrieren und zu einem Teil des Kunstwerkes werden zu lassen. Leider wird dieser Aspekt oft noch zu sehr vernachlässigt.

Wie aber die bereits beschriebenen Beispiele von Ariane Mnouchkine oder Roberto Ciulli zeigen, gibt es immer mehr Künstlerinnen und Künstler, die sich mit der Translation im Theater beschäftigen, sie in ihr Regiekonzept integrieren und professionelle Übersetzungen, Übertitelung, Verdolmetschungen zu schätzen wissen. Eine solide sprachliche Basis ermöglicht den Künstlerinnen und Künstlern dann auch, neue Wege zu beschreiten und kreative Lösungen zu finden.

Turm mit Aussicht
Sie könnte ein schönes Bauwerk werden, die Translation im Theater. Aber gleichwohl nun schon viele Jahre daran gearbeitet wird, schon einiges publiziert worden ist, einige Firmen sich auf Translation im Theater spezialisiert haben und es sehr professionelle Arbeiten in diesem Bereich gibt, sind wir noch weit vom Richtfest entfernt.

Nur wenige Übersetzerinnen und Übersetzer sind gewillt und fähig, für Übertitel zu übersetzen, da die Übertitelung parallel zum Endprobenprozess erstellt wird und man demzufolge mit starken zeitlichen Zwängen arbeiten muss. Da muss schon mal über Nacht ein Shakespeare umgeschrieben werden. Ruhe, Gelassenheit, Präzision und Sprachkompetenz sind gefordert. Erstelle ich englische Übertitel für die Münchner Kammerspiele, kann ich mich auf die versierten englischen Dramenübersetzerinnen Anna Galt und Kate McNaughton verlassen, die Endprobenwoche findet in enger Zusammenarbeit mit der Videotechnik statt, der Dramaturgie, der Regieassistenz und nicht zuletzt mit der Souffleuse und dem Souffleur, den engsten Vertrauten bei der Jagd nach der aktuellen Textversion. Nach einem Jahr Zusammenarbeit mit den Münchner Kammerspielen ist klar, dass beim ersten Durchlauf daran gedacht werden muss, einen Videomitschnitt anzufertigen, dass das Regiebuch mit der Änderungsfunktion für die Übertitelung täglich aktualisiert werden muss. Im Programmheft und auf den Aushängen stehen sowohl die Übersetzerin oder der Übersetzer als auch die Übertitlerin oder der Übertitler und die sogenannten Fahrerinnen und Fahrer, diejenigen, die das Übertiteln im Regelbetrieb übernehmen.

Was sich so selbstverständlich anhört, ist Ergebnis eines langen Prozesses. Viele Gespräche sind geführt worden, viele gemeinsame Premierenfeiern sind vergangen, bis sich verankert hat, um welch komplexe Arbeit es sich bei der Translation im Theater handelt, bis klar wurde, dass sie als ein Zahnrad im Getriebe der Inszenierung mitgedacht werden muss. Noch gibt es sehr wenige Translatorinnen und Translatoren, die fest im Theater angestellt sind, die meisten von ihnen sind freiberuflich tätig. Aber erste Schritte werden gegangen; so gibt es Festivals und Theater, die Übertitlerinnen und Übertitler an sich binden. Es hat sich ein internationales Netzwerk von Übertitlerinnen und Übertitlern gebildet, und die Qualität wird ständig weiterentwickelt. Und eines sollte man nicht vergessen: Auch wenn einige Häuser wie das Maxim Gorki Theater, die Schaubühne oder das Deutsche Theater in Berlin mit professionellen Übertitlerinnen und Übertitlern arbeiten, gibt es viele andere Theater, die noch sehr unsensibel bei dem Thema sind, und so kommt es immer wieder zu regelrechten Übertitelkatastrophen, die viele regelmäßige Theaterbesucherinnen und -besucher nur allzu gut in Erinnerung haben. Vielleicht müssen diese Katastrophen passieren, wenn man jemanden, der zwar zwei Sprachen beherrscht, aber weder Übersetzer noch Übertitler ist, noch dazu mit der Technik nicht vertraut ist, damit betraut, für ein Stück 1500 Übertitel einzurichten, zu rhythmisieren und dann im idealen Takt, der sechs Sekunden nicht überschreiten sollte, manuell und möglichst simultan einzublenden. Man würde auch keine Laien in die Theatertechnik schicken und sagen, sie sollen sich mal um das Licht kümmern. Die Profis, die sich für diese Arbeit entschieden haben, wissen, dass Translation im Theater eine großartige Aufgabe ist, die Spaß macht. Und sie spüren auch, dass sie immer mehr Wertschätzung erfährt.

Es ist zudem eine Aufgabe, die immer mehr Herausforderungen bereithält. Es gibt noch viel zu tun im Bereich der Teilhabe von Gehörlosen und Blinden und beim Übertiteln und Einsprechen für Kindertheater; in Sachen Qualitätssicherung, Ausbildung und Forschung. Hier gibt es noch jede Menge Potential – praktisch wie wissenschaftlich. Immer mehr Theater greifen auf die Mittel der Translation zurück – das ist eine sehr gute Entwicklung für das internationale Theater.

Damit die Qualität in diesem Bereich der Translation gewahrt wird, muss klar sein, dass Übertiteln und literarisches Dolmetschen weder nur mit Genie noch nur mit Handwerk zu beschreiben sind, sondern einen akademischen und zugleich kreativen Beruf darstellen. Die Verantwortung ist hoch, denn:

> Die Literatur eines Volkes ist ein Fenster, aus dem dieses Volk den Fremden ansieht, durch das der Fremde in den Lebensbereich dieses Volkes Einblick gewinnen kann.[21]

Also bauen wir unseren Turm der Verständigung weiter und mit möglichst vielen Fenstern!

---

[1] Ciulli, Roberto: „Die Lust am Nichtverstehen", in: Griesel, Yvonne: *Welttheater verstehen,* Berlin 2014, S. 135–141, hier S. 141.

[2] Ebd.

[3] Mnouchkine, Ariane: „Schön muss es sein!", in Griesel: *Welttheater verstehen,* S. 25–36, hier S. 30.

[4] Vgl. Kade, Otto: *Zufall und Gesetzmäßigkeit in der Übersetzung* (= Beihefte zur Zeitschrift Fremdsprachen. I), Leipzig 1968.

[5] Prunč, Erich: „Vom Translationsbiedermeier zur Cyber-Translation", in: *TEXTconTEXT 14* (2000), S. 3–75, hier S. 29.

[6] Eco, Umberto: *Über das Übersetzen. Quasi dasselbe mit anderen Worten,* München 2006, S. 9.

[7] Reiß, Katharina/Vermeer, Hans J.: *Grundlegung einer allgemeinen Translationstheorie,* Tübingen 1991, S. 96.

[8] Ebd., S. 101.

[9] Vgl. Griesel, Yvonne: *Translation im Theater,* Frankfurt a. M. 2000, S. 44f.

[10] Nida, Eugen Albert/Taber, Charles: *Theorie und Praxis der Übersetzung unter besonderer Berücksichtigung der Bibelübersetzung,* Stuttgart 1967, S. 105f.

[11] Vgl. Bassnett, Susann/Lefevere, André: *Contructing cultures. Essays on Literary translation,* Cleveton 1998; Espasa, Eva: „Performability in Translation. Speakability? Playability? Or just Saleability?", in: Upton, Carole-Anne: *Morving Target,* St. Benjamins 2000, S. 49–62.

[12] Vgl. Prunč, Erich: *Entwicklungslinien der Translationswissenschaft,* Berlin 2012, S. 154.

[13] Vgl. Griesel, Yvonne: *Die Inszenierung als Translat – Möglichkeiten und Grenzen der Übertitelung,* Berlin 2007.

[14] Vgl. Pfister, Manfred: *Das Drama,* München 1977.

[15] Vgl. Levý, Jiří: *Die literarische Übersetzung. Theorie einer Kunstgattung,* Frankfurt a. M. 1969, S. 158 ff.

[16] Vgl. Greiner, Norbert: *Übersetzung und Literaturwissenschaft,* Tübingen 2004, S. 42f.

[17] Vgl. Griesel: *Die Inszenierung.*

[18] Vgl. Fischer-Lichte, Erika: *Semiotik des Theaters. Das System der theatralischen Zeichen,* Bd. 1, Tübingen 1998, S. 27f.

[19] Vgl. Prunč: „Zur Konstruktion von Translationskulturen", in: Schippel, Larisa (Hrsg.): *Translationskulturen ein innovatives und produktives Konzept,* Berlin 2008, S. 19–41.

[20] Griesel: *Welttheater verstehen,* S. 43.

[21] Dedecius, Karl: *Vom Übersetzen,* Frankfurt a. M. 1986, S. 13.

Dieter Heimböckel
VON DER VERWANDLUNG EUROPAS UND DEM THEATER DER VERWANDLUNG
Mit Faust als Metamorphotiker

Der vorliegende Beitrag stellt die Verwandlung ins Zentrum seiner Ausführungen: zunächst als mythische Verwandlung, wie sie der Ursprungserzählung Europas zugrunde liegt und seiner Fortsetzungsgeschichte zwar eingeschrieben, aber in ihr als Verdrängungsgeschichte angelegt ist, dann als ästhetisch-performative Verwandlung, für die das Theater vielleicht schon seit jeher die Aufgabe eines Hüters übernommen hat. Und wenn auf der Bühne Europa sein/ihr Stelldichein gibt, zumal in der Figur Fausts, sind Verwandlungen vorprogrammiert. Welche Bewandtnis es mit Faust als Metamorphotiker hat und welche inhaltlichen und inszenatorischen Konsequenzen sich in der Auseinandersetzung mit dem Stoff und seinen europäischen Dimensionen daraus ergeben, soll schließlich am Beispiel des Stücks *Faust Exhausted*, zu dem Tomo Mirko Pavlovic die Textvorlage lieferte und das von dem freien Stuttgarter Theaterlabel TART Produktion zwischen Herbst 2013 und Frühjahr 2014 als interkulturelles Schauspiel-Projekt realisiert wurde, verdeutlicht werden.

Europa zwischen Mythos und Rhetorik
In Franz Kafkas Roman *Der Verschollene* ist Amerika eine entstehende und vergehende Hyperbel Europas oder „das andere (westliche) Kap Europas".[1] Als europäische Schöpfung ähnelt es der Alten Welt, auf der anderen Seite aber entfernt es sich von ihr und bereitet dadurch den Boden, auf dem etwas Neues entsteht. Amerika ist anders und nicht anders, für Karl Roßmann, die Hauptfigur des Romans, vertraut und unvertraut zugleich. Unvertraut ist Amerika für Karl deswegen, weil sich die neue Welt nicht auf den Begriff bringen lässt. „Das grenzt ja ans Wunderbare"[2], sagt Karl, als sein Onkel ihm in New York von der schier unglaublichen Entwicklung seiner Geschäfte berichtet. Das Wunder kennt keinen Gegenbegriff. Wer es bezeichnen will, trägt sich mit Absichten, von denen Stephen Greenblatt in seiner Geschichte über die Entdeckung Amerikas und über die Techniken, mit denen die Europäer in den Besitz des Wunderbaren zu gelangen versuchten, berichtet.[3] Karl dagegen vergeht über Amerika gewissermaßen Hören und Sagen. Er staunt nur noch – und dies bis zum vorläufigen Ende, im Naturtheater

von Oklahoma, einem Ort, der lediglich in dem 1912 veröffentlichten und von Kafka als Quelle genutzten Reisebericht *Amerika heute und morgen* von Arthur Holitscher, aber ansonsten auf keiner Weltkarte zu finden ist.

Das Theater von Oklahoma ist das „größte Teater der Welt". Es ist fast „grenzenlos".[4] Diese Aussage greift den amerikanischen Traum von der unendlichen Verschiebung der Grenzen auf, überschreitet aber auch die Grenze Amerikas und Amerika selbst, weitet den Horizont ins Unendliche. Der Horizont ist ein bevorzugtes Erkenntnismedium des Europäers, um sich selbst zu erkennen und Fremdes zu verstehen bzw. sich anzueignen. Abgeleitet von griech. *horizōn*, was so viel wie Grenzlinie heißt, ist der Horizont Grenze und deren Abwesenheit in einem, eine semantische Übergangslinie, wie Albrecht Koschorke meint.[5] Das Theater bewegt sich in diesem auf den Horizont bezogenen Raum des Übergängigen oder ist dieser Raum, der an keinen letzten Punkt ankommt. So ergeht es auch Karl in ihm. Sofern nämlich seine amerikanische Existenz rückläufig angelegt ist, führt sein Weg in der Fremde ihn am westlichen Kap wieder dem östlichen Kap zu. Im Theater nennt er sich „Negro"[6], als Manifestation seiner existentiellen Exterritorialität einerseits, vor allem aber als Ausdruck einer Konversion, mit der ihm andererseits das Fremde Amerikas als Längstvertrautes – und Unheimliches (mit Freud) – begegnet.

Im Längstvertrauten spiegelt sich bei Karl die metamorphotische Existenz eines Europäers wider. Sein Erfinder, Franz Kafka, ist vertraut mit Verwandlungen. Er ist geradezu ein Experte in Sachen Metamorphosen.[7] Europa ist es auch, aber es gehört nicht zu ihren Stärken, sich dies bewusst zu machen. Das teilt sie (und der Kontinent, der nach ihr benannt wurde) mit Karl. Beide sind darin regelrechte Verdrängungskünstler. Europa will es sich nicht eingestehen, dass die Verwandlung, die die Essenz der Mythosgeschichte bildet, ihm/ihr nicht nur in die Wiege gelegt wurde, sondern dass sich damit auch – und *nolens volens* – seine/ihre Identität und Bestimmung verflüchtigt hat. Als Zeus, verwandelt in einen prächtigen schneeweißen Stier, Europa erst ver- und dann nach Kreta entführt, wird sie von dem Göttervater, nachdem er sich ihr als das, was er ist, zu erkennen gibt und sich ihrer bemächtigt, auf schmähliche Art – wie es so seine Art ist – im Stich gelassen.

> Europa hat sich auf einen systematisch untreuen Gott eingelassen. Und so ist Europa mitsamt ihren Kindern zur Unabhängigkeit und zu Metamorphosen bzw. Konversionen verdammt, die in irdischen Sphären die Metamorphosenlust des Zeus nachstellen. Nur indem

Von der Verwandlung Europas und dem Theater der Verwandlung

sich Europa unablässig verwandelt und auf Reisen geht, bleibt es, bleibt sie sich treu. [...] Das Projekt Europa war am stärksten dann gefährdet, wenn es auf ewige Dauer, auf „Endlösungen" fokussiert war. Europa, das alte und ewig junge Europa ist also die Weltecke, die Konversionen und Wandlungen [...] geradezu systematisch pflegt.[8]

Womöglich gehört zu dieser Pflege aktuell die Rede von der Krise Europas. Krisen tragen ja immer den Keim der Verwandlung in sich. Nur verliert diese Rede an Glaubwürdigkeit, wenn sie *ad nauseam* wiederholt wird. Man neigt dann dazu, in diesem Zusammenhang eine Art Strategie der Verdeckung am Werk zu sehen. Was wäre etwa, wenn sich dahinter der Wunsch nach Prosperität und/oder die Wiederherstellung von Hegemonie verbirgt? In einem erst kürzlich in der *Frankfurter Allgemeinen Zeitung* veröffentlichten Beitrag unter dem Titel „Jürgen Habermas und Europa" heißt es bezeichnenderweise einleitend:

Auf dem fragilen Kompromiss von Nationalstaaten gegründet, ist die Europäische Union ein Kind der Krisen. Bis hin zur Euro-Krise bewies die Union immer wieder ihr Geschick, diese Krisen zu Wachstum und Konsolidierung zu nutzen. In der aktuellen, von der aufgekündigten Solidarität in der Flüchtlingskrise und dem Aufstieg europafeindlicher Parteien gekennzeichneten Konstellation scheint diese Alchimie am Ende. Die integrationistische Stimme ist verstummt vor der breiten Abwendung der Bürger.[9]

Irritierend an dieser Äußerung ist zunächst einmal zweierlei: zum einen die wenn auch gleichsam habitualisierte Gleichsetzung von Europa und Europäischer Union, mit der die Exklusion u. a. von Norwegen, Russland, Serbien, der Schweiz oder der Ukraine billigend in Kauf genommen wird. Im metonymischen Verhältnis, in dem Brüssel zu Europa steht, wird dabei regelmäßig unterschlagen, dass Brüssel von Kap Olenij, dem östlichsten Punkt des Kontinents, ebenso weit entfernt liegt wie von New York. Zum anderen irritiert der Umstand, dass die „Alchimie der Krise" sich offensichtlich nur in Wachstum und Konsolidierung erfüllt. Es geht nicht einmal mehr darum, in „Vielfalt geeint"[10] zu sein, womit noch 2008 das „Europäische Jahr des interkulturellen Dialogs" geworben hatte, sondern fast schon unverblümt um die Durchsetzung der Perspektiven, die bei der seinerzeitigen Wahl der Initiative im Zentrum standen: Der interkulturelle Dialog sollte dazu dienen, (1) einen Wertekonsens herzustellen, (2) den Wohlstand zu steigern, (3) Wachstum und die Schaffung von Arbeitsplätzen zu begünstigen und (4) Europas Gewicht in der

Welt zu stärken. Er biete, lautet es in einer der Zielvorstellungen mehr oder weniger unmissverständlich, die Chance, „zu einer pluralistischen und dynamischen Gesellschaft innerhalb Europas und in der Welt beizutragen und aus ihr Nutzen zu ziehen".[11] Kritische Einwände gesellschaftspolitischer Art ließen sich im Lichte dieses Programms zusätzlich erheben, etwa bezüglich der Frage nach dem (weitgehend) ausgeklammerten Stellenwert der Teilhabe und Gleichbehandlung im Rahmen einer auf Verständigung abgestellten Integrationspolitik. Aber darum geht es hier nicht. Es geht vielmehr um die Hinterfragung einer Europa-Rhetorik, die sich darauf verständigt, es bei ihrem Gegenstand wie selbstverständlich mit einer repräsentierbaren Realität zu tun zu haben, zu der noch das Wort von der Krise die symptomatische Diagnostik bereithält.

Das Theater als „Hüter der Verwandlungen"

Aus Literatur und Theater bzw. Literatur- und Theaterwissenschaft sind uns solche Krisen-Szenarien durchaus geläufig – nicht unbedingt zum Nachteil der Literatur, wie die Vergangenheit gezeigt hat. Die Krise, in die nach Peter Szondi um 1900 das moderne Drama geraten war, war zugleich eine Zeit ausgesprochener Produktivität und ästhetischer Innovationskraft in diesem Feld.[12] Für die Krise des Romans, die man nach der Jahrhundertwende um 1900 in den sechziger Jahren neuerlich aufzuspüren begann, gilt Ähnliches.[13] Der Roman hat sich, man mag es begrüßen oder auch nicht, inzwischen als literarische Leitgattung behauptet. Beide, das Drama ebenso wie der Roman, haben sich dabei als äußerst wandlungsfähig gezeigt. Überhaupt sind Literatur und Theater wie kaum eine andere Kunstform nicht nur dazu geeignet, sich auf Wandel und Verwandlung einzulassen, sondern diese auch zu reflektieren bzw. medial auszutragen. Das Theater nimmt in dieser Hinsicht sogar eine exponierte Position ein, indem es als transitorische Kunstform par excellence immer auch ein Medium der Transformation bzw. ein „Hüter der Verwandlungen"[14] ist: Das gilt zuvorderst für die Umwandlung und Verwandlung des geschriebenen Textes in die Inszenierung. Es gilt darüber hinaus für die Ko-Präsenz von Schauspielern und Zuschauern, aus der unter wirkungsästhetischen Voraussetzungen der Zuschauer im – nennen wir es – besten Fall als verwandelt hervorgehen soll.[15] Diesen Aspekt unterstreicht u. a. Heiner Müller, wenn er die Verwandlung als ein Grundelement des Theaters sieht, insofern das Theater immer auch zum Ziel habe, mit Veränderung zu konfrontieren, und diese Konfrontation in letzter Konsequenz, und als ultimative Veränderung bzw. Verwandlung, auf die Konfrontation mit dem Tod hinauslaufe.[16] Ein solches Theater versucht in seiner zu Extremen neigenden Spielart, „Gesellschaft an ihre Grenzen zu bringen"[17], und ist damit unweigerlich auf Grenzüberschreitung bzw. Horizonterweiterung angelegt. Es ist dies die potentielle Unendlichkeit, die Kafka bei seinem Naturtheater von Oklahama vorgeschwebt haben dürfte, zumindest liefert es die Grundlage dafür, dass jemand wie Karl Roßmann vor Augen geführt wird, worin seine Sehnsucht nach Identität mündet – nämlich in die Nicht-Identität. Darin zeigt sich eine gewisse Nähe zur Europa-Konzeption Derridas, der in *L'autre cap* (1991) europäische Kultur als Nicht-Identität mit sich selbst beschreibt. Jene Identität ist nach Derrida deswegen eine uneindeutige, weil Europa das Resultat vielfältiger und verworrener Akkulturationen ist, die auch immer wieder Nicht-Europäisches integrieren. Europa habe, so Bonnie Marranca, nach Jahrzehnten des Kalten Krieges aber vergessen, dass es keine undifferenzierte Entität sei, „but a world of diverse cultures, encompassing Anglo-Saxon, Latin, Arabic, Teutonic, Slavic, Nordic, Celtic, Gypsy, and Semitic peoples".[18] Dass die Namensgeberin Europas phönizischer Herkunft gewesen sein soll, fügt dieser Geschichte der verworrenen Akkulturationen eine weitere Pointe hinzu.

Die Dringlichkeit, mit der in der Öffentlichkeit, in Medien und teilweise auch in den Wissenschaften nach der europäischen Identität gefahndet wird, scheint allerdings nicht dafür zu sprechen, dass eine Position wie die Derridas oder Marrancas ins allgemeine Bewusstsein eingedrungen wäre. Wer ist auch schon bereit, sich damit abzufinden, nicht mit sich identisch zu sein? Damit würde jedenfalls ein in Fleisch und Blut übergegangenes Dogma der westlichen Vorstellungswelt zur Disposition gestellt werden. Von der Preisgabe der Identität zur Konfrontation mit dem Tod ist es offensichtlich nur ein kurzer Schritt. Da wir in einer Zeit leben, in der mehr und mehr daran gearbeitet wird, den Tod auf die lange Bank zu schieben, feiert die Identität – ungeachtet aller Patchwork-Vorstellungen und proklamierten Ich-Vervielfältigungen – eine ebenso beachtliche wie wirkmächtige Renaissance. Ich bin Ich – und eben kein anderer. Die Suche nach der Identität Europas ist unmittelbarer Reflex dieser um sich greifenden Ich-Gewissheit. Dass die Rede über Europa prinzipiell und jederzeit unter einem Revisionsvorbehalt steht, spricht jedoch gegen die kontinentale Festlegung auf *eine* Identität oder Ähnliches.

Zu den laufenden Identitätsdiskursen bildet die Literatur, zu der ich das Theater hier einmal zurechnen möchte, eine beachtliche Gegenstimme. Zumindest ist, wenn man eine Anthologie zu Rate zieht, in der sich europäische Schriftstellerinnen und Schriftsteller über Europa äußern, mit ihr „ein zentralisiertes, kompakt identisches, exklusives, sich abgrenzendes und befestigtes Europa"[19] nicht zu machen. Inwieweit sich in Vergangenheit und aktuell im Theater als ein Theater der

Dieter Heimböckel

Verwandlung das Versprechen erfüllt, „dass eurozentrische Positionen, wie der asymmetrische Ost-West-Diskurs oder die Idee von Europa, als Zentrum verabschiedet werden"[20], wird jeweils und im Einzelfall zu prüfen sein. Vielleicht ist Europa ja nur ein „Denkspiel"[21], wie es Yoko Tawada, auch eine Expertin in Sachen Verwandlung, einmal formuliert hat. So ist, anders als es den europäischen Einigungsfanatikern gefällt, Europa eben nicht auf den Begriff zu bringen; man könnte vielleicht mit Yoko Tawada davon sprechen, dass es Europa gar nicht gibt[22] oder dass man sich zumindest im Klaren darüber sein sollte, dass Europa ganz unterschiedlich aussieht, „je nachdem, durch welchen Eingang man hineinkommt"[23]. Und dieses Europa sieht nicht nur unterschiedlich aus, es spricht auch unterschiedliche Sprachen, schreibt in unterschiedlichen Schriften und lebt unterschiedliche Leben. Dabei ist es, wenn dieses Leben auf die Bühne gebracht wird, selbstverständlich auch nicht gleichgültig, wo und wann dies geschieht, wer daran beteiligt ist, wem es dargeboten wird – und vor allem: was dargeboten wird. Für deutsche Ohren nimmt sich (um mich meinem konkreten Beispiel zu nähern) Goethes *Faust* – so war es zumindest in einer nicht in weiter Ferne liegenden Vergangenheit – als ein Sinnbild deutscher Wesenheit aus: Fausts ‚Zwei-Seelen-Philosophie' war der Referenzpunkt für das zum Mythos geronnene Selbstbild, aus dem der Versuch kollektiver und nationaler Identitätsstiftung im Widerstreit von Geist und Seele, Herz und Verstand, Furcht und Mut, Herr und Sklave, Kultur und Zivilisation usw. sein – vermeintlich unverwechselbares und uneinholbares – Profil gewinnt.[24] Der *Faust* war freilich von Anfang an und ist bis heute, wenn man seine Entwicklung seit dem ersten umfassenden Werk, das sich mit dem Leben Johann Fausts befasste, nämlich der 1587 erschienenen *Historia von D. Johann Fausten*, ein europäisches Projekt, an dem sich Russen, Deutsche, Franzosen, Engländer, Italiener usw. gleichermaßen abgearbeitet haben. Und wenn man noch berücksichtigt, dass in die Figur des Faust Züge unterschiedlicher mythischer und phantastischer Gestalten wie Ahasver, Don Juan, Merlin oder Prometheus – und d. h.: Gestalten aus unterschiedlichen Zeiten und Kulturkreisen – eingegangen sind, so haben wir es bereits auf der Figurenebene mit einer Art *plurale tantum* zu tun, in der sich Kultur als Vielheit offenbart. Insofern wird von dieser Warte aus bereits verständlich, warum sich das Theater-Projekt *Faust Exhausted,* über das nachfolgend und abschließend zu sprechen sein wird, als ein interkulturelles Schauspiel-Projekt versteht. Berücksichtigt man ferner, dass *Faust II* in diesem Projekt nicht nur als eine poetische Prophetie der Globalisierung gelesen wird, sondern dass die Konzeption auch darauf zielt, das *plurale tantum* der Figur als inszeniertes *plurale tantum* erscheinen zu lassen, indem Partner aus Bern, Luxemburg, Sibiu, Sofia und Stuttgart an dieser Inszenierung mitwirken, so stellt sich umso mehr die Frage, an welchem Eingang zu Europa wir uns (im Sinne von Yoko Tawada) gerade befinden.

Faust als Metamorphotiker oder „who the fuck is faust?"[25]

Bei *Faust Exhausted* handelt es sich um ein Stück nach Motiven von Goethes *Faust II*. Die Neubearbeitung des Stoffes durch den aus Stuttgart gebürtigen Autor Tomo Mirko Pavlovic zielte darauf, eine Brücke in das Europa der Gegenwart zu schlagen: Pavlovic' Faust ist ein international operierender „Ego-Nomade jenseits religiöser, ethischer und politischer Bindungen". Er ist

> A) das Produkt der hybriden westeuropäischen Ich-Kultur und B) das Ergebnis des postkommunistischen Auf- und Umbruchs nach dem Systemwechsel, der Typus des autoritären Machers, der nach Jahrzehnten der Mangel- und Parallel-Gesellschaft die neuen Strukturen der Gesellschaft nach eigenen Gesetzen vereinnahmt und übervorteilt.[26]

Faust ist also – und mindestens – ein europäisches Hybridwesen, nicht *ein* Faust oder *der* Faust, wenn es auch möglich erscheint, dass eine gleichsam faustische Grunddisposition in der Begierde wirksam wird, „nicht und niemals genug bekommen zu können"[27]. Damit wäre dieser Faust aber identifiziert; geben wir ihm einen Namen und nennen ihn Gates oder Albrecht, Buffet oder Abramowitsch, oder sehen in ihm eine Allegorie der Globalisierung oder Figuration der Finanzkrise. Sollte sich aber allein darin das Anliegen dieses weit ausgreifenden und von vornherein als interkulturelles Schauspiel-Projekt geplanten Stücks erschöpfen? Angesichts seiner mehrsprachigen Inszenierungen, der Konfrontation aller Beteiligten mit ihrer Identität, der für die Schauspieler anvisierten Provokation der Eigen- und Fremdbestimmung in der Interaktion auf der Bühne und mit dem Publikum würde die Relation von Aufwand und Bedeutung eher unverhältnismäßig ausfallen. Und vor allem: Worauf sollte unter diesen Umständen die Bemerkung „who the fuck is faust"[28] zielen? In dem Stück sagt Faust über sich:

> ich bin nicht mehr der
> der ich sein soll
> irgendeiner den man sich so vorstellt
> ich bin das gegenteil[29]

Auf die Frage, wer Faust ist, gibt es keine eindeutige Antwort – bzw. gäbe es sie, löste sie sich in ihr Gegenteil auf. Faust ist nicht mehr der Gelehrte mit den zwei Seelen in seiner Brust, nicht mehr der Gelehrte, dem die Stube seiner Wissensvermehrung zu eng wird und der das Leben erobern will – erobern in einem durchaus wörtlichen Sinne gemeint: als Eroberung von Ländern, Geld und Frauen. Von diesem Faust, dem Eroberer und Kolonisator, teilt uns das Stück auch etwas mit, aber dieser Eroberer ist ein mit Siebenmeilenstiefeln ausgestatteter Grenzgänger und Grenzenüberschreiter, auf den man – weder kulturell noch national – einen Anspruch erheben kann. Er ist ein „Faustx", „Fausty", „Faustz" – und als „bulgarischer bürgermeister", „slowakischer neofaschist", „serbischer nationalist", „ungarischer revisionist"[30] und westlicher Hans Dampf in allen Ich-Gassen und Sparkassen entzieht er sich dem Zugriff eines Denkens-wie-üblich. Man hätte ihn gerne eindeutig – aber den Gefallen tut er uns nicht. Er ist, wie er ist, immer auch sein Gegenteil. Während heute nichts mehr über die Theke wandert, „wenn es nicht authentisch klingt"[31], macht er sich einen Spaß daraus, den Authentizitätsfanatikern ein Schnippchen zu schlagen.

> ich bin ich. und bin der andere. bin helena, bin mephisto, bin der kaiser auf seiner pfalz, wer immer das auch sein mag, bin wagner und der homunkulus. bin deutscher, bin bulgare, bin jedermann. bin hier und dort, früher und später. ich bin faust. ich kenne keine aversionen, kein mitleid und keine angst. ich begehre das nichts, meine eigene indifferenz. ich kühl mich ab in meinem eigenen schatten.[32]

Die diffuse Konstellation des „ich bin ich. und bin der andere" ist wie geschaffen dafür, Identitätsfragen zu stellen – nach der individuellen Identität ebenso wie nach der nationalen und europäischen. Für das freie Stuttgarter Theaterlabel TART Produktion unter der Leitung von Bernhard M. Eusterschulte bildeten sie jedenfalls eine der zentralen Folien für ihr Anliegen, das auf Deutsch verfasste Stück von Pavlovic als Grundlage für ein interkulturelles Schauspiel-Projekt zu nehmen. Dabei knüpfte TART Produktion mit ihrer interkulturellen und transnationalen Schwerpunktsetzung an einer Arbeitsweise an, die sie schon in vorherigen Projekten wie *Die Hamletmaschine* (2008), *Fuck you Eu.ro.Pa!* (2009) und *Napoleon Raskolnikow im Schnee* (2010) erprobt hatte.

Von der Verwandlung Europas und dem Theater der Verwandlung

Die grundlegende Methode dieser Gruppe ist die Zusammenführung von Schauspielern mit unterschiedlicher Herkunft und Generationszugehörigkeit, die – jeweils inspiriert durch die gegebene dramatische Vorlage – ihre eigene, subjektive Erfahrung in und mit der „Geschichte" als Erzählung und der „Geschichte" als Historie in das Bühnengeschehen übertragen sollten.[33]

So wurde ein ähnliches Vorgehen auch für *Faust Exhausted* gewählt, indem sechs Schauspielerinnen und Schauspieler aus vier Ländern und unterschiedlichen Alters die Bühne bespielten, und zwar

mit Schauspielern aus Bulgarien, Luxemburg, Rumänien und der Schweiz, in sieben Sprachen von Bulgarisch und Deutsch, über Rumänisch, Englisch, Französisch, bis hin zu Luxemburgisch und Schwyzerdütsch. Ein babylonisches Theater-Frikassee als neue europäische Theaterrealität, die sich von aussergewöhnlichen Produktionsbedingungen nährt und nicht umsonst im Sofia von heute entstanden ist.[34]

Gleichzeitig wurde die Inszenierung prozessual, als *work in progress*, angelegt. Je nach Aufführungsort – sie nahm ihren Ausgang am Theater-Labor Sfumato in Sofia und reiste von dort aus an das Theater Radu Stanka in Sibiu, dann an das Théâtre National du Luxembourg und das Theater Schlachthaus Bern und schließlich an das Theater Rampe Stuttgart – wurde das vorhandene Material neu gesichtet und kontextualisiert und „in Verbindung zu dem jeweiligen Land und seinen politischen und sozialen Spezifika"[35] gesetzt – ein Theaterstück also, das sich einer stetigen Verwandlung unterzog, Aufführungsorte, inszenatorische Details und Sprachen wechselte, dabei beständig Verständigung auf die Probe stellte, die Verständigung zwischen den Schauspielerinnen und Schauspielern ebenso wie zwischen dem Stück und seinem Publikum. Während die Frauenrollen – Gretchen und Helena – festgelegt waren, wurde Faust vervierfacht: Einem gealterten Faust standen drei junge Faust-Reinkarnationen gegenüber, wobei diese fallweise auch mephistophelische Züge (und vice versa) annehmen konnten. So räumte die Produktion in der Tat mit „dichotomen Vorstellungen von jung versus alt, West- versus Osteuropa"[36] konsequent auf – allerdings nicht, um in einem Spiel von Beliebigkeiten aufzugehen, sondern um auf Fragen, die aktuell an Europa herangetragen und über Europa ausgetragen werden, keine vorschnellen und erst recht keine vorgeprägten Antworten zu liefern.

Dieter Heimböckel

Denn wenn nicht klar ist, wer oder was Ich ist, wozu dann noch die Frage nach Europa oder: „was ist schon europa?"[37] Und was soll das überhaupt: „die dialoge / das ringen um ein verstehen / der tanz ums goldene rind / das ganze theater"?[38] Das Stück ist ein Faust-Stück, aber es ist auch mehr als dies. Es geht um die Frage der Identität, der europäischen Identität vor allem, ihrer Brüche und Setzungen, um die Verortung des Individuums, seine Selbstbehauptung, Vereinnahmung und Demontierung, um das Problem der Verständigung (in einem umfassenden, sowohl politischen als auch gesellschaftlichen Sinne), wenn schon zwei Menschen, wie Faust und Helena, keine gemeinsame Sprache und Bilder, keine gemeinsame Vergangenheit und Zukunft haben[39], und es geht auch und vor allem um das Theater und die Frage, wie auf der Bühne und angesichts der übergreifenden Ökonomisierung aller Lebensverhältnisse Identität – gleich welcher Art – inszeniert werden kann, ja es geht für das Theater selbst um die Frage seines Verhältnisses zur Identität und in welcher Form dieses Verhältnis in seiner Pluralität und Vielstimmigkeit, aber auch in seinen Aporien zu verhandeln ist. Nicht von ungefähr widmet sich eine zentrale, mit „Theater/Antitheater" betitelte Szene der *„Reflexion über das Theater der Repräsentation"* und dessen *„ewige[n] Versuch[en]"*, in *„Faust II Identitäten / und Typisierungen zu entdecken"*.[40] Dass Faust diese Reflexion in den Mund gelegt wird, führt das in *Faust Exhausted* inszenierte Spiel von Konstruktion und Dekonstruktion gleichsam auf die Spitze, weil er als Ego-Nomade und global operierender Kolonisator und Investor eine *tour de force* gegen alle klassischen und im kulturellen Establishment der Gegenwart positiv sanktionierten Formen des Theaters antritt und damit zugleich als Stimme für ein Theater fungiert, das um ihn selbst kreist:

> was soll das theater? dieses ewige suchen nach
> menschennähe, nach einverständnis, anerkennung.
> nach konnexion mit dem anderen.
>
> die frage nach der gesellschaftlichen relevanz
>
> [...]
> vergessen sie's! kommen sie mir bloß nicht mit dem
> regietheater. keine ahnung, was diskurstheater sein soll.
> oder: die krise der repräsentation im zeitgenössischen
> theater in der postdemokratischen westlichen
> gesellschaft mit besonderer berücksichtigung

der transformationsprozesse im südöstlichen europa. klingt ein bisschen wie die aktuelle feinstaubverordnung der europäischen union, finden sie nicht?[41]

Faust markiert mit dem, was er sagt, zugleich das Gegenteil und bleibt sich auf diese Weise – gemäß der Logik des Stücks, wenn es denn eine solche gibt – treu. Damit bewahrt er seine Reflexion vor Festlegungen und befördert ein selbstreferentielles Spiel, das einerseits eine Kritik an der traditionellen Repräsentationsästhetik darstellt, andererseits aber auch die eigene Verstricktheit in Diskurse und Institutionen mit reflektiert. Allzu oft haben sich Theater- und Literaturwissenschaft in Verneigung vor ihrem Gegenstand als Erfüllungsgehilfin einer sich primär als Wissensgesellschaft verstehenden Öffentlichkeit erwiesen und sich dem Phänomen ästhetischen Nichtwissens weitgehend verschlossen. Jacques Derridas Ahnung, der Literatur könne manchmal auch Einfalt und Verantwortungslosigkeit innewohnen, ist bis heute mehr oder weniger nicht verhandelbar.[42] *Faust Exhausted* macht demgegenüber unmissverständlich klar, „dass es keine Kunst, kein Theater, kein interkulturelles Theater, keine schauspielerische Leistung, keinen natürlichen Körper außerhalb der durch hegemoniale Strukturen geprägten Rahmenbedingungen geben kann".[43] Insofern fungiert Faust als Repräsentant dieser hegemonialen Strukturen, indem er sie unterläuft (und vice versa) – als Stratege eines Verwirrspiels, das gerade nicht im Sinne einer verbreiteten Auffassung, die im Kontext von interkultureller Kommunikation und europäischer Verständigung vorherrscht, auf Verstehen, Harmonie und Versöhnung zielt, sondern auf die Aufdeckung und Entlarvung unserer Einbildungen von ihnen. Wer sich von ihnen freizumachen sucht, hat sich in der Tat darauf gefasst zu machen, „obdachlos"[44] zu werden; dafür aber machen uns Fausts Metamorphosen damit bekannt, was unvertraut im Längstvertrauten verborgen liegt: „europa / einfach lächerlich".[45]

---

1   Keller, Thomas: „Verkehrte Akkulturation: Vom realen zum imaginären Amerika", in: *Franz Kafka, „Der Verschollene": „Le disparu/L'Amérique", écriture d'un nouveau monde?*, textes réunis par Philippe Wellnitz, Strasbourg 1997, S. 211–232, hier S. 212.

2   Kafka, Franz: *Der Verschollene. Roman,* in der Fassung der Handschrift, Frankfurt a. M. 2013, S. 55.

3   Vgl. Greenblatt, Stephen: *Wunderbare Besitztümer. Die Erfindung des Fremden: Reisende und Entdecker,* aus dem Engl. von Robin Cackett, Berlin 1994.

4   Kafka: *Der Verschollene,* S. 300.

5   Vgl. Koschorke, Albrecht: *Die Geschichte des Horizonts. Grenze und Grenzüberschreitungen in literarischen Landschaftsbildern,* Frankfurt a. M. 1990, S. 82.

6   Kafka: *Der Verschollene,* S. 306.

7   Aus pragmatischen Gründen werden in diesem Beitrag ‚Verwandlung' und ‚Metamorphose', der Konvention entsprechend, gleichbedeutend gebraucht (vgl. Kuni, Verena: „Metamorphose", in: Barck, Karlheinz/Fontius, Martin/Schlenstedt, Dieter/Steinwachs, Burkhart/Wolfzettel, Fridrich (Hrsg.): *Ästhetische Grundbegriffe. Historisches Wörterbuch in sieben Bänden*, Stuttgart/Weimar 2000–2005, S. 72–83, hier S. 73). Für eine begriffliche Unterscheidung plädiert u. a. Reber, Ursula: „Metamorphose", in: Brittnacher, Hans Richard/May, Markus (Hrsg.): *Phantastik. Ein interdisziplinäres Handbuch*, Stuttgart/Weimar 2013, S. 542–549, hier S. 546f.

8   Hörisch, Jochen: „Übersetzungen und Konversionen. Eine europäische Leitidee und ihre Feinde", in: Degler, Frank (Hrsg.): *Europa / Erzählen. Zu Politik, Geschichte und Literatur eines Kontinents*, St. Ingbert 2008, S. 19–44, hier S. 20.

9   Thiel, Thomas: „Jürgen Habermas und Europa. Alchimie der Krise: Sozialstaat unter Naturschutz?", in: *Frankfurter Allgemeine Zeitung*, 13. Januar 2016, S. N3.

10   Zit. n. Heimböckel, Dieter: „‚Terminologie für gutes Gewissen'? Interkulturalität und der neue Geist des Kapitalismus", in: ders./Honnef-Becker, Irmgard/Mein, Georg/Sieburg, Heinz (Hrsg.): *Zwischen Provokation und Usurpation. Interkulturalität als (un)vollendetes Projekt der Literatur- und Sprachwissenschaften*, München 2010, S. 41–52, hier S. 50.

11   Ebd., S. 51.

12   Vgl. Szondi, Peter: *Theorie des modernen Dramas (1880–1950)*, Frankfurt a. M. 1963, S. 20–73.

13   Vgl. Esselborn, Karl: „Neuer Realismus", in: Fischer, Ludwig (Hrsg.): *Literatur in der Bundesrepublik Deutschland bis 1967*, München 1986 (= Hansers Sozialgeschichte der deutschen Literatur vom 16. Jahrhundert bis zur Gegenwart, Bd. 4), S. 460–468, hier S. 460.

14   Im Sinne von Elias Canetti und seinem Verständnis des Dichters als eines ‚Hüters der Verwandlungen'. Vgl. seine Rede „Der Beruf des Dichters", in: ders.: *Das Gewissen der Worte. Essays*, Frankfurt a. M. 1981, S. 272–283, hier S. 276.

15   Erika Fischer-Lichte sieht in der Verwandlung des Zuschauers eines der Hauptanliegen der historischen Avantgarde um 1900. Allerdings habe man hier wie bei Übergangsriten auf den Übergang von einem Status in einen anderen abgezielt, während im Theater seit den sechziger Jahren das Bestreben sichtbar sei, den Prozess der Verwandlung auf Dauer zu stellen. Vgl. Fischer-Lichte, Erika: „Verwandlung als ästhetische Kategorie. Zur Entwicklung einer neuen Ästhetik des Performativen", in: dies./Kreuder, Friedemann/Pflug, Isabel (Hrsg.): *Theater seit den 60er Jahren. Grenzgänge der Neo-Avantgarde*, Tübingen/Basel 1998, S. 21–91, hier S. 48.

16   Vgl. Kluge, Alexander/Müller, Heiner: *„Ich bin ein Landvermesser". Gespräche mit Heiner Müller. Neue Folge*, Hamburg 1996, S. 95 u. 176.

17   Müller, Heiner: *Gesammelte Irrtümer. Interviews und Gespräche*, Frankfurt a. M. 1986, S. 59.

18   Marranca, Bonnie: „Thinking About Interculturalism", in: dies./Dasgupta, Gautam (Hrsg.): *Interculturalism and Performance*, New York 1991, S. 9–23, hier S. 9.

19   Keller, Ursula: „Europa schreibt", in: dies./Rakusa, Ilma (Hrsg.): *Europa schreibt. Was ist das Europäische an den Literaturen Europas? Essays aus 33 europäischen Ländern*, Hamburg 2003, S. 13–30, hier S. 29.

20   Schößler, Franziska: „Der Streit um die Differenz – Theater als Interkultur", in: Bloch, Natalie: *Internationales Theater und Inter-Kulturen. Theatermacher sprechen über ihre Arbeit*, Hannover 2014, S. 11–23, hier S. 18.

21   Tawada, Yoko: *Sprachpolizei und Spielpolyglotte*, Tübingen 2007, S. 17.

22   Vgl. Tawada, Yoko: *Talisman*, 6. Aufl., Tübingen 2008, S. 46.

23   Tawada, Yoko: *Überseezungen*, 3. Aufl., Tübingen 2010, S. 39.

[24] Zur mythenpolitischen Funktion dieses Faust-Narrativs um und nach 1900 vgl. Heimböckel, Dieter: „Kunst contra Mechanisierung. Walther Rathenaus Beitrag zur Mythenpolitik der Moderne", in: ders./Delabar, Walter (Hrsg.): *Walter Rathenau. Der Phänotyp der Moderne. Literatur- und kulturwissenschaftliche Studien*, Bielefeld 2009, S. 11–28, hier S. 13ff.

[25] Die nachfolgenden Ausführungen gehen aus der Kooperation zwischen der TART Produktion und dem an der Universität Luxemburg situierten Projekt *Prozesse der Internationalisierung im Theater der Gegenwart* hervor. Die Zusammenarbeit erstreckte sich einerseits auf die gemeinsame Planung und Durchführung von Aktivitäten, die das *Faust*-Projekt flankierten (vgl. unter http://www.tnl.lu/de/event/faust-2-0-zwischen-ost-und-west-2 sowie http://theaterrampe.de/vorstellungen/140703-ampere/ [zuletzt abgerufen am 4. Januar 2017]); andererseits war es mir möglich, den Inszenierungen in Sofia, Luxemburg und Stuttgart beizuwohnen. Danken möchte ich in diesem Zusammenhang dem Autor Tomo Mirko Pavlovic, dem Regisseur Bernhard M. Eusterschulte und dem Dramaturgen Andreas Wagner für die fruchtbare Zusammenarbeit und *in concreto* für die Genehmigung, aus unveröffentlichten Dokumenten – der Arbeitsfassung der Textvorlage und den internen Konzeptpapieren – auszugsweise zitieren zu dürfen.

[26] Eusterschulte, Bernhard M.: *Faust Exhausted* (internes Konzeptpapier), S. 3.

[27] Ebd.

[28] Pavlovic, Tomo Mirko: *Faust Exhausted* (Arbeitsfassung), S. 15.

[29] Ebd., S. 2.

[30] Ebd., S. 5.

[31] Ebd., S. 11.

[32] Ebd., S. 14.

[33] Novakova, Mina: „Ich bin ich und bin der andere. Wie Interkulturalität als künstlerische Forschung gedacht werden kann", in: Bloch, Natalie/Heimböckel, Dieter (Hrsg.): *Theater und Ethnologie. Beiträge zu einer produktiven Beziehung*, Tübingen 2016, S. 185–202, hier S. 187.

[34] Wagner, Andreas: „Faust Exhausted", in: *Faust Exhausted / ФАУСТ EXHAUSTED* (Programmheft), o. A.

[35] Novakova: *„Ich bin ich und bin der andere"*, S. 189.

[36] Moser, Geneva: Baustelle „Faust" [zur Inszenierung vom 26. März 2014 am Schlachthaus Theater Bern], unter http://www.nachtkritik.de/index.php?option=com_content&view=article&id=9326:faust-exhausted-ein-interkulturelles-schauspiel-projekt-am-schlachthaus-theater-bern&catid=38:die-nachtkritik&Itemid=40 (zuletzt abgerufen am 4. Januar 2017).

[37] Pavlovic: *Faust Exhausted*, S. 4.

[38] Ebd., S. 13.

[39] Bei Pavlovic (ebd., S. 9) heißt es aus dem Munde von Helena über ihr Verhältnis zu Faust: „zwei menschen / ohne gemeinsame sprache / ohne gemeinsame bilder / ohne gemeinsame vergangenheit / und zukunft / dafür ein totes kind". Darauf Faust: „aber wir hatten doch eine schöne zeit / am anfang", woraufhin Helena antwortet: „einen alten scheiß hatten wir". Diese Szene ist wie die meisten der hier aufgeführten Textauszüge in die Spielfassung(en) eingegangen.

[40] Ebd., S. 14 (Hervorh. i. O.).

[41] Ebd., S. 16.

[42] Vgl. Derrida, Jacques: „‚Diese merkwürdige Institution namens Literatur'". Ein Interview mit Jacques Derrida, in: Gottschalk, Jürn/Köppe, Tilmann (Hrsg.): *Was ist Literatur? Basistexte der Literaturtheorie*, Paderborn 2006, S. 90–107, hier S. 93.

[43] Regus, Christine: *Interkulturelles Theater zu Beginn des 21. Jahrhunderts. Ästhetik – Politik – Postkolonialismus,* Bielefeld 2009, S. 275.

[44] Pavlovic: *Faust Exhausted,* S. 17: „mit faust ist man / obdachlos."

[45] Ebd., S. 4.

AUTORINNEN UND AUTOREN

Lorenz Aggermann arbeitet derzeit in einem DFG-Forschungsprojekt am Institut für Angewandte Theaterwissenschaft der Justus-Liebig-Universität Gießen. Sein Interesse gilt der epistemologischen Dimension darstellender Kunst (*Theater als Dispositiv – Dysfunktion, Fiktion und Wissen in der Ordnung der Aufführung*, Mhg., 2017), ihren affektiven und sonoren Aspekten (*Der offene Mund*, 2013) sowie diversen Figurationen von Alterität (*Lernen, mit den Gespenstern zu leben – Das Gespenstische als Figur, Metapher und Wahrnehmungsdispositiv*, Mhg., 2015; *Beograd Gazela – Reise in eine Elendssiedlung*, 2008). Er studierte Theater-, Film- und Medienwissenschaft, Europäische Ethnologie und Germanistik an den Universitäten in Wien und Berlin (FU) und arbeitete als Assistent am Institut für Theaterwissenschaft der Universität Bern.

Michael Bachmann ist Lecturer in Theatre Studies an der School of Culture and Creative Arts, University of Glasgow. Arbeitsschwerpunkte: vergleichende Theater- und Medienwissenschaft, interkulturelle Performance, Theater und kulturelle Erinnerung, Hörspiel und Sound Art. Publikationen u. a.: *Der abwesende Zeuge. Autorisierungsstrategien in Darstellungen der Shoah* (2010); *Politik mit dem Körper. Performative Praktiken in Theater, Medien und Alltagskultur seit 1968* (Mhg.; 2009); *Theater und Subjektkonstitution. Theatrale Praktiken zwischen Affirmation und Subversion* (Mhg.; 2012).

Natalie Bloch ist wissenschaftliche Mitarbeiterin in dem Projekt *Prozesse der Internationalisierung im Theater der Gegenwart* an der Universität Luxemburg. Arbeitsschwerpunkte: Dramentheorie, Gegenwartsdramatik, Inszenierungsanalyse, Kulturtheorie. Publikationen u. a.: *Legitimierte Gewalt. Zum Verhältnis von Sprache und Gewalt in Theatertexten von Elfriede Jelinek und Neil LaBute* (2011); *Ökonomie – Narration – Kontingenz. Kulturelle Dimensionen des Marktes* (Mhg.; 2014), *Internationales Theater und Inter-Kulturen. Theatermacher sprechen über ihre Arbeit* (2014); *Elfriede Jelinek. Begegnungen im Grenzgebiet* (Mhg.; 2014); *Theater und Ethnologie* (Mhg.; 2016). Langjährige Arbeit als Theaterkritikerin für *Theater heute*.

Ian De Toffoli ist wissenschaftlicher Assistent an der Universität Luxemburg. Arbeitsschwerpunkte: französische Literatur des 20. Jahrhunderts, insbesondere der Nouveau Roman und die zeitgenössischen Autoren, lateinische Literatur und die antike Mythologie, das dreisprachige Drama und Theater in Luxemburg. Publikationen u. a.: *La présence du latin et de la culture antique dans l'œuvre de Claude Simon, Pascal Quignard et Jean Sorrente* (2015); *Damnation et salut babélique dans le théâtre luxembourgeois* (2015). Theaterautor und künstlerischer Leiter des Literaturverlags Hydre Editions.

Silke Felber ist Hertha-Firnberg-Stelleninhaberin des FWF am Institut für Theater-, Film- und Medienwissenschaft der Universität Wien mit dem Habilitationsprojekt „Dramaturgien des (Dis-)Kontinuitiven". Arbeitsschwerpunkte: Ästhetiken des deutschsprachigen und italienischen Theaters des 20. und 21. Jahrhunderts, Prä- und Postdramatische Dramaturgien, Theater und politische Theorie. Publikation u. a.: *Kapital - Macht - Geschlecht. Künstlerische Auseinandersetzungen mit Ökonomie und Gender* (Hrsg., 2016).

Yvonne Griesel ist Übertitlerin, Übersetzerin und Dolmetscherin. Mit ihrer Firma SPRACHSPIEL hat sie sich auf die Übertragung fremdsprachiger Inszenierungen für Festivals und Gastspiele spezialisiert. Leitet das Forum für Dramenübersetzung Drama Panorama. Sie arbeitet u. a. für die Münchner Kammerspiele, das Thalia Theater in Hamburg, Theater der Welt. Promovierte an der Humboldt-Universität zu Berlin, Lehrtätigkeit und wissenschaftliche Mitarbeit 1999–2006 an der Romanistik der Humboldt-Universität. Publikationen u. a.: *Translation im Theater* (2000); *Die Inszenierung als Translat* (2007); *Welttheater verstehen* (2014).

Katja Hagedorn arbeitet als Dramaturgin, Dozentin und Übersetzerin. Studium der Komparatistik, Germanistik und Anglistik. Regie- und Dramaturgieassistentin am Deutschen Theater Berlin, wo sie später auch Dramaturgien übernahm. Mehrere Produktionsdramaturgien mit dem schwedischen Dramatiker und Regisseur Lars Norén in Schweden und Norwegen. 2009 bis 2013 Dramaturgin am Schauspielhaus Zürich, dort u. a. Zusammenarbeit mit Barbara Frey, Karin Henkel, Sebastian Nübling, Rimini Protokoll, Ruedi Häusermann, René Pollesch und Stefan Pucher. Seit 2013 freischaffende Dramaturgin u. a. am Maxim Gorki Theater Berlin, Schauspielhaus Zürich, an der Oper Amsterdam, am Théâtre Vidy-Lausanne. Übersetzungen aus dem Englischen und Schwedischen. Lehraufträge für Dramaturgie u. a. an der Akademie der Bildenden Künste Stuttgart, École supérieure des arts décoratifs de Strasbourg, Universität Luxemburg.

Dieter Heimböckel ist Professor für Literatur und Interkulturalität an der Universität Luxemburg. Arbeitsschwerpunkte: Neuere deutsche Literatur vom 18. Jahrhundert bis zur Gegenwart, Interkulturalität, Literatur- und Kulturtheorie, Drama und Theater, Literatur und Wissen/Nichtwissen, Moderne. Publikationen u. a.: *Walther Rathenau und die Literatur seiner Zeit* (1996); *Emphatische Unaussprechlichkeit. Sprachkritik im Werk Heinrich von Kleists* (2003); *Kein neues Theater mit alter Theorie. Stationen der Dramentheorie von Aristoteles bis Heiner Müller* (2010); *Zwischen Provokation und Usurpation. Interkulturalität als (un)vollendetes Projekt der Literatur- und Sprachwissenschaften* (Mhg.; 2010); *(K)eine 10 für eine 5 oder vom Einfall des Staunens* (2016); *Theater und Ethnologie. Beiträge zu einer produktiven Beziehung* (Mhg.; 2016). Mitherausgeber der *Zeitschrift für interkulturelle Germanistik*.

Gabriele Michalitsch ist Politikwissenschafterin und Ökonomin und lehrt an den Universitäten Wien und Klagenfurt. (Gast-)Professuren u. a. in Peking, Istanbul, Budapest, Graz, zuletzt Vertretungsprofessur für Internationale Politik an der Universität Wien. 2002–2005 Vorsitzende der Expert/inn/engruppe des Europarats zu Gender Budgeting. Arbeitsschwerpunkte: politische Ökonomie, politische Theorien, feministische Ökonomie. Publikationen u. a.: *Geschlecht ist Geschichte: Komplexitäten der Macht. Ein Foucaultsches Denksystem* (2012); *Wissen ist Macht. Wirtschaftswissen und Postdemokratie* (2013); *Regierung der Freiheit. Formierung neoliberaler Subjekte* (2013); *Das Geheimnis der Gouvernementalität: Der maskulinistische Ökonomie-Begriff und die verdrängte Reproduktion* (2013); *Krise und Krisenpolitik: Geschlechterimplikationen und feministische Interventionen* (2013).

Koku G. Nonoa erwarb 2008 das Diplôme d Etudes Approfondies Pluridisciplinaires der Universität von Lomé/Togo; aktuell Stipendiat der Universität Innsbruck und Inhaber des Marietta Blau-Stipendiums der OeAD zur Durchführung seines Dissertationsprojektes „Gegenkulturelle Tendenzen im postdramatischen Theater: grenzüberschreitendes Theater?". Arbeitsschwerpunkte: Formen prädramatischen, dramatischen und postdramatischen Theaters im europäischen und außereuropäischen Raum; Ritualität/Performativität/Transkulturalität im Gegenwartstheater; Kunst/Gegenwartskunst. Ferner freier Regisseur und Performer. 2016–2018 Produktionsleitung im Rahmen des Theaterprojekts *Hoch die internationale Solidarität!* (Kooperation des Theaterkollektivs Futur II Konjunktiv mit dem Theater Trier).

Bart Philipsen ist Professor für deutsche Literatur und Theaterwissenschaft an der Universität Leuven (Belgien). Arbeitsschwerpunkte: deutsche Literatur und Philosophie vom 18. Jahrhundert bis zur Gegenwart; das lange 19. Jahrhundert und die ‚lange' Moderne; Literatur und Philosophie; Theater und Theorie, u. a. das Nachleben von Tragödie und Trauerspiel; Ästhetik und Politik; Friedrich Hölderlin. Publikationen u. a.: *Die List der Einfalt. NachLese zu Hölderlins spätesten Dichtungen* (1995); *Adorno at the crossroads* (Mhg., 2008); *StaatsSachen/Matters of State. Fiktionen der Gemeinschaft im langen 19. Jahrhundert* (Mhg., 2014); *Tektonik der Systeme. Neulektüren von Oswald Spengler* (Mhg., 2016).

André Studt ist wissenschaftlicher Mitarbeiter am Lehrstuhl für Theaterwissenschaft der Friedrich-Alexander-Universität Erlangen-Nürnberg. Arbeitsschwerpunkte: ‚pragmatische' Theaterwissenschaft, Dramaturgie/Inszenierung ästhetischer Kommunikation, Formen der Theaterpädagogik, Regie-Theater, Projektentwicklung. Publikationen u. a.: *SchattenOrt: Theater auf dem Reichsparteitagsgelände. Ein Monument des NS-Größenwahns als Lernort und Bildungsmedium* (Mhg.; 2013); *Leben im OFF – ein Bilder-Lese-Buch* (Mhg.; 2015); Mitherausgeber der Zeitschrift *Schultheater*.

Elisabeth Tropper ist Doktorandin an den Universitäten Luxemburg und Trier und Mitarbeiterin im Forschungsprojekt *Prozesse der Internationalisierung im Theater der Gegenwart*. Langjährige Arbeit als Dramaturgin, u. a. am Schauspielhaus Graz, Hebbel am Ufer Berlin, Heimathafen Neukölln, Staatstheater Kassel sowie zuletzt für die Münchener Biennale 2016. Aktuell Promotion über Transgressionen und Heimsuchungen Europas im Theater der Gegenwart. Arbeitsschwerpunkte: europäisches Gegenwartstheater, Europastudien, Dramaturgie, Berufsfeld Theater, Kulturtheorie. Publikation u. a.: *Theater und Ethnologie. Beiträge zu einer produktiven Beziehung* (Mitarbeit; 2016).

Matthias Warstat ist Professor für Theaterwissenschaft an der Freien Universität Berlin. Arbeitsschwerpunkte: Theorie und Ästhetik des Gegenwartstheaters, Theatergeschichte der Moderne (19./20. Jahrhundert), Theatralität und Gesellschaft. Publikationen u. a.: *Theatrale Gemeinschaften* (2005); *Krise und Heilung. Wirkungsästhetiken des Theaters* (2011); *Theater und Fest in Europa. Perspektiven von Identität und Gemeinschaft* (Mhg.; 2012); *Theater als Intervention. Politiken ästhetischer Praxis* (gemeinsam mit Joy Kristin Kalu u. a.; 2015). Mitherausgeber der Zeitschriften *Forum Modernes Theater* und *Paragrana. Internationale Zeitschrift für Historische Anthropologie.*

RECHERCHEN

129 Applied Theatre . Rahmen und Positionen
128 Torben Ibs . Umbrüche und Aufbrüche
126 Christoph Nix . Theater_Macht_Politik
125 Henning Fülle . Freies Theater
124 Du weißt ja nicht, was die Zukunft bringt . Die Expertengespräche zu „Die Schutzflehenden / Die Schutzbefohlenen" am Schauspiel Leipzig
123 Hans-Thies Lehmann . Brecht *lesen*
121 Theater als Intervention . Politiken ästhetischer Praxis
120 Vorwärts zu Goethe? . Faust-Aufführungen im DDR-Theater
119 Infame Perspektiven . Grenzen und Möglichkeiten von Performativität
118 Italienisches Theater . Geschichte und Gattungen von 1480 bis 1890
117 Momentaufnahme Theaterwissenschaft Leipziger Vorlesungen
116 Kathrin Röggla . Die falsche Frage Vorlesungen über Dramatik
115 **Auftreten . Wege auf die Bühne**
114 **FIEBACH . Theater. Wissen. Machen**
113 **Die Zukunft der Oper zwischen Hermeneutik und Performativität**
112 **Parallele Leben** . Ein Dokumentartheaterprojekt
110 **Dokument, Fälschung, Wirklichkeit** Dokumentarisches Theater
109 **Reenacting History: Theater & Geschichte**
108 Horst Hawemann . Leben üben – Improvisationen und Notate
107 Roland Schimmelpfennig . Ja und Nein Vorlesungen über Dramatik
106 Theater in Afrika – Zwischen Kunst und Entwicklungszusammenarbeit
105 Wie? Wofür? Wie weiter? Ausbildung für das Theater von morgen
104 Theater im arabischen Sprachraum
103 Ernst Schumacher . Tagebücher 1992 – 2011
102 Lorenz Aggermann . Der offene Mund
101 Rainer Simon . Labor oder Fließband?
100 Rimini Protokoll . ABCD
99 Dirk Baecker . Wozu Theater?
98 Das Melodram . Ein Medienbastard
97 Magic Fonds – Berichte über die magische Kraft des Kapitals
96 Heiner Goebbels . Ästhetik der Abwesenheit Texte zum Theater
95 Wolfgang Engler . Verspielt Essays und Gespräche
94 Ästhetik versus Authentizität? Reflexionen über die Darstellung von und mit Behinderung
93 Adolf Dresen . Der Einzelne und das Ganze Dokumentation
92 Performing Politics . Politisch Kunst machen nach dem 20. Jh. Vorträge
91 Die andere Szene . Theaterarbeit und Theaterproben im Dokumentarfilm
90 Einfachheit & Lust & Freiheit Essays
89 Hold it! . Zur Pose zwischen Bild und Performance Essays
88 **Populärkultur im Gegenwartstheater** Essays
87 **Macht Ohnmacht Zufall** Essays
86 Wolf-Dieter Ernst . Der affektive Schauspieler
84 B. K. Tragelehn . Der fröhliche Sisyphos
83 Die neue Freiheit . Perspektiven des bulgarischen Theaters Essays
82 Working for Paradise . Der Lohndrücker. Heiner Müller Werkbuch
81 Die Kunst der Bühne – Positionen des zeitgenössischen Theaters Essays
79 Woodstock of Political Thinking . Zwischen Kunst und Wissenschaft Essays
76 Falk Richter . TRUST Inszenierungsdokumentation
75 Müller Brecht Theater . Brecht-Tage 2009 Diskussionen
74 Frank Raddatz . Der Demetriusplan Essay
72 Radikal weiblich? Theaterautorinnen heute Aufsätze

Theater der Zeit

RECHERCHEN

71 per.SPICE! . Wirklichkeit und Relativität des Ästhetischen Essays
70 Reality Strikes Back II – Tod der Repräsentation Aufsätze und Diskussionen
67 Go West . Theater in Flandern und den Niederlanden Aufsätze
66 Das Angesicht der Erde . Brechts Ästhetik der Natur Brecht-Tage 2008
65 Sabine Kebir . „Ich wohne fast so hoch wie er" Steffin und Brecht
64 Theater in Japan Aufsätze
63 Vasco Boenisch . Krise der Kritik?
62 Anja Klöck . Heiße West- und kalte Ost-Schauspieler?
61 Theaterlandschaften in Mittel-, Ost- und Südosteuropa Essays
60 Elisabeth Schweeger . Täuschung ist kein Spiel mehr Aufsätze
58 Helene Varopoulou . Passagen . Reflexionen zum zeitgenössischen Theater
57 Kleist oder die Ordnung der Welt
56 Im Labyrinth . Theodoros Terzopoulos begegnet Heiner Müller
Essay und Gespräch
55 Martin Maurach . Betrachtungen über den Weltlauf . Kleist 1933 – 1945
54 Strahlkräfte . Festschrift für Erika Fischer-Lichte Essays
52 Angst vor der Zerstörung Tagungsbericht
49 Joachim Fiebach . Inszenierte Wirklichkeit
48 Die Zukunft der Nachgeborenen . Brecht-Tage 2007 Vorträge und Diskussion
46 Sabine Schouten . Sinnliches Spüren
45 Thomas Flierl . Berlin: Perspektiven durch Kultur Aufsätze
43 Benjamin Wihstutz . Theater der Einbildung
42 Sire, das war ich – Zu Heiner Müllers Stück Leben Gundlings
Friedrich von Preußen Werkbuch
41 Friedrich Dieckmann . Bilder aus Bayreuth Essays
40 Durchbrochene Linien . Zeitgenössisches Theater in der Slowakei Aufsätze
39 Stefanie Carp . Berlin – Zürich – Hamburg Essays
37 Das Analoge sträubt sich gegen das Digitale? Tagungsdokumentation
36 Politik der Vorstellung . Theater und Theorie
35 B. K. Tragelehn . Roter Stern in den Wolken
32 Theater in Polen . 1990 – 2005 Aufsätze
31 Brecht und der Sport . Brecht-Tage 2005 Vorträge und Diskussionen
30 VOLKSPALAST . Zwischen Aktivismus und Kunst Aufsätze
28 Carl Hegemann . Plädoyer für die unglückliche Liebe Aufsätze
27 Johannes Odenthal . Tanz Körper Politik Aufsätze
26 Gabriele Brandstetter . BILD-SPRUNG Aufsätze
24 Die Lücke im System . Zu Heiner Müllers Stück Philoktet Werkbuch
23 Brecht und der Krieg . Brecht-Tage 2004 Vorträge und Diskussionen
22 Falk Richter – Das System Materialien Gespräche Textfassungen zu „Unter Eis"
19 Die Insel vor Augen . Festschrift für Frank Hörnigk
15 Szenarien von Theater (und) Wissenschaft Aufsätze
14 Jeans, Rock & Vietnam . Amerikanische Kultur in der DDR
13 Manifeste europäischen Theaters Theatertexte von Grotowski bis Schleef
12 Hans-Thies Lehmann . Das Politische Schreiben Essays
11 Brechts Glaube . Brecht-Tage 2002 Vorträge und Diskussionen
10 Friedrich Dieckmann . Die Freiheit ein Augenblick Aufsätze
9 Gerz . Berliner Ermittlung Inszenierungsbericht
8 Jost Hermand . Brecht-Aufsätze
7 Martin Linzer . „Ich war immer ein Opportunist..." Gespräche
6 Zersammelt – Die inoffizielle Literaturszene der DDR Vorträge und Diskussionen
4 Rot gleich Braun . Brecht-Tage 2000 Vorträge und Diskussionen
3 Adolf Dresen . Wieviel Freiheit braucht die Kunst? Aufsätze
1 Maßnehmen . Zu Brechts Stück „Die Maßnahme" Vorträge und Diskussionen

**Erhältlich in Ihrer Buchhandlung oder
unter www.theaterderzeit.de**